立业者

DREAM

有梦，才有梦想成真的机会！

沈清华　盛佳婉◎著

中国经济出版社
CHINA ECONOMIC PUBLISHING HOUSE
北京

图片在版编目（CIP）数据

立业者／沈清华，盛佳婉著.

北京：中国经济出版社，2019.7

ISBN 978-7-5136-5656-6

Ⅰ.①立… Ⅱ.①沈… ②盛… Ⅲ.①创业—案例—中国 Ⅳ.①F249.214

中国版本图书馆CIP数据核字（2019）第074144号

选题策划 汪 京 雷 生 刘喆欣

责任编辑 孙晓霞 陈利军

责任印制 马小宾

封面设计 九品轩

出版发行 中国经济出版社

印 刷 者 北京富泰印刷有限责任公司

经 销 者 各地新华书店

开 本 170mm×240mm 1/16

印 张 15

字 数 260千字

版 次 2019年7月第1版

印 次 2019年7月第1次

定 价 69.00元

广告经营许可证 京西工商广字第8179号

中国经济出版社 **网址** www.economyph.com **社址** 北京市西城区百万庄北街3号 **邮编** 100037

序

在一个大时代里有所作为，创一番事业，是很多人的美好梦想。但光有梦想不行，还必须具备实现梦想的知识与能力，这就涉及到学习，要爱学善学，学以致用。

我在北大经常跟学生们说，要想全方位快速提升自己，读书期间除了要向老师和向书本学习之外，还要善于向身边的同学学习。尤其是商学院EMBA学员，很多人经历丰富，事业有成，人生和事业上积累了许多宝贵经验，创办的企业有的甚至可以入选商学院案例教材，不少人自身就是一本“厚书”，同学间相互学习很重要，会得到不一样的收获。

本书所写的八位企业家都是北京大学汇丰商学院的EMBA学生，有的早已毕业，有的还在就读。我给EMBA学员开课，对他们都很熟悉。作为企业家，他们创立的企业涉及电子科技、五金制造、金融投资、软件销售、婚纱摄影、房产开发、装修装饰等多个行业，领域广泛。他们多数卓有成就，有的公司已在A股成功上市。在商学院校友中，他们都是大家认可的创业先锋、管理模范、学习对象。他们都是追求梦想的人，创业路上奋斗不息；他们都是意志坚强的人，困难面前百折不饶；他们都是有商业智慧的人，市场竞争出奇制胜；他们都是有境界格局的人，成就自己奉献社会。

作者沈清华是一位资深媒体人，他和同事盛佳婉一起，经过一年多的深入采访和精心写作，把这八位企业家个人的创业史比较完整地呈现出来，让社会上更多读者可以分享他们的创业经验，这是一件非常有意义的事。阅读本书可以看出，作者采访扎实，著写精彩，挖出了企业家创业背后的不平凡故事，揭示了创业者奋斗过程中的人生哲理。本书写作上独具风采，叙述中娓娓道来，读起来饶有兴味，读完后深获启迪。

在“大众创业，万众创新”的时代背景下，有更多人已经或正在准备创业，他们非常需要了解别人、尤其是那些成功的企业家是怎么创业的。相信这部关于创业的纪实作品会受到大家欢迎，读完八位企业家鲜活生动的创业史和发展史，会从中学到许多创业和做人的知识与道理。

海　闻

2019年6月

目 录

成功的人生都是奋斗出来的

河南康利达集团董事长薛景霞

心力强大才能在挫折中奋起

深圳市中铁城实业发展有限公司董事长梁兵

做事做人都需要“定力”

广东坚朗五金制品股份有限公司总裁、董事长白宝鲲

在商道传承中不断追求新境界

深圳市一德堂医药连锁有限公司董事长林武雄

德行四方天地宽

深圳市前海禄凯投资集团有限公司董事长张译丹

成功的人生都是奋斗出来的

河南康利达集团董事长薛景霞

立业者名片：

薛景霞，1965年8月出生，河南郑州人。第十届、十一届、十二届、十三届全国人大代表，全国工商联执委、河南省工商联副主席、郑州市政协副主席、郑州市工商联主席、河南康利达投资集团有限公司董事长。先后荣获全国“五一劳动奖章”、全国“劳动模范”、全国“三八红旗手”、全国“杰出创业女性”、中华慈善奖“最具爱心行为楷模”、第五届河南省非公有制经济人士优秀中国特色社会主义事业建设者等。

立业者座右铭：

善爱德荣，兴业润世。

早春北京，绿色还没有涌上街头树枝，但带着丝丝暖意的风儿吹在脸上，让人神清气爽，人们可以明显感受到春天的脚步。

每年三月，如期而至的全国“两会”，总是像春天一样激发全国人民的精气神。“两会”是中国人民政治生活中的大事，举国关注，世界瞩目！

2019年3月5日，北京人民大会堂内灯火辉煌，座无虚席，第十三届全国人民代表大会第一次会议隆重开幕。在河南省代表席上，坐着一位面容端庄、身材纤巧的女子，她是河南康利达集团董事长薛景霞。对任何一位中国人来说，哪怕能有一次机会作为代表或委员走进神圣的人民大会堂共商国是，都是一辈子的荣幸和自豪。而对薛景霞来说，这已是她连续四届担任全国人大代表，第17次参加全国“两会”了。

在全国人大代表身份之外，薛景霞身上还有很多令人仰慕的光环和头衔，她曾荣获全国“劳动模范”、全国“三八红旗手”、全国“五一劳动奖章”、全国“杰出创业女性”等荣誉，目前担任郑州市政协副主席、郑州市工商业联合会主席等职务。

很难想象，如今这位成功女性，当年创业时的起点是那么低。她出生于郑州上街区一个普通农村家庭，父母不仅无权无势，家里连基本生活都很拮据，高中毕业不久她就成了无业青年。30多年来，她白手起家，靠着不屈不挠、持之以恒的奋斗，成就了今天事业的辉煌。

1. 借债6000元开办小卖部

1965年，薛景霞出生在郑州市上街区一个叫任庄的地方，那里是地地道道的农村，村里多数人一辈子都是面朝黄土背朝天，到郑州市区去叫“进城”。

薛景霞的爸爸薛金铭有个不幸的童年，8岁时就失去父母，成了无依无靠的孤儿，靠沿街乞讨长大成人。1958年5月郑州修黄河铁路大桥，他有幸被征去当工人。后来在铁道部大桥局四处当技术工人，常年在外。由于春节加班可享受双倍工资，为了多挣点钱养家糊口，他甚至不回家过节。直到后来薛景霞生意好起来，家里条件改善之后，他才开始回家过年。

“我妈妈姊妹五个，她是老大，人很善良，特别能干，也特别坚强。”薛景霞说，妈妈小时候很想上学，但因家庭困难没有上成。姥爷很早就患病去世了，妈妈作为家里老大，承担着帮姥姥养活弟弟妹妹的责任。

薛景霞在家中排行老大，有一个妹妹和一个弟弟。爸爸很少在家，妈妈带着三个孩子非常不易，每天天不亮就起床去地里干活，晚上很晚才回来。因为家里太穷，妹妹上完初中只好回家帮妈妈种地，弟弟学习挺好的，当时刚好有指标去当工人，为了尽快上班，“农转非”拿到城市户口，也提前离开了中学。

从父母身上，薛景霞学到了责任与担当，尤其是作为老大对家庭的责任无可替代。但妈妈作为农村妇女起早贪黑的艰辛也给她幼小的心灵留下了深刻而痛苦的烙印，以至于她从小就立下誓言：“一定不要像妈妈一样去做农活，坚决不！”

精神必须发扬，职业决不继承。她要闯出一条与父母辈不一样的人生之路，过上不一样的生活！

1977年中国恢复高考之后，无数年轻人看到了对未来的希望，憧憬着能够通过学习改变命运，实现“朝为田舍郎，暮登天子堂”的美好人生。当年的薛景霞也是怀揣高考梦想的年轻人。

薛景霞学习异常刻苦，简直达到了废寝忘食地步。妹妹薛景文对此印象深刻：“小时候上学读书，晚上学到十二点多，每晚我妈都要一遍遍催她睡觉，早上5点多就起来背书，早饭都凉了，叫她好几遍也顾不上吃。”

1983年高考结束，薛景霞焦急地等待分数发布，可她没有等来报捷的喜鹊，却等来了一只不祥的乌鸦：距离高考录取线她差了三分！

高考是公平的，也是残酷的，差一分你就没有资格迈进“龙门”。薛景霞至今仍然记得获悉分数那一刻对自己的打击，接连3天，她都躺在床上，不吃不喝，感到天崩地裂，前途一片漆黑。

“那个年代我们那儿的高中毕业生一般有三种选择：一是当公务员；二是到附近铝厂当工人；三是参军。而这三个选择我都无法实现，我只有一种选择，回家种地。”薛景霞说，种地是她从小就发誓不干的，于是父母托关系，让她进城区的宏泰商场当营业员，这在当时是一份“体面”的工作，而且可以多挣点钱。她不满足一辈子干营业员，所以白天上班晚上去夜校学习，期待有一天能改变命运。

好不容易争取来的这份工作，不久就因为商场实行个人承包制，工作环境改变，薛景霞主动提出下岗，变成失业青年。

怎么办？在命运面前是听之任之，还是主动寻找出路？薛景霞果断选择了后者，她要做个体户！

当她把想法告诉亲戚朋友的时候，几乎是一片反对声。个体户实际上就是今天的创业者，但享受的“待遇”可是天壤之别，今天人们对创业者理解、肯定，甚至还带着羡慕的眼光。在改革开放初期，尤其是在商业活动比较闭塞落后的郑州农村，干个体户是很丢人的事，好像有点儿不务正业。当时选择做个体户，同学、朋友、亲戚甚至没人敢理。“我做个体户之后，中学几位特别要好的同学有的真的不理我了，把我看成了另类。”今天谈起这些，薛景霞仍然感到有些伤心。

要做个体户，不但要承受脸面上丢人的巨大压力，还要想尽办法说服亲戚朋友借钱给自己做本钱，为了创业，20岁刚过的薛景霞面对的艰难可想而知。但“功夫不负有心人”，执着打动了他们，她筹到了6000元的启动资金。

借钱去做个体户，对薛景霞来说是被逼无奈的举措，但更关键的是她早就看到了一处商机。

这要从她家附近的铝厂说起。河南省铝矿资源十分丰富，上街区交通便利，1957年周恩来总理亲自批准在上街火车站南边兴建我国最大的铝工业基地，1958年8月正式开建，当时有2万来自全国各地的建设者参与建设。“南嵩山，北邙山，两山之间现奇观。红旗如潮人如海，巍巍铝城正兴建。”从这句当年描述建设场景的话中，我们可以想象那时铝厂的规模之大。

铝厂建成后，建设者直接在此扎了根，变成了技术人员和工人。从此，上街区就形成了一个以铝厂为核心的小城区。改革开放后，蓬勃兴起的建设事业极大地带动了铝厂的发展，工人们腰包开始鼓了，区上的各类消费自然兴旺了起来，尤其是对各类家用电器的需求大幅增加，商店生意兴隆。

薛景霞做过商店营业员，只要有市场需求，她对经营好商店心中有底。她从一位老太太那里租房开了一家小家电门市部，从郑州批发收音机、电风扇等各类小家电出售。

如今开车从上街区到郑州市中心不到一个小时，但当年薛景霞到郑州进货要转两趟公交车，单程要花上两三个小时。每天天不亮就要起床进货，一路上大包小包的电器都是她一个人搬来搬去，晚上售货又要忙到很晚，每天回家都是筋疲力尽。那时候由于本金少，一次进不了多少货，几乎天天都要跑一趟郑州市区。

销售上她采用薄利多销策略，有一年流行鸿运扇，她67元进的货，68元就卖了，每台只赚1元钱，铝厂一家单位一次就买了几百台。物美价廉，加上她的好人缘，吸引了周边很多顾客，生意越做越火。

门店开了不久，她生平第一次当“老板”就开始赚钱了，自然十分高兴。虽然赚的辛苦，金额不多，但毕竟是她靠辛苦和努力独立挣来的。另外这也证明了这条创业之路可行，而且未来可能会更好。

然而，就在薛景霞对未来充满信心时，房东老太太突然提出要终止租约。原来她看到小店顾客盈门，生意如此之好，妒心突起，想收回门店自己经营。当时薛景霞签的合同是租期三年，租期未到就要提前毁约，她当然拒绝。但没想到房东居然使出了各种卑劣手段，唆使自己的三个儿子轮番前来滋事，还散步各种谣言毁坏薛景霞名声。对一位没有背景的女子来说，面对这些骚扰诽谤，薛景霞只能在门店才开了一年多的时候，被迫关门。

虽然第一次创业就被房东的人性之恶坑了一把，但善良的薛景霞没有改变对社会对他人的信心，不要手腕、以诚待人是她的本色，她永远不会改变。没想到，紧接着这次事件之后，她又碰到了一个大“坑”。

刚关了小家电门市部，正好有一家刚装修好的小酒店要转让，转让价3万元，先期只需要付1.6万元。她仔细考察之后，认为这是一个机会，于是她说服家人和亲戚，倾其所有，承包了这家小酒店。

她不分昼夜地筹备，但刚开张几天，突然有人上门找她要装修款。坐下来一谈，才发现背后藏着一个大陷阱，小酒店的房子八个月后就要拆掉，跟她签合同的老板还欠着装修款。债主以为她接手了酒店把债务也接了过来，便上门找她要账。

面对如此险恶的境况，她不敢再干了，只好放弃，开张仅一个星期的小酒店关门了。跟她签约的老板杳无音讯，之前支付的1.6万元也打了水漂。

对于今天来说1.6万元不是一个大数字，但在当时“万元户”还是稀罕事的年代，对一个生活拮据的家庭来说，这无疑是一个巨大的损失和打击。

不能再让她折腾下去了，再这样折腾这个家真的就被她败了!为此，薛景霞父亲专程从外地赶到家里，还找来几位亲戚，郑重其事地开了一次家庭会议。家庭会上，大家苦口婆心，甚至流着眼泪劝薛景霞“浪子回头”，断了做个体户的心思，但怎么也说服不了她。最后姥姥只能含着泪发话让她父亲动手，但慈爱的父亲并没有真的动手打她。

“他动手，我就跑，好女不吃眼前亏。”薛景霞回忆当初情景时笑了。这场家庭会议并没有达到预期效果，因为她在创业的路上“不可能退却”。

2. 成为全省装饰企业“龙头”

中原是华夏文明和中华文明的发祥地，是华夏民族的摇篮。薛景霞在中原出生长大，她的外貌虽然更像一名江南女子，但性格却是中原“花木兰”。豫剧《谁说女子不如男》家喻户晓，作为中原女子，她性格中的刚强与拼搏超过很多男人。

跌倒了爬起来再跑，薛景霞的犟劲让周围人都异常佩服。小酒店亏掉血本，家庭会议劝阻，非但没有让她“回心转意”，反而不久之后，她又向家人和亲戚朋友开口借钱，这次居然还是要进入装饰行业。

改革开放让中国人的生活逐渐走出贫穷，无论是政府还是百姓，腰包里一旦有了点钱之后，就要不断改善居住条件。薛景霞发现，周围盖房子的越来越多，有了新房子总得装饰一下。那时候装饰行业在广东等沿海地区刚刚兴起，在郑州尤其是上街区很多人还没意识到这会是一个行业，但她已经敏锐地觉察到“这个行业将来一定行”。

在当时的情况下向人说出“借钱”两字对薛景霞简直难以开口，但要干事就不能太顾脸面。凭着“厚脸皮”和自己宏伟的“创业计划”，薛景霞再次说服了家人和亲戚朋友，大家东拼西凑给了她3万多元。

经人介绍，她租了一间装饰店，这间门店又破又旧，面积很小，却要价3.36万元。薛景霞咬咬牙同意了，接手后发现，装饰店所有的东西加起来仅值1万多块钱，此外还有留下来的七八名工人。

一位从未涉足装饰行业的小女子要带领七八位工人创业，薛景霞心里很清楚有点“难于上青天”。随着年龄增长和阅历增加，这次她对如何带队伍干事有了许多思考：把自己当成普通工人，和他们一起干活，在摸爬滚打中学会行业知识，并形成自己的老板权威。

刚开始，装饰店只能接一些小工程，给人做做门头、粉刷墙面、做几个装饰字、贴贴壁纸之类。订单多则一两万元钱，少则几千元钱。薛景霞既是经理，又是业务员；既是材料员，又是施工员。她跟工人一起干活，一口锅吃饭。刚开始，那几个工人也没把这个小女老板放在眼里，但渐渐发现，这位女子干活吃苦受累丝毫不逊男人，业务也从生疏到熟悉，某些地方甚至很快就超过了自己。于是开始对她刮目相看，逐渐有了兄妹般的感情，把公司的活当成自己的活一样干。

企业核心团队稳定了，活力被激发出来，薛景霞的上街区康利达装饰工程公司开始走出上街区拓展业务。当时北方的装饰市场被广东企业一统天下，一家名不见经传的本地小企业要想从中分一杯羹谈何容易。薛景霞不得不采取“农村包围城市”的战术，先从郑州四周的郊县跑起，然后再打入郑州市中心。这也决定了多数时候，她很难拿到那些好项目，甚至有些项目还隐藏着较大风险。

1991年，她承接了某县一个宾馆41万元的装修工程。对一直做着几千、几万元小项目的公司来说，这简直是天文数字。薛景霞下定决心，要抓住这一绝好的机遇，把项目干成样板工程，以此在装饰行业打出名声，闯出一片天地来。

机遇就是挑战。这个工程需要全额垫资，而且给出的工期很短。她想尽一切办法解决问题：要筹钱，她把亲朋好友的潜力都挖尽了；人手少，她把年近六十岁的老母亲请到工地给工人们做饭；工期紧，她亲自带领六七十名工人实行三班倒，日夜奋战在工地。为节省费用，她把家里的米、面、油都拿到了工地。

深冬之后，中原大地天寒地冻，几场大雪下来，施工条件更加恶劣。她的手脚都冻烂了，但每天仍没日没夜地忙在工地。就这样紧赶慢赶，农历腊月二十三总算做完了大部分工程。就在薛景霞满怀希望等着业主能支付工程款，让她可以支付工人工资和给亲朋好友还钱的时候，业主不但分文不给，而且躲起来不见面！

几十位辛苦了几个月的工人等着拿钱回家买年货，万般无奈，她只好硬着头皮，再次向等她还钱的亲戚们借钱。此时薛景霞真如泰山压顶，今天回忆起来，心中仍然不是滋味。

“我从内心一直非常感谢亲朋好友那时候对我的支持，没有他们，我不知死了多少次了！”薛景霞感慨地说，这是她创业以来最沉重的一次打击。借钱打发走了工人，她兜里连买青菜的钱都没有了，那个年，她真不知是怎样过的。

在妹妹薛景文记忆里，那几年没钱过年是常有的事。她姐做企业从开始到现在，始终坚持不能拖欠工人工资，每到过年的时候，全家人都要想办法去跟朋友、同学借钱。

薛景文回忆，有一次过年要给工人发工资，可欠账还没要回来，大年三十晚上，家家户户都放鞭炮吃年饭了，她姐还在带着员工去要账，可最后还是没要到，回家时很沮丧。“那几年几乎年年如此，对我们来说过年就是过坎，别人欠的账要不回来，自己欠人的钱还要还。”她说，每次想起这些都心酸。

搞装修遇到的艰辛一般人无法想象，尤其对一位女子来说，如果没有钢铁般的意志，早就趴下了。薛景文介绍，1992年在河南鹿邑接了个小宾馆的装修项目，为了赶工期，一天夜里从上街区拉材料过去，半路上车子的轮胎跑丢了，非常危险。那是冬天，大家下车在冰天雪地里找，到半夜终于找到了，大家继续赶路，到施工现场时天都快亮了。装饰材料被冻住了，人也几乎被冻僵了，但大家来不及休息，赶紧烧开水把冻住的材料化开。

创业不是一个人的事，一旦创业，你周围的亲戚朋友都会被卷进去，而且是关系越近，卷入越深。那些年，不仅薛景霞受尽苦头，而且还“绑”了全家人一起受苦，虽然他们出于亲情心甘情愿，无怨无悔。

有一次在上街区接了一个大厦1–5层的装修工程，9月份开工，需要赶在元旦前交工，薛景霞舅舅与她的妹妹、弟弟都过来帮忙。有一天妹妹在装饰店里看门，晚上十二点隔壁酒店有人喝醉酒来店里闹事，正好舅舅、弟弟从工地回来，就上去劝，结果对方从门口拉材料的车上抽出钢筋就朝她弟弟头上砸，弟弟当场就被砸晕了，直到第二天才醒过来。

在走过最初的起步期之后，薛景霞带领公司迅速实现装修工程和项目的标准化管理，以质量和服务赢得市场。1995年，上街区邮政储蓄所装修发标，薛景霞敏感地意识到这是进入邮电行业的一次绝佳机会，全省将有大量类似的项目。为了和来自上海、南京的公司竞争，她跟省邮电局的负责人保证说，一个月之内，如果做得不好，不用给一分钱。

拿到项目之后，薛景霞每天都在现场，盯住每个细节，有时候工人做得不满意的地方，她就亲自动手重来，确保工程的质量和进度。项目完成后，对方先后来了很多人反复检查，没有挑出任何毛病。于是河南省邮电局把这个工程作为样板，全省邮电系统很多地方机构都来参观考察，这个活生生的大广告给康利达在邮电系统内部赢得了很多订单。

“那个时候，邮、电不分家，效益比较好，我们那些年聚焦这个领域，从中挣了不少钱，公司基本上完成了原始积累。”薛景霞得意地说，拿下上街区邮电项目，对公司发展是关键一招。做生意既要有发现商机的判断力，又要有抓住商机的执行力！

后来邮、电分家，邮政效益大幅度下降，康利达及时调整经营方向，完全面向社会市场做项目。当时，华为在河南做04交换机，康利达和来自北上广的很多装饰企业竞争，做华为项目吊顶的铝板，以及地面的抗静电地板。

和姐姐一起创业的薛景文见证了康利达装饰公司的发展历程，她介绍，生意越做越好，公司办公场所也越换越有优势、面积也越大。“2003年，姐姐决定把公司从上街搬到郑州市农业东路的兴业大厦，这是第四次搬家，也是最关键的一次搬家；2013年搬到了郑东新区CBD世博大厦；2015年搬到现在的办公地点，这是我们集团地产公司开发的办公楼。”

搬到郑州后，人才、项目、机会比在上街区时增加很多，公司借“地利”之势迎来跨越发展，资质水平、施工水平等迅速提升，在行业内的影响快速扩大。薛景文说，搬到郑州市区之后，承接了很多大项目，现在郑州所有的地标性建筑几乎都有参与。公司年产值从最初的二三百万、五六百万，到后来的一千多万，慢慢发展到五六千万、一个亿、五个亿……

“公司发展最快的时候，就是搬到郑州之后。”薛景文无比佩服当年姐姐的眼光和魄力。

装饰行业是薛景霞创业最关键的起步领域，从上街区到郑州市再到全国，康利达承接了很多知名的装饰工程。公司是郑州国际会展中心、郑州地铁1号线、中央党校大礼堂等国家级重点项目唯一中标的河南民营企业。如今，康利达装饰的综合指标已经在郑州市排名第一，成为河南省行业龙头。2003年1月，薛景霞光荣当选十届全国人大代表，成为我国建筑装饰行业第一位全国人大代表。2009年，她又荣获“建国60年建筑装饰行业杰出女性”称号，并顺利入选“全国建筑装饰行业百名功勋人物”。

2016年，康利达装饰成功在新三板挂牌上市，股票代码：835779，从公司介绍我们可见其不凡的行业实力：具有装饰/幕墙设计甲级、施工壹级4个国家顶级资质和智能化/机电安装、钢结构/金属门窗等行业资质，多年深耕中原市场，多次荣获鲁班奖、全国建筑工程装饰奖、设计奖、科技创新奖，9次入选全国建筑装饰百强。

在一个行业里把公司做到这种规模和高度，是很多人一辈子都可望而不可及的。但对从小就有巨大“野心”的薛景霞来说，这远远不是她梦想的全部，在装饰公司发展过程中，她始终在关注更多领域，寻找更大的发展机会。

3. 进军酒店投资

在装修行业之外，薛景霞“跨界”创业的第一个领域是酒店。平时装修工程中经常接触酒店，有时项目本身就是装修酒店，这让薛景霞对酒店行业有了更多了解。这两个行业像是“近亲”，投资酒店和流水一样自然，算不上多大的“跨界”。

在讲述经营酒店的投资史中，薛景霞把起点放在1992年承包上街区金利达酒店。其实，在这之前她曾有两次涉足的经历，但当时由于缺少经验，没弄清对方的来龙去脉就签约，酒店刚一接手就发现一堆陷阱，时间很短就马上退出了，败走麦城获得的是江湖险恶的教训。

金利达酒店位于上街区繁华路段，位置优越，签约五年。接手时是毛坯房，薛景霞自己开的就是装修公司，装修起来不仅快而且风格独到。一切就绪准备11月8号开业，但是让人意想不到的是，买来的厨房抽油烟机设备一试火全冒黑烟，根本不能用，开业只好推迟到11月12号。这一天发生的事，对薛景霞来说终生难忘，结果酒店开业和她的婚礼日放在了一起。

“当时我有一个工程项目，是在登封少林寺旁边接了税务局一个楼的装修，工期很紧，为了节约时间，我就把开业庆典和婚礼放在了一起。”薛景霞说，对创业者来说，有时候个人再大的事也要服从公司发展需要。“当时跟领导们都说是酒店开业，跟家人、朋友都说结婚，结果上街区领导到后都吓了一跳。”

酒店开业之初，业务开展并不顺利，原因是对周边环境调研不够，碰上了不好的“运气”。那时候全国都在搞开发区，酒店旁边规划了一个自由市场，开工时把酒店的门口挡上了，人流绕开了，生意特别冷清。

“我当时想的是做装修太辛苦，接工程难，要账也难，自己经营酒店的话不用四处跑了。如果酒店做好了，那装修我就不再干了。”让薛景霞没想到的是，这个酒店干起来更难。

本来装饰公司有几十个人需要发工资，现在酒店又有40多人，每月的工资是一笔大数，雪上加霜，全部靠借钱度过。“老公、弟弟、妹妹的工资全给我，全家人支持我。”薛景霞说，创业太难，不是一蹴而就的，你不知道何时才能成功。

又过了两年半，附近的市场建设完成，酒店门口路不堵了，拨云见日，酒店生意好了起来，不久就把前期亏的都赚回来了。薛景霞不仅赚到了白花花的银子，更重要的是获得巨大信心，她在这个行业再投资的决心更坚定了。

1998年她又接手了第二家酒店，这家叫盛誉宾馆的酒店规模比较大，有百余间客房和20多个餐厅包间。最初是上街区邮电系统的招待所，康利达承接了装修工程，但装完之后邮电系统的人说他们不会经营。这对已经有丰富酒店经营经验的薛景霞来说，好像是天上掉下来的馅饼，她马上告诉对方“我可以干”。

“那你先交80万保证金。”对方要求。

“可以。”薛景霞一口答应。

当时金利达酒店一年的营业额连50万都没有，她就找人借钱提前交上了这80万元。她心里清楚盛誉宾馆装修花了很多钱，相比80万的保证金不算什么。签合同时，她专门提出合作期限长些，结果先签了15年。

对这样一家有一定规模的新装酒店，薛景霞希望能够向顾客提供高水准服务。她直接找到郑州市最好的、由外国人管理的名叫皇冠假日的酒店，高薪聘请了里边的五位职业经理人。但让她万万没想到的是，这些人不但没有创业精神，连敬业也做不到。他们过的是小资生活，每天不管生意好不好，都要吃小灶，必须比员工吃得好，还必须去健身。酒店一直赔着钱，他们也不去想办法，好像事不关己。

管理必须奖惩分明。酒店经营半年之后，薛景霞把这五个人全部开掉，在原管理层中只留了一位部门经理。这位部门经理后来被她培养成总经理，给他充分授权，按照绩效考核，承诺干得好就有奖励。结果这位总经理干了将近两年，不仅扭亏为盈，而且利润大增。薛景霞兑现承诺，奖励他一辆20

多万元的小车，比她自己当时开的车都好。

管理层变了，服务水平极大提升，盛誉在客户中真正赢得了良好声誉，包括政府机关在内的周边大机构都喜欢把接待放在这里，这让康利达公司不仅赚了钱，而且获得了很多人脉资源。薛景霞这时候从经营酒店中尝到了越来越多的甜头。

这家酒店到期时没有续约，因为那时候康利达的办公地址早已搬到了郑州市区，薛景霞关注的视野更大，发展的重心已经不在上街。

2002年7月，康利达承接了北京崇学山庄的经营，这在公司酒店经营历史上是值得大书特书的一笔。不仅因为实现了地域和规模的大跨越，更因为这家酒店的特殊地位。

崇学山庄宾馆成立于1994年，隶属于中共中央党校，主要以承接中央党校的外事活动、日常接待、培训、会议等为主。能够承包它的经营权，这不是一般的公司能够做到的。

2002年3月，为了响应国家支持民营企业发展的政策号召，全国工商联从每个省选出两名优秀企业家代表去中央党校经济管理班学习，薛景霞有幸成为其中的一位。在那之前她从来没去过北京，所以特别珍惜这次学习机会。

在紧张的学习之外，向来善于捕捉各种商业信息的薛景霞发现了机会，中央党校的崇学山庄正在面向全国招标装饰设计方案。她当即决定全力以赴参与。

“这么重要的项目必须找国内一流的专家出谋划策！”薛景霞雷厉风行，马上通过各种关系找来了几位重量级专家：故宫博物院的总工、首都机场航站楼设计的总工和钓鱼台芳菲苑设计的总工。他们把关之后的康利达设计方案果然水准了得，在众多竞争者中脱颖而出，在中央党校校委会上一举中标。

这么好的项目仅仅做个装饰设计，薛景霞心有不甘，她“得寸进尺”地向中央党校后勤局领导毛遂自荐，说自己是做公共装饰和酒店的，设计、施工和经营她全都会。对方听完，感觉薛景霞是一位懂酒店经营的企业家，从设计方案也能看出她干事的认真和水平。而且当时崇学山庄是亏损项目，党校也有意寻找新的经营者，于是专门成立了一个5人小组来处理此事。小组人员办事非常慎重，对薛景霞和康利达公司进行一番明察暗访，甚至到郑州向市委和上街区委了解情况，然后才决定在设计之外，施工和经营也全部交给薛景霞。

2002年7月26号双方签订合同，8月1号进驻施工，11月16号投资1000多万元，改造后的崇学山庄开业，中央电视台著名主持人朱军主持开业仪式，中央党校多位领导出席。施工那段时间薛景霞基本上都在施工现场盯着，开业时看着中国气派、古色古香、装修一新的崇学山庄，里面假山叠翠、游鱼戏水、游廊环绕，她无比自豪，也感慨万千。

因为各种原因，那时候河南人的形象在北京极差，有些出租车司机一听说河南口音都找理由拒载。在那种背景下，作为一名河南女企业家要拿下这样的项目难度极大。后来中央党校一位领导跟她开玩笑说，中央党校在这个项目上实现了三个突破：一是以前没有跟河南人合作过，这是第一次；二是与非公有制企业的合作也是第一次；三是与女民营企业家合作也是第一次。

通过崇学山庄项目，薛景霞不仅赢得了中央党校领导的肯定和信任，也改变了一些人对河南、对河南人的偏见，这是让她最为高兴的事情。

而更让薛景霞高兴的是，就在山庄开业前的11月8—14日，党的十六大在北京隆重召开，大会报告提出必须坚持两个“毫不动摇”，即“必须毫不

动摇地巩固和发展公有制经济”，“必须毫不动摇地鼓励、支持和引导非公有制经济发展”。中央大力支持民营经济发展的态度让她倍受鼓舞，坚定了她把企业做强做大的信心和决心。随后，她在崇学山庄人力财力的投入上更进一步，使山庄的环境、管理和服务达到国内一流，受到各方好评。

崇学山庄开业之后，环境和服务的提升带来良好经济效益的同时，声誉也在不断跃升，薛景霞因此获得了更多生意。

2005年，苏州市政府在苏州新加坡工业园区附近建了一家春申湖大酒店，旁边湖面有上万亩，环境绝佳。当地市领导在中央党校培训时了解了崇学山庄，对山庄良好的管理和服务印象极佳，于是主动邀请薛景霞去苏州经营这家酒店。

春申湖大酒店按照五星级规划，硬件一流，已全部建好，薛景霞接手后对酒店进行了软装，经营管理上复制了崇学山庄的成功做法，酒店开业之后，生意兴隆。但由于当年从郑州到苏州没有直达航班，薛景霞每次只能从上海转机，加上她又有了新开拓的房地产业务，2008年4月，她只能忍痛割爱把酒店转让了出去。“要干好一件事情就必须全力投入，人的时间和精力是有限的，你必须懂得取舍进退。”薛景霞说。

有了经营政府色彩浓厚的崇学山庄酒店项目经验，2007年9月，薛景霞又拿下了河南宾馆的经营权。河南宾馆是河南省各类重要会议代表的住宿酒店，具有重要的政治意义。拿到经营权之后，距离河南省第十一届人大第一次会议在此召开只有很短时间，偌大一个酒店留给装修的时间不到两个月。

薛景霞像往常一样，她跟省人大主要领导立下军令状，保证按期高质量完成任务。结果仅用45天，这家老旧的宾馆就焕然一新，而且由于用料环保，现场没有装修异味。2008年1月中旬省人大会议召开，包括省主要领导在内的代表都对宾馆装修大加赞赏，认为薛景霞做事诚信可靠。

康利达经营酒店近30年，已经形成了自己的酒店经营模式：租赁经营、投资改造、重整团队、置换理念、构建产品系列、树立品牌。这里面的每个环节，都涉及很多理念和做法，要做好都要付出大量精力和汗水。根据薛景霞自己的总结，其中最为关键的是：“服务好，满足客户需求，不断推陈出新。”

4. 在两个最赚钱的行业驰骋

企业是逐利赚钱的社会组织，在赚钱的过程中只要守法，自然就会给社会创造价值。要使企业能够赚钱，企业家必须善于发现赚钱的方向和机会。

进入21世纪以来，在中国这片土地上营商，金融和地产无疑是最为赚钱的两大行业。最近几年每当A股公布完季报、年报，就会有媒体统计各个板块上市公司利润排名情况，每次的结果都毫无悬念，金融和地产板块的利润总是遥遥领先其他板块。

一向善于发现商机的薛景霞，直到2006年才成立康利达置业有限公司进军地产行业。按理说装修和酒店经营都与房地产有关联，而且从2002年以来郑州地产形势一直很好，为何在满地黄金的地产领域她偏偏姗姗来迟？

“我做企业的特点是不了解的坚决不干。2006年之前很多朋友动员我干房地产，但因为这个行业投入大，我了解又不深，所以没做。”薛景霞解释，后来她在清华大学学习实战型房地产高级工商管理研究生课程，听到建设部有关领导讲未来中国城镇化率会大幅提升，对房地产市场将形成长期利好，有趋势性机会，她才决心进入这个行业。

薛景霞拿的第一块地在上街区，当时资金不够，她找到河南省房地产龙头企业建业地产的老板，建议联合在上街区投资兴建酒店，对方愉快答应，于是双方合作拿地建设了四星级的雅乐轩酒店，在上街区属于高档之列。

有了第一次合作拿地建房的经验之后，康利达紧接着在管城区拿了一块近万平方米的地块，成功开发了“未来名家”住宅项目。小区规划为三栋板式高层住宅，建筑面积60359平方米，呈“品”字形排布，在空间上形成藏风聚气之势。三栋建筑的围合空间设计为平台花园，辅以小区四周的带状绿化和点缀，形成一个多层次、立体化的绿色景观系统。

此后，康利达又在上街区开发了“乐福国际”项目，建筑面积48341平方米，项目不大。2010年，康利达集团又与外界合资成立了一家雅宝地产公司，加强房地产开发力量。

迄今为止，康利达集团地产累计开发量达150万平方米，其中最值得称道的是雅宝·东方国际广场。该大型城市综合体项目集甲级写字楼、精品商业街区、高端住宅于一体，位于郑州市郑东新区金水路，占地112亩，建筑面积40万平方米，由五栋板式高层住宅、四栋高品质写字楼及裙房组成。

该项目位置优越，设计独特，品质一流。项目写字楼与住宅区分区管理，写字楼采用迪拜建筑风格，住宅区景观采用法式宫廷园林设计，五栋楼之间的距离宽达80多米，特别是项目景观和夜景照明已经成为东区乃至整个郑州的一道亮丽风景线，并成为中央电视台报道郑州承办上合组织会议的第一画面。无论是远观还是近看，都能感受到它作为高档楼盘的魅力。

为了让所建地产项目增值，很多地产商想方设法在建筑本身之外寻找“附加值”，比如有的引进名校与楼盘配套学校合作办学，有的给建筑综合体引进国际知名零售商，等等，薛景霞在东方国际广场项目上的做法，让很多人拍手叫好。

2016年8月31日，国务院决定设立中国（河南）自由贸易试验区，后来又出台了具体实施方案。作为有多个官方身份的企业家，薛景霞始终关注和参与政府事务，对这类消息有天然的敏感性。获悉之后，她无比兴奋，开始思考如何为自贸区建设做点事。

很快，机会来了，政府要建河南自贸区郑州片区综合服务中心。薛景霞的第一反应就是可以放在东方国际广场1号办公楼里，这里附近就是地铁口，距离省政府和高铁站都不远。于是她马上跟政府多位相关领导联系，阐述东方国际广场的优势，表达自己的强烈愿望。

作为政府部门，大家都知道这类综合服务中心的重要性，因此，郑州有多个地方政府机构都在明里暗里争取这个中心。在政府领导没有明确表态的时候，薛景霞几乎是天天往机关跑，竭力做说服工作。在几位领导表达初步意向之后，她马上做了两件事：一是派出12人兵分几路去珠海横琴、深圳前海、广州南沙、福建厦门考察自贸区服务中心办公场所，准备设计方案；二是安排人砸掉1号楼一层原有的售楼处，清理干净随时准备启动服务中心的装修。

根据政府计划，2017年4月1日自贸区挂牌，中心必须提前装修完成。12月底，领导们经过综合权衡，市政府办公会基本认可了薛景霞提出的方案，把中心放在东方国际广场，设计施工都交给康利达来做。在还没有与政府签订任何协议，更没有收到政府保证金的情况下，薛景霞就大胆地请来深圳等地设计师和自己公司人员一起开始了图纸设计，并于元月12日进场施工，工人实行“三班倒”。

康利达集团视项目建设为“一号工程”，薛景霞与设计总监、工程总监、总经理每天早、中、晚都要碰头，对项目进展过程中遇到的所有问题集中解决。秉承“开放、服务、窗口、高效、简约、地域特点与国际化”的理念，康利达公司重新规划空间，让洗手间多一个蹲位，让办事人员少一份等待；为保证天花板灯具的效果，不惜制作大跨度铝板模具，只为了圆弧造型线条过渡更加自然；将隔壁商业岛改为临时宿舍，只为了让工人就近休息，节省上下班的路程与时间……项目全体人员凭着“撸起袖子加油干”的冲劲儿，加班加点，蹲守施工现场，紧盯项目节点，实行挂图作战，实时调配现场资源，确保项目优质高效交付。

2月20日工程装修完毕，这时候政府一分钱还没出，全部是康利达垫资。4月1日挂牌时，出席的省市领导都很感动，对服务中心现代实用的设计风格赞不绝口，对施工速度和工程质量给予高度肯定，感谢薛景霞和康利达为自贸区立了大功。

服务中心干得漂亮，政府于是决定再建一个自贸区展览展示中心。在对河南自贸区展示中心设计、施工时，薛景霞提出要坚持“地域文化性”“智慧科技性”“低碳环保性”“亲民互动性”的原则和“文化+创意+科技”的理念，将策划创意、空间装饰、互动科技、舞美灯光、平面设计、建筑模型等行业进行跨界整合，大胆创新。利用最新技术打造了“飞越河南”VR飞行影院、“刷新城市”互动装置、地铁体验舱、“总规沙盘模型秀”、全息影院剧场等项目，使河南自贸区展览展示中心成为中原地区最为智能现代的展示中心。

“争取自贸区的几个机构落户我们这里，既是支持国家战略，为政府办事、分忧，又为公司品牌做了很好的宣传。在这件事上，薛董事长实现了企业战略与国家战略的完美结合。”康利达集团常务副总裁张勤与薛景霞共事多年，很钦佩她的战略眼光。

如今工作日时间，每天都有成百上千名来自郑州各地的商务人士前来服务中心办事，还有全国各地的人慕名参观考察。旺盛的人气不仅扩大了康利达品牌的影响力，而且提升了公司楼盘的价值。自贸区办事机构落地后，公司办公楼的售价和租金“噌噌”往上涨，幅度远远超过周边地区其他楼盘。包括好几家银行在内的社会大机构，主动跑来租赁办公场地。

自贸区落户除了带来人流和资金流之外，也带来了信息流。“近水楼台先得月”，康利达可以在最短时间内知道和了解自贸区政策，以及由此带来的资源，从而找到商机。

看到了楼盘的增值潜力，郑州市政府领导马上决定，所用场地全部改租为买。如今政府也从中享受了大幅增值的红利，对康利达来说这也是好事，说明自贸区机构要在这里“扎根”。

“在政府没有确定，没有一分钱投资的情况下，我们就不顾一切地投入大量人力物力，一开始公司很多人对此并不理解，现在回过头来看，薛董事长做事的预见性和前瞻性真的超出常人。”公司高管都说，薛景霞董事长做事始终有大局意识，政治大局和经济大局都装在脑子里，而且对看准了的事情敢于冒险。

自改革开放以来，金融业始终是蓬勃发展的朝阳行业，薛景霞一直十分关注。但实业与金融的差距有点大，做装饰、酒店和地产的薛景霞“不熟不做”。直到2011年，她才迈出实质性一步：投资郑州银行。

在迈出这一步之前，早在2008年4月，她专门在清华大学微型金融运营管理研修班读书4个月，学习相关知识，了解行业特点、趋势。

做金融板块，薛景霞的思路很清晰，就是要探索实业与金融的结合，实现集团的转型升级，在策略上要谨慎、稳健。

投资几年来，郑州银行已经发展成为河南省很有影响的银行。目前市值翻番，每年分红丰厚，特别是作为实业集团，康利达与之有很多业务合作，从中获得了大力支持。

“这是一笔非常成功的投资。”张勤说，后来康利达又投资了一个有政府股份的担保公司，政府和几家股东占的股份比较平均，她在这家公司担任董事长，康利达在其中可以发挥较大作用。在一些担保公司不断出事的背景下，这家公司以其规范、稳健的经营，把风险降到了最低，效益一直不错。

最近几年，集团的资金实力大幅增强，薛景霞经过考察分析，把集团金融板块的业务重点放在股权投资。她走出河南，先后在上海、深圳成立了股权投资公司，注册资本分别为2000万元，专注做私募股权投资。

“上海和深圳是创新创业的高地，也是我国股权投资公司聚集的高地，那儿汇聚了大量人才、资金和项目，我们必须到这些地方才能有更大空间，更大发展。”薛景霞表示，做生意找对地方非常重要，这就是所谓的“地利”，就像当年从上街搬到郑州市区和进入北京一样，相信在上海和深圳设立投资公司，一定会对康利达集团的发展，带来巨大“正能量”。

5. 让能干事的人有机会

创业，就像带队伍在战场打仗一样，孤军奋战不可能取胜。所以股权投资公司考察项目，尤其是早期项目时，决定投不投的一个关键因素就是创业团队强不强。

打造一个好的创业团队，老板最重要。在康利达集团，当员工谈起领军人物薛景霞时，都认为她极具人格魅力，这是康利达之所以具有很强的凝聚力和战斗力的重要因素。

现代管理学深谙管理者人格魅力的作用，它可以让员工在感受被尊重、被信赖、被关心、被激励的同时，产生强烈的归属感。在一个团队中，老板的人格魅力可以凝聚人心、激励斗志。对康利达的员工来说，薛景霞的人格魅力除了战略眼光、决策魄力等之外，更多地表现在怎样处理与员工利益直接相关的事情上。

刚开始做装修的那几年，客户拖欠装修款是家常便饭，有时候甚至被骗，装修款分文收不回来。但即使如此，就是求人借钱，薛景霞也坚持不拖欠员工工资，那是人家的血汗钱，要拿来养家糊口。尤其是每逢过年，宁愿自己身无分文，也要筹钱让工人拿到工资回家过年。

老板讲诚信，对员工好，他们会看在眼里记在心里。当年装修公司很小，项目情况很不稳定，用工自然也不稳定，有活干时马上就要招工，没活干时各自走人。但每当需要用人时，员工们都是招之即来，来了就拼命干活。就是因为员工们感到薛景霞讲诚信、有良心、可信赖，所以愿意跟着她做事，有很多员工在她公司干了长达20多年。

后来企业做大了，薛景霞身上的光环多了起来，但只要和她接触的员工都发现，薛景霞还跟原来一样，并没有高高在上，对员工们平等相待，从她身上，员工们时刻能够找到被尊重被关心的感觉。

“在公司管理中，我认为人格都是平等的，没有家庭背景好坏、学历高低、职位高低之分。”薛景霞说，公司只有岗位不同，人与人没有高下之分，这是她始终坚守的原则。

从一人单干到拥有七八个工人，经过20多年发展，如今的康利达集团已经发展到下属公司20余个，员工近千人。薛景霞的人格魅力在公司管理中依然发挥着巨大作用，但公司大了，仅仅靠人格魅力已经远远不能管理好这么大一个团队。实际上，从创业之初到现在，薛景霞通过实践和理论学习，已经形成了她的一套行之有效的团队管理模式。

“在工作中提倡脚踏实地，让能干事的人有机会，让干成事的人有舞台，不让老实人吃亏，不让投机取巧者得利。”薛景霞用了有很多精彩语言来总结康利达的管理。

“老板带团队、管企业，首先必须自己做人做事端正，不能搞歪门邪道，无论是对高管还是基层员工，都要真诚相待，绝不能搞阴谋诡计。”薛景霞说，尤其对民营企业来说，企业文化往往就是老板文化，上行下效，老板的人品作风直接关系到企业风气，而一旦企业风气坏了，这个企业就不可能有前途。

“我妈妈没什么文化，但是她教我做人要善良和真诚，我认为这些最朴素、最原始的道理，在管理中也最关键、最管用。”薛景霞说，做企业和做人做事的很多道理一脉相通。

做老板要善于发现人才，培养人才。在康利达集团，不同板块规定的薪酬体系不一样，考核的标准也不一样。薛景霞强调大家之间不要去攀比，即使是饭店的服务员，只要努力工作，在岗位上干出成绩，都有各自的发展平台、成长空间。

北京崇学山庄的总经理李蕙，1992年是康利达一家酒店的服务员。薛景霞发现她工作用心，聪明好学，认为是块可以雕琢的璞玉，于是有意识地培养她、压担子，安排她在主管、班长到经理的岗位上接受锻炼。2002年，又放手派她去北京接管崇学山庄管理，后来果然不负所望，干得出色。薛景霞介绍，现在装饰公司的总经理也是在公司从基层一步步锻炼成长起来的。

培养人才就要为他们提供发展平台，创造成长机会。康利达每年都会举办一到两次三五千人参加的大型公益论坛活动，面向全省政商界人士、大学生、企业家等高端对象。规模如此之大，政府部门都觉得是一件很难办的事，但康利达每年都办得很成功。

第一次大型论坛筹办的时候，薛景霞每天晚上都亲自开协调会，但这么重要的会她竟然不让公司高管参与，她带着集团办公室主任和她身边的秘书来做这事。

“我来安排分工，他们负责会务、联络、现场等，五六个人就能完成组织几千人的大会，因为调动了他们的积极性，发挥了他们的聪明才智。论坛结束，很成功，他们都觉得很有意义，很有价值，很有成就感。”薛景霞得意地介绍，她有意识地打破常规的做法效果很好，后来再办这样的活动她就不用怎么管了，第一届活动培养出来的几个人就能全部完成。

在培养员工成才上，康利达已经形成了一套完整的做法。薛景文介绍，大概有以下几种形式：一是鼓励员工根据自身工作情况和专业去学习和考取相关资格证书，公司给予相应补贴和奖励；二是集团跟外面的培训机构合作，分批安排员工去学习培训；三是每年都会组织大型公益论坛，邀请国内外各行业的知名专家、学者等来郑州和公司演讲、交流，给公司员工提供跟专家学者学习交流的机会；四是和北大汇丰商学院合办河南教学中心，主要针对企业高层经理人开展针对性较强的管理发展课程（EDP），公司对报名参加课程的高管或者员工有优惠政策和补贴，鼓励大家去学习新知识，公司有不少人已经学完相关课程取得了结业证。

“凡是从康利达出去的员工，到了新单位事业上都能更上一层楼。”薛景文说，外界都把康利达誉为河南装饰行业的“黄埔军校”。

做老板要学会用人，人尽其才。“我觉得毛泽东主席的伟大之处就是会用人，比如彭德怀擅长带兵打仗冲锋陷阵，周恩来能文能武，可以在毛主席身边出谋划策，毛主席会发挥每个人的所长。”薛景霞觉得毛主席的用人战略对企业来讲是可以学习的。因为每天有太多事务要处理，薛景霞身边有几个秘书，她会根据他们的自身条件和实际情况来进行安排和分工。

用人的关键是要重品德。一个人即使能力再强，如果品德不行，薛景霞也会坚决不用。公司曾经有一位某名牌大学建筑系的高才生，开始是做项目经理，后来因为业务能力强，让他当了装饰公司的总经理。但做了一段时间，薛景霞就把他开除了，原因是这个人智商高、情商低，他总是挑剔周围同事身上的毛病，然后放大他们的问题，跟其他同事总是合不来，让周围同事都很有情绪。作为管理者不能向大家传播正能量，反而处处影响大家的积极性，留下来会是负资产，贻害无穷。

企业大了，老板一定要靠制度管人，靠目标管人。如果查看薛景霞的简历，你会发现她现在的政府和社会兼职远远超过在康利达的职务，她又是一位有强烈家国情怀的企业家，因此，她的时间一大半都用到为政府和社会服务上去了，每天晚上很晚她才会有时间回到公司处理企业事务。

如何让康利达这条大船正常运行，而且不断创造出更好的效益？薛景霞说管理上有两点很关键：一是建立制度，充分授权；二是绩效和奖励。

薛景霞坚信目标导向的管理模式。她非常民主，下属各单位的经营指标由他们自己订，确定下来之后，过程她不管，她也没有时间管，只看结果，完成了就给予奖励，完不成就处罚。如今，很多公司上下班都实行打卡制度，但在康利达，薛景霞不要求打卡。

“你看我这么忙，其实是在为政府做事儿。公司所有的事我都没有细管，我就是用人，把人用对、用到位。”薛景霞认为，创业初期带团队和管理企业的方式，与企业大了有很大差别，老板必须因时制宜做出调整，这样才能适应和引领企业发展。

6. 学习就是企业家的“生产力”

华东师范大学终身教授、著名教育专家袁振国针对终身学习问题时曾说，观察我们周围的人可以发现一个规律：成功人士有一个共同特点，就是爱学习，终身学习；不爱学习的人，不太可能取得事业上的成功。

作为一位学历起点为高中的成功企业家，薛景霞对此有切身体会、深刻认识：“对企业家来讲，学习就是生产力、竞争力，也是凝聚力，企业的凝聚靠老板的思想。当今的老板如果不学习、不看书就想把企业做大，那是不可能的，天上不会掉馅饼。”她说，“我能发展到今天，可以说也离不开学习，我在学习中不断否定自己，不断提升和完善自己。”

小时候薛景霞学习起来可以做到废寝忘食，遗憾的是高考以3分之差痛失进入高校深造的机会。进入社会之后，她异常繁忙，创业之初为生存奋斗，后来是政府、社会和企业事务缠身。她常年的工作时间是早上九点到晚上十二点左右，更晚一些甚至到凌晨一点。但无论怎样繁忙，她都要经常挤出时间到高校进修学习。

我们来看她进入社会创业以来到高校学习的不完全经历：

1983年7月—1986年9月，在河南广播电视大学读专科；1992年9月—1995年6月，在河南财经学院经济管理专业读本科；2006年6月—2007年1月，在清华大学房地产工商管理研究生班学习；2008年4月—8月，在清华大学微型金融运营管理研修班学习；2008年10月—2010年10月，在长江商学院读EMBA；2011年9月—2013年10月，在北京大学汇丰商学CEO国际课堂学习；2014年8月—2016年8月，在北京大学汇丰商学院读EMBA；2014年9月—至今，在清华经管学院全球管理（DBA）博士班学习；2016年9月—2018年4月，在清华五道口金融学院EMBA学习。

从上面可以看到，她的“学历”要超过绝大多数科班出身的大学生，很多人大学毕业进入社会之后，就基本上再也没有进入高校学习过。

薛景霞不断进入高校参加各种学习，并不是为了镀金，也不是仅仅为了弥补当年的遗憾，而是为了真正学到有用的知识，因此学得认真。

北大汇丰商学院EMBA和薛景霞同班的校友对此有深刻印象，开学军训时，年近五十、个头不大的她，始终和同学们一起，在教官近乎呵斥的口令声中，做着每个动作，完成每项训练，没有丝毫懈怠。每次上课，薛景霞总是早早坐在教室第一排，专注听讲，认真记录，有时候下课还逮住老师问个不停，是全班公认的学习积极分子。

北大的PE、EMBA、总裁班，清华的经济管理学院、五道口金融学院，长江商学院等，她都读了个遍。如果一个人特别爱学习，说明她乐于接受新生事物，对新生事物具有浓厚兴趣。

上面提到的仅仅是各大学和商学院举办的正规的学历教育或课程班，国内知名的培训机构薛景霞也基本上都有涉及。比如聚成、行动成功、超越极限、长松咨询、天智教育、华一世纪、致良知等。各个培训机构讲的课都不一样，有讲领导力的，有讲战略的，有讲金融的，有讲团队的，有讲股权的，有讲企业家精神的，她都去专心学习过。

作为企业家的学习，必须要学以致用。薛景霞每次走进高校或培训机构参加学习，目的都极其明确，这和她做事的风格完全一样。2006年和2008年两次到清华大学学房地产和金融，就是要了解相关知识、政策和趋势，为进入这两个领域做准备。

薛景霞经常讲的一句话是“下棋找高手”，她特别喜欢跟国内外行业专家和知识分子交流、做朋友。比如牛津大学的保罗·泰柏勒教授，2011年诺贝尔经济学奖获得者托马斯·萨金特教授，还有美国的领导学权威约翰·麦斯威尔教授等，这些各领域知名的学术大师，她都时常保持着联系，有什么想法和疑问就向他们请教。

最近几年，薛景霞的时间有三分之一是在省外学习和对接资源，实际上对接资源主要是学习。她是一位学习型董事长，她的视野，她看问题的高度和解决问题的能力，之所以超过很多人，都与这些学习经历息息相关。

读书改变和提升了薛景霞的知识结构，也改变了她身上的气质。如果你和她第一次见面，看到眼前的女人举止高雅、出口成章、境界不凡，你很难和“高中毕业做了几十年装修行业”的经历联系起来。苏轼在《和董传留别》诗里写道：“粗缯大布裹生涯，腹有诗书气自华。”这是长期读书学习产生的神奇作用。

作为企业家，仅仅自己爱学习不行，还必须在企业营造学习氛围，更重要的是要为员工学习创造条件。前面已经说过，康利达为员工学习提供了很多好的条件。薛景霞在这一点上可谓舍得投入，有很多培训学习机会都是她自己亲自创造安排的。

她自己参加完北大汇丰商学院EMBA学习，深深感受到了海闻院长领导下的这家商学院注重国际化和实践性、学术水平高、教学严谨，在培养具有创新精神、高素质的应用型人才方面，做得卓有成效。于是，在2017年8月毅然决定，选派集团投资部的两位总监和康利达装饰总经理去学习EMBA课程，每人60多万元的学费全部由公司承担。

为了提升公司高管的领导力，薛景霞与约翰·麦斯威尔教授签订战略合作协议，投入不菲经费，从2014年开始为集团全体高管培训领导力，每月最后一天通过越洋电话进行培训，持续了长达三年。

作为民营企业老板，每年能投入大量资金为员工提供学习机会，这不仅是战略眼光问题，还涉及老板的胸怀和格局：舍不舍得在员工身上花钱。

2015年3月，李克强总理在政府工作报告中提出“大众创业，万众创新”之后，薛景霞积极响应号召，先后考察了中关村、深圳等地的双创产业，结合她自己之前考察硅谷的情况和自身实际，在康利达的办公楼拿出三层建立了专门为大学生服务的3U创业孵化器，用于支持那些没有背景也没有资源的大学毕业生创业。她除了亲自给这些年轻人讲授自己的创业经验之外，还把包括靳海涛、何伟等在内的十多位中国著名的投资专家请来上课，创造条件，让更多的年轻人学到创业的知识和本领。

“我觉得做企业，我们不算成功，跟世界500强、中国500强的企业比，我们还是小企业。”薛景霞很谦虚，对自己要求极高，“我要带着我的团队继续努力，继续攀登，学习新的商业模式，学习国家的大政方针，掌握新的趋势，和国家的政策同频共振，要保持积极忘我的状态，把学习放在第一要务，让思想观念能够跟上新时代发展的步伐。”

“一个企业就像一艘船在大海里航行，老板就是舵手，别人无法替代。所以掌舵人必须有目标有方向感，要做到这样就要多学习，否则企业是不能长远的。”薛景霞对学习重要性的认识非常深刻。

学习不仅能改变人的命运，也会改变企业的命运，因为它是“生产力”。在学习型董事长的带领下，康利达获得了更大动力，这些年来乘风破浪，取得了更大发展。

7. 创业路上贵人相助

人生和创业之路坑坑洼洼，布满歧路，心力再强大的创业者，摔跤跌倒时也希望有人助你起来，不知所从时有人帮你辨识方向，孤独甚至恐惧时，希望有人温暖陪伴，这样才更有可能渡过一个个难关，最后到达成功的彼岸。

在薛景霞人生和事业的路上，除了父母之外，还有两人对她发生过重大影响，给了她太多帮助。一位是她初中班主任奚亮老师，一位是她丈夫訾建军。

在她眼里，两位都是她的“贵人”。对她的帮助就像夜行中的一盏灯，口渴时的一杯水，受冻时的一盆火，让她终身感激。

奚亮老师的父母是当初从上海下放到上街的知识青年，后来就留了下来。因为家庭条件不错，她成了一位知识女性，见过很多世面。薛景霞上初中时，奚老师担任班主任，教导她作为女孩子要有“四自精神”，即自尊、自立、自强、自爱。

那个年代一所中学的教师对学生进行这样的教育，非常少见，这让小景霞感到耳目一新。“四自”在她脑子里从此留下深刻印象，并成为她后来做人的准则。

考上高中之后，薛景霞离开了原来的学校，但与奚老师一直保持热线联系，放假有时间就去看看她。高考失利对薛景霞产生重大打击，精神崩溃，躺在床上几天起不来。“后来我又不愿意跟妈妈种地，那段时间都有点儿得抑郁症了，去医院扎针都治不好，是她亲自跑到我家里，做通了我和我妈的思想工作。”奚老师说话情真意切，苦口婆心，薛景霞至今仍记得当时的情景。

创业过程中，薛景霞遭遇了太多挫折甚至险恶。每当受到重大打击，她怕父母无法承受太多压力，都不敢告诉他们，这时候她只能去跟奚老师倾诉。每次奚老师都会耐心听她诉说，并认真帮她分析问题，提出解决办法，在这个过程中，始终肯定她、鼓励她、支持她。

“她把我当作亲女儿一样呵护！”薛景霞说，那段时间奚老师就是自己的主心骨和温暖的港湾。“直到和訾建军结婚之后，有什么大事才不再让她操心了，但她还是经常挂念我，一直把我当作她的骄傲。”薛景霞说，直到现在，她年纪已经大了，还经常发信息关心、鼓励她。

薛景霞工作忙，孩子也一直是奚老师帮着照看。孩子们跟她特别亲，一直把她当成亲人，叫她姥姥，现在遇到事儿第一时间都是跟她说。

薛景霞是个特别懂得感恩的人，她对奚老师的关心也是无微不至，尤其是老师年纪大了，她更是如此，“让她衣食无忧，健康长寿，高高兴兴地安度晚年，是我最大的心愿。”薛景霞从内心里把她当成自己的亲人长辈。

谈起丈夫訾建军，薛景霞总是满脸自豪，心中荡漾着一种幸福感。因为她的丈夫不仅优秀，而且对她是太好了。他们之间的爱情故事如果拍成电影，一定会让很多人感动得流下热泪。

1987年薛景霞认识了訾建军，他们俩是高中同学，訾建军比她高一届。她当时对他印象很好，因为他是学校全校广播体操的指挥，浑身透出军人的气质。“那个年代都特别喜欢军人，但当时并不知道他叫什么名字。”薛景霞说。

訾建军爸爸早上去公园锻炼身体喜欢带个小收音机，当时的一台收音机就是从薛景霞店里买的。用了几天坏了，来找她换。但她已经不做家电生意了，没法换。过了几天他又让訾建军拿来换，薛景霞一看，心里怦然一动，这不就是我中学时心中的那位白马王子吗！

“一定要把他拿下！”她当时就下定了决心，并趁机互相留下了名字和联系方式。薛景霞说：“我无论做任何事都比较有主见，所有的事我都是力求靠自己、做自己，自己确定目标后，就全力以赴，绝不放弃，当年谈对象也是这样。”

按照世俗的标准，当时两人不仅有差距，而且差距还蛮大的。薛景霞干的是受人歧视又没有保障的个体户，訾建军是国家公务员，让人敬畏的工商局干部。薛景霞高考未中，訾建军大学毕业。从长相来看，訾建军也是白面书生，英俊帅气。但薛景霞不管这些，她要做的就是“猛攻”，直到如今她都承认“是我追的他”。

那个时候薛景霞二十七八岁了，訾建军年龄还大一岁，属于大龄青年，双方父母都为孩子找对象的事着急，所以对双方的交往都很支持。交往中訾建军比较内向，不太爱说话，薛景霞跟他一说话他就脸红。透过现象看本质，这让薛景霞好感倍增：“我觉得这种人最可靠，不会撒谎。”訾建军在交往中也渐渐地感受到薛景霞不是一个普通的女孩子。

两人结婚时的婚房是訾建军单位工商局分的，婚礼头天晚上，薛景霞婆婆特地爬楼梯到六楼看婚房布置，这一看眼泪都出来了，屋里只有一张床、一个衣柜，其他什么电器都没有。那时候薛景霞生意已经做出点成效了，在上街区小有名气，婆婆没想到小两口的婚房竟然这么寒酸，更没想到的是，她给的置办新家的钱，儿媳全都用在宾馆的装修上了。

訾建军看到母亲伤心，马上偷偷跑到了一位卖家电的同学那里。第二天，几个装着电视、收录机、洗衣机等电器的大箱子整齐地摆放在房间显著的位子，上面贴着大红喜字。来参加婚礼的亲戚朋友直夸双方父母舍得给儿女花钱，羡慕小两口幸福，看到这些，婆婆脸上笑容灿烂，薛景霞也感到挺有面子。他们万万没有想到，其实满屋子门类齐全、没有拆封的电器都是临时租来的，半个月之后，又都原封不动还给了那位同学。

这件事让薛景霞至今仍然非常感动，从中看到了丈夫对自己的爱、对父母的孝，还有做事的灵活与担当。

自从和訾建军恋爱直至结婚之后，爱情就变成了薛景霞取之不尽、用之不竭的精神源泉。

有一次薛景霞生意上失意时，正是夏天，重感冒，发高烧，她自行车都踩不动，走路脚下像踩海绵，满脑子是“为什么到处都是困难？”“为什么这个社会这么冷漠？”“为什么干个体户被人看不起？”。訾建军天天陪着她，给她解释、说理，给她鼓励，把心中的“？”变成“！”；还幽默地给她唱歌、讲故事、说山东快书，逗她开心。

“那时候我先生白天在工商局上班，晚上下班后就跟我到店里上班。每天骑着大二八的自行车接我回家，我在后边坐着，他在前边给我哼着小调。天气冷的时候，路面结冰，我们在马路上不知道摔倒过多少次。”薛景霞幸福地回忆说，从第一天创业她就没欠过薪，这对一位创业的企业家来说是很难的。“在我最难的时候，我先生把他每个月的工资都交给我，我再发给工人。”

康利达公司搬到郑州市区后，为了帮薛景霞减轻压力，訾建军毅然辞去了令人羡慕的在工商局的工作，变成了一位全职“贤内助”，与她同舟共济，比翼齐飞。

“从恋爱到现在，我一直都觉得我先生是一位顶天立地的男子汉，是我生活和精神的双重伴侣！”薛景霞说，没有丈夫的支持，没有一个温暖的家庭，我的事业不可能走到今天。“我的创业史，也是丈夫的创业史，或者说是我们双方共同的创业史。”现在，薛景霞是康利达集团董事长，訾建军担任集团总裁。

8. 爱心与财富成正比

“她的额头上，戴着企业家的桂冠；她的目光里，含着女性的仁慈。当爱心与财富成了正比，当奉献与获取成了正比，内心便得到了美好的平衡，人生便充满了圣洁的意义。”2011年3月，薛景霞当选“温暖2010”河南十大爱心人物，这是著名作家二月河给她写的颁奖词。

无数次获得各种慈善奖，薛景霞独爱这个颁奖词，因为“圣洁人生”一直是她努力的方向。

“康利达”的名字用了30多年，薛景霞这样理解这三个字：“康”就是要健康地成长，“利”是要取之有道，“达”是企业成功了，要回报社会，“达则兼济天下”！康利达集团始终遵循“务实、诚信、执着、感恩”为立业之本。

这些是她经营企业的理念，也是她的财富观和人生观。

薛景霞第一次做慈善捐款是在1996年的秋天，那时她既没“达”，也没“富”，企业实际上还在温饱线上挣扎，经常要靠借债经营。1997年郑州一中承办全国中学奥林匹克化学竞赛，经费不足，急需赞助。薛景霞没考上大学，始终有一种难解的教育情怀，听说后马上筹集了8万元捐款。

没想到这纾解情怀的本能举措，却受到意想不到的社会尊敬和重视，第二天，《郑州晚报》在头版头条刊登了消息，并配发了她的大幅照片。竞赛活动中，她又被盛情邀请坐上了主席台。这次捐赠获得如此大的荣誉让她有些受宠若惊，同时也让她看到了关心支持教育事业的意义，社会对慈善捐赠的强烈需求。

薛景霞从此一发而不可收，为教育事业、希望工程、下岗职工再就业工程、医疗卫生、抗洪救灾等捐款，在慈善的道路上越走越远，越捐越多，而且带动了更多人加入，受益人越来越多。抗击非典、印度洋海啸、5·12汶川地震、4·14玉树地震、甘肃舟曲泥石流等众多大事件的捐赠名单中，都赫然写着“康利达”的名字。

这么多年以来，她捐赠的领域很广，而始终倾情关注，也是捐赠总额最多的，就是教育，这里面有太多感人至深的故事。

2018年8月28日，薛景霞革命老区教育基金发放仪式在上街区政府举行，29名应届贫困大学生每人各拿到了5000元资助，出席仪式的薛景霞现场代表康利达集团捐资300万元。2007年初她作为人大代表到上街革命老区调研时发现，一些孩子因家庭贫困而辍学在家，于是她出资50万元成立了该项基金。成立11年以来，已累计为老区教育发展支出300万元，1600多名老区贫困学生受到资助，近百名老区优秀教师得到奖励。

2010年10月，她向郑州慈善总会捐款1000万元，成立“薛景霞教育慈善基金”，当时是该会成立以来收到的最大一笔捐款。目前该基金已成为郑州市慈善事业的常态化项目，在这个慈善平台上，薛景霞做了大量教育善事。

令公司员工记忆深刻的是2013年的“暖心工程”，当年1月17日，在郑州市妇联举办的女企业家论坛上，薛景霞听到一个消息：郑州市贫困地区有些学校条件很差，孩子在大冬天还只能喝冷水。听完这个消息，她心里很不是滋味，当天就和相关部门沟通，决心帮助那些孩子们改善生活和学习条件。

当月底，薛景霞就通过名下基金捐助200万元，与市妇联、市慈善总会联合组织“暖心工程”，为郑州市最贫困的50所农村寄宿制小学每所学校捐助4万元，用于改善学校食堂、体育活动条件。仅此一项，近万名入学儿童受益。

这个项目被选中的学校情况都不一样：有的是要给学生更换铁架子的制式高低床；有的是要购买体育设施，比如单双杠、乒乓球台、篮球架等；有的是要改进餐厅；有的是要硬化路面；有的是要改善洗手间；还有的是要加固危楼。薛景霞对项目进展非常关心，甚至关注到学校某个具体情况。她同时积极动员工商联会员企业共捐款75万元，为169所农村寄宿制小学安装764台饮用开水器，让孩子们在冬天也能喝上热水。

经过两个多月的物资采购和施工，当年6月中旬，“暖心工程”全部实施完毕。康利达公司和市妇联、市慈善总会一起对“暖心工程”项目进行随机抽检，分别到14所学校进行现场查看。

项目受益学校晋爻村小学则将校园一侧的几间平房整修成小食堂，统一安装了就餐桌凳，供百余名学生饮水用的开水器全天供应开水。“以前孩子们吃点干馍，对着水龙头喝凉水，对身体不好。现在孩子们有热水喝，天冷了，还能用热水泡泡脚。”从校长赵振洪朴实的语言中，薛景霞他们再次感受到了慈善的价值。

也许是她人生经历的原因，对贫困人员充满了怜悯和同情，她能理解贫困带给人的痛苦。无论在什么场合，只要她发现有需要救助的人，都会及时想办法伸出援助之手。

2017年7月份，薛景霞无意中得知郑州有一位叫胡卫星的退休老职工，老两口都得了重病，生活困难，无钱治疗。她告诉公司员工，要亲自到老人的家里实地了解情况，看看怎么帮助他们。

员工好不容易找到了胡卫星老人居住的地方，楼房特别老旧，没有电梯，老两口住在六楼一套三四十平方米的房子里，一看生活就很困难。但胡老生活很有品位，一辈子热爱文学，家里到处摆放着他创作的诗词。

通过老人介绍，员工了解到，胡老妻子2005年得了乳腺癌，十多年的治疗花光了家中积蓄。想不到前段时间又雪上加霜，陪妻子去医院做定期复查，他顺便给自己查了血常规，结果发现情况异常，最后确诊是恶性的骨髓增生异常综合症（MDS）。目前只有移植和化疗两种治疗方案，两种方案个人要负担的费用都不少，老两口平时仅靠每人每月3000元的退休费生活，根本承担不起。

员工核实完情况，回来跟薛董事长汇报之后，第二天一早她就安排员工从公司成立的慈善基金里拨付了10万元，开成支票送到胡老本人手中。从这件事也可以看出，薛景霞对成百上千万的捐款如何使用，非常细心，每分钱都要用到最需要的地方。

薛景霞自己下过岗，知道下岗的苦。在康利达公司，她把就业岗位尽量留给下岗职工。当年在盛誉宾馆，她曾先后安排64名下岗职工就业，在北京崇学山庄宾馆，她一次性安排中央党校后勤部富余职工50人，解决海淀区160名待业青年就业。

在长期的慈善道路上，薛景霞和康利达的慈善故事多的说不完、道不尽。如果注意收集她在各种慈善活动中的讲话，你会发现，她对慈善的理解、看法，深刻而精彩：

“我对慈善的感悟有三句话：一是不推卸；二是不比较；三是发自内心。只要是发自内心，一个孩子捐出1元零用钱和一位企业家捐出100万元同样值得尊敬。”

“慈善事业不但是调整社会收入分配的重要手段，更是企业家履行社会责任的一种方式，不可推卸，责无旁贷。”

“做慈善一定要发自内心。我们捐款资助教育事业，就是想让那些因贫困辍学的孩子重新获得学习机会，我捐款帮助2000名白内障患者，就是想让他们重见光明。看到孩子们高高兴兴地去上学，你的内心一定充满了温暖。”

“企业家做慈善要量力而行，不要和别人比较。不管别人做多少，做好自己的就行。”

“支持慈善事业是企业回报社会、感恩社会的最好方式。慈善事业是生命里最美丽的装饰。”

“一个人如果参与慈善事业的目的是为了得奖，那他的慈善行为立刻就会暗淡无光。让我感到最幸福的事情，并非荣获中华慈善大奖，而是我们帮助失学儿童重返课堂、孤寡老人安度晚年、白内障患者重见光明。”

“慈善是个十分专业的事情，有它自己内在的运行规律。我们向郑州慈善总会捐款1000万元，成立“薛景霞教育慈善基金”，用于资助大学新生圆梦行动、助残济困、赈灾扶贫等各项慈善活动。其目的就在于，我们将以更加专业的方式和途径参与慈善事业，并形成长期支持慈善事业的良性机制。”

“德国哲学家雅斯贝尔斯说：‘真正的教育是一棵树摇动另一棵树，一朵云推动另一朵云，一个灵魂唤醒另一个灵魂。’通过每一个人的力量，带动身边的人一起理解公益、参与慈善事业。因为一个人的力量终究是有限的，只有整个社会动起来，才是大公益，才是真和谐。”

“一个真正阳光的人，不但能温暖自己，还要能点亮他人。当你的世界里充满喜剧时，你应该让更多的人参与演出，独角戏里没有喜剧。当然，方式可以多种多样。我选择的方式就是慈善。”

“一个有强烈社会责任感的企业可以培养出富有责任心的员工，具有强烈责任心的员工才会生产出优质的产品或者为顾客提供优质的服务，优质的产品和服务可以带动企业更快成长，企业也才会有更大的能力支持慈善事业。这是一个良性循环。”

“在历次的捐款活动中，我们不但以企业的名义进行捐助，还会倡导员工积极参与进来，培养大家对慈善事业的认同感。”

迄今为止，康利达集团在助学帮教、抗震救助、扶贫济困、尊老助医等公益慈善事业方面捐款累计达2.8亿多元。2011年7月，薛景霞本人荣获第六届中华慈善奖“最具爱心行为楷模”称号，这是我国政府在慈善领域设立的最高奖项。

在创业中如何获得财富，考验一位企业家的能力；获得了财富如何支配，检验的是企业家的品格与境界。未来，在慈善的道路上，在追求“圣洁人生”的历程中，薛景霞说，她还将投入更多精力和财力。

相信她的“慈善人生”会更美丽、更暖人！

9. 连续四届担任全国人大代表

在长长的身份和荣誉的列表中，你要问薛景霞最看中哪个，她会告诉你是全国人大代表的身份。担任全国人大代表，她有了更大责任和更多机会去替百姓说话、办事，同时也是为国家和社会做些事情。

2003年，薛景霞首次当选第十届全国人大代表，至今已连续担任四届。在17年中，她深入社会各领域和阶层调研，形成“两会”建议、议案，或在其他各种场合为解决某个问题大声呼吁。仅2013—2017年的五年期间，她就在全国“两会”上正式提交建议36项，内容涉及建议国家支持河南省发展通用航空、建立综合改革试点，建议设立中华慈善日，建议将郑州市、洛阳市列为中国服务外包示范城市，建议政府进一步帮扶中小企业发展，建议进一步提升郑州机场国际枢纽功能，等等方面，有不少已经被政府有关部门采纳，有的甚至变成了国家制度化的政策规定。

在日常工作和调研中，薛景霞发现，贫困地区和贫困人口加快脱贫致富的成果虽然已初步显现，但仍存在一些不容忽视的问题：比如被动扶贫、扶贫对象不精准、扶贫政策落实不到位、脱贫与返贫现象交织等。于是，2017年全国“两会”期间，她专门提交了一份《关于精准扶贫、持续脱贫的建议》，提出三条建议：变“输血”为“造血”，走产业脱贫之路；注重发挥医疗健康扶贫的作用；进一步推进精准扶贫的识别与政策推进。

慈善是薛景霞倾注了大量心血的领域，2013年她发现郑州、沈阳等全国数十个城市都规定了各自的慈善日。既然越来越多的城市有了自己的慈善日，全国不如统一起来，像五一国际劳动节、六一国际儿童节那样，确定个日期作为“中华慈善日”，每年集中开展一次大规模的慈善活动，救助贫困群众，建立健全现代慈善公益基金事业。于是，在当年全国两会上，她带去了一份《关于设立中华慈善日的建议》，该建议在“两会”上得到了很多代表委员的响应。2016年国家出台《中华人民共和国慈善法》，规定每年9月5日为“中华慈善日”。

作为一名企业家代表，薛景霞深深感受到中小企业在经营上的苦衷。2016年两会上，她专门提交《关于政府进一步帮扶中小企业发展的建议》，为中小企业鼓与呼，建议国家在精神、政策、资金和营商环境方面加大对它们的支持力度。比如，加大降息、减税、减费等让利扶持力度，并对中小企业有所倾斜；定期召开银企座谈会，搭建政、银、企沟通交流平台，增加中小企业信贷额度，适当放宽贷款抵押担保条件等。

“我每年不断建言献策，不断鼓与呼，就是希望国家和社会能够发展得更好，这样我们企业才能更好。”薛景霞说，人民选了她当人大代表，她就必须尽职尽责，不负所望。

正因为尽职尽责，每届都做得出色，她才能够一届接着一届当选，以至于连任四届。

在康利达集团之外，薛景霞还担任了很多社会职务，如郑州市政协副主席、河南省工商联副主席、郑州市工商联主席等。面对党和政府的信任，面对沉甸甸的责任，薛景霞竭尽全力利用这些机会和平台为政府和社会做好事情。

2012年，薛景霞竞选郑州市工商联主席时，她认为河南的民营企业要发展，首先是要解放思想，其次是引进一流人才。她当时的一个竞选承诺就是邀请国内外一流的大师，每年给郑州市的民营企业家们做一次公益演讲和论坛。很多人以为就是一个竞选口号，但是没想到她一诺千金，真的办了，而且一直坚持到现在。

每次论坛或公益演讲都由康利达集团出资组织，并详细记录了每次的主题、时间、主讲嘉宾和参会人数情况，从中可见其档次和影响力。这里简要介绍其中的部分活动：

2012年4月22日主题聚焦“中原经济区建设”，时任北京大学副校长、北大汇丰商学院院长海闻教授担任主讲嘉宾，600多名企业家现场聆听。

2012年12月9日至10日主题是“励志和感恩”，天生没有四肢的世界级残疾人励志演讲家力克·胡哲和亚洲超级演说家梁凯恩主讲，近万名本土企业家、创业者和优秀大学生代表等聆听了演讲。

2013年5月26日主题是“领导力”，全球领导学权威约翰·麦斯威尔主讲，3000多名政商界人士一同聆听现代管理大师的精彩课程。

2014年11月30日主题是“品牌建设”，全球第一品牌建设专家、牛津大学著名教授保罗·泰伯勒主讲，1500名政府官员和近2000名企业家共同学习、探讨城市发展和企业品牌建设之道。

2015年9月13日主题是“金融创新”，中共中央政策研究室原副主任、中国国际经济交流中心常务副理事长郑新立，中国人民银行金融研究所副所长卜永祥，北京大学汇丰商学院院长海闻，深圳创新投资集团原董事长靳海涛，汇丰银行（中国）有限公司副行长丁国良等数十位国内外金融领域的著名专家学者，银行界、投资界领军人物发表了主题演讲，近4000名政商精英现场聆听。

2016年10月28日主题是“宏观形势与经济转型”，2011年诺贝尔经济学奖获得者托马斯·萨金特教授主讲，3500余名政商界人士现场聆听。

2017年7月30日主题是“中原经济新机遇”，康利达集团与清华经济管理学院联合举办清华经管EMBA管理论坛暨中原大讲堂，全国政协委员、著名经济学家、清华大学经济管理学院经济学教授李稻葵发表主讲，3000多名政商界人士现场聆听。

2017年8月30日主题是“一带一路与河南机遇”，康利达集团联合河南省委组织部举办第三期中原企业家大讲堂，3000多名政商界人士现场参与。

一场场思想的盛宴，开阔眼界，启迪智慧，激荡心灵。数量上超过了薛景霞当初的承诺，质量上超越了很多人的想象。六年来，现场聆听者数万人。

薛景霞经常在公共场所碰到与论坛有关的“奇遇”：有一次在机场，一位陌生的年轻人主动过来跟她说：“您从2012年到现在，在郑州国际会展中心举办的活动我基本上全都参加了，从中受益太多了，我们听过的人都非常感谢您！”

有一次参加郑州慈善日活动，一位残疾人坐着轮椅专门过来感谢她说：“那年您把力克·胡哲请过来的时候我在现场，深受鼓励。一位连四肢都没有的人都能取得如此成就，而我还有四肢，我也可以成功。听完讲座，我重拾信心，决定去创业了。”薛景霞说，在那次慈善活动中，这位残疾人士作为创业者也现场捐了款。

因为举办活动多，提供服务好，加上薛景霞自己身体力行，各方面模范带头，郑州市工商联的凝聚力和影响力更大更强了。有一个例子可以说明这点：郑州市每年10月16日要举办慈善日活动，全市各政府单位和企业都会自愿来捐款。之前工商联每年捐款都是几十万元，薛景霞担任主席以来，每年工商联精心组织号召，民营企业捐款数不断攀升，2014年突破1000万元，2017年是3100多万元。

薛景霞有强烈的家国情怀，无论是时间安排、精力投入，还是从做的事情本身来看，如今康利达都已经占不了“大头”，在她眼里尽职社会责任已经远远超过了管理康利达。她相信康利达发展到今天，通过制度和放权，还有她人生和创业的“伙伴”訾建军，即使她少管一些，也一样能够健康发展。

2017年，北京大学汇丰商学院在英国牛津郡的校区正式启用，这是中国高等学府第一次以独立出资、独立经营、独立管理的形式走出国门。2018年，著名科学家、原清华大学副校长施一公教授出任校长的西湖大学获批筹建，这两件中国高等教育界的大事一定会载入史册，影响深远，而这两校的学校董事会名单上都有薛景霞的名字。

教育是百年大计，对国家对民族的重要性怎么强调也不过分。对北大汇丰商学院，薛景霞曾经多次捐赠，她还担任了一届EMBA校友会会长，贡献颇多。在西湖大学创建上，她不仅个人捐赠，而且协助从其他方面筹款，彰显了一位民营企业家的社会责任。

以坚定的信念，宏大的格局，薛景霞用行动把一位企业家的社会责任坚实地写在祖国大地上。

10. 永不停步的奋斗者

打开康利达集团的公司官网，有一段对公司的介绍：集团于1990年从建筑装饰起家，经过近三十年的努力，现已发展成为以建筑装饰为基础、以金融和股权投资为引擎、以房地产开发为依托、以资本运作为纽带、以创意创新产业为核心的大型集团化公司，紧跟社会物质文明进程和产业市场化脚步，致力于在多个行业拥有品牌影响力。集团下属20多个公司，资产过30亿元，年营业收入过50亿元，员工近千人，累计上缴税收近20亿元，连续多年位列河南省民营企业百强榜单，省地税纳税百强，并荣膺“中国慈善企业榜”和“河南最具成长性标杆企业”。

成就薛景霞创业成功的因素很多，比如改革开放的大背景、亲戚朋友的支持等。如果从个人因素分析，她身上的个性特质在创业之路上发挥了十分关键的作用。

在薛景文眼里，姐姐是特别要强的人：“我姐是家里老大，有点男孩子的性格，那时候她就常说，一定要出人头地，即使没考上大学，也要干一番事业，让人家看看我薛景霞虽然是个女孩儿，照样能干大事儿，再也不受任何人欺负。奚亮老师很早就跟我父母说，你家景霞是个了不起的女孩儿，是个女超人！”

“要强”就是求上进，有梦想，表现在创业过程中就是敢想敢干，经常做一些在别人眼里不可能实现的事情。薛景霞经常说的一句话是：“没有不可能，只要你想做，一切皆有可能。”

“在她那里，这句话不是口号，而是落实在每项工作中。”现任集团常务副总裁张勤对此感受深刻，她说，2015年康利达装饰公司准备上新三板，由于面临很艰难的情况，四、五月份启动时，大家订了一个工作计划表。跟薛景霞董事长汇报后，她坚决不同意我们的时间安排，提出上市时间在原计划基础上要提前一年。她认为准备材料等基础性工作是可以控制的人为因素，必须大幅压缩时间，要争取赶在新三板挂牌企业达到一万家之前上市，否则极有可能面临更严格的审批。

“我之前在央企做了二三十年财务工作，对申报工作可能遇到的困难考虑比较多，感觉要提前一年几乎不太可能。”张勤说，看到我们有畏难心理，她鼓励说，事在人为，要勇于挑战，困难什么时候都有，关键看你自己想不想做。

“找会计、评估和律师事务所，找券商中介，准备材料，一遍遍修改、完善，审计、签字，薛董事长安排我们倒计时工作，有一个月时间，我们都是24小时轮班。终于在当年10月份提交材料，12月份审批通过，2016年2月份敲钟上市，赶在了一万家之前。”张勤说，上市时间比原计划真的提前了一年，连证券中介都说创造了奇迹。

“她在战略目标上敢想，为大家指明方向，在精神上给大家鼓励。现在回头看，当时往前赶是对的。”张勤深有感触地说，新三板挂牌以后，公司在金融机构、合作伙伴，包括招标项目中的影响力马上就表现出来了。

“她是个天生不服输的人。”薛景文说，“用我姐夫訾总的话说，就是我们都是知难而退，我姐是知难而进。很多事情，我们都不看好，表示反对，我姐都说，你们反对没用，我一定要干，你们只需要全力配合。比如，2002年承接北京崇学山庄项目时，我们都觉得不可能，都反对，最后她力排众议，坚持干成了。”

薛景霞不仅有梦想，而且始终充满激情地追逐梦想。张勤说，她从几个人的小装饰公司做成现在的一个大集团公司，一路走来，期间经历了太多曲折，但她百折不挠，始终保持着积极状态，带领大家克服了一个又一个困难。

“当时公司要办理设计甲级、施工一级资质，公司办公室主任带人一起办了很长时间一直没有办成。我姐觉得这事必须办成，就自己带队逐级申报，从市里到省里，再从省里到北京，一级级申报、审批，最后终于拿到了。”薛景文说，后来由于做更大的项目需要一级资质，这更难审批，对公司规模，以及配套的设计师、工程师、建造师等人才的数量和层次等方面要求更高，薛景霞就带人亲自到北京的建设部递材料，经过一年的资料修改、补充和审核，最后把一级资质拿到了。“有几次材料递交之后，她就在大门口等结果。”薛景文说，一般人很难做到这样。

做事执着，永不放弃！在创业初期，一次次失败，她一次次爬起，擦干泪水，继续前行。如果有任何一次放弃，可能就没有今天蓬勃发展的康利达。后来企业成功了，做大了，但她做事的风格没有丝毫变化。

有时候大家都觉得事情很难再干下去，做成的希望也许不到一半，都劝她说不要再投入时间、精力和资源了，但她都不同意，坚信这事一定能干成，要一往无前地干下去。无数次的结果都证明，她是正确的。

2016年康利达跟省政府联合举办嵩山论坛经济论坛时，打算邀请一位诺贝尔经济学奖获奖者来河南。因为之前他们查了一下，在此之前还没有经济学诺奖获得者到河南来做过讲座。

目标定下来正式联系时，才发现像邀请诺奖这种层次的专家，从对接沟通到完成签证，至少要提前半年。“我们是7月份启动论坛准备的，刚好碰上暑假，那时候大家都在休假，很多人不开手机，特别不好联系。”集团办公室郝主任说，薛董事长为此调动了所有的关系资源，我们第一个联系上的是英国伦敦政治经济学院的克里斯托弗·皮萨里德斯教授，他本人非常愿意来中国讲座，但到正式确定行程时，发现跟另外一个活动时间有冲突，他推卸不掉。于是，赶紧通过法国教育部联系到第二位，是法国图卢兹经济学院的让·梯若尔教授，前后反反复复沟通了一个月，最后还是没有成功。

这时候已经是8月份了，公司员工把从1990年到当时获奖的48个经济学家的资料全部整理出来，最后锁定了20多人集中所有关系资源逐一联系。但到9月中旬时，所有联系都以失败告终，这时离论坛举办只有一个半月。办公室郝主任说：“我们都急坏了，眼瞅着时间不够了，于是我们放弃诺奖标准，改为其他的世界知名的经济学家，否则，随着论坛时间的临近，我们的工作更被动。”

但薛景霞认为还远没到放弃的时候，她鼓励大家要坚定信心，只要有百分之一的希望，也要找做百分之百的努力。“于是，我们继续联系，幸运的是，一周后对接上了美国纽约大学的托马斯·萨金特教授，经过半个月的努力与沟通，终于敲定了他来河南的行程。”

“这里面不是一波三折，一波十折都有。”办公室郝主任感慨道，期间多次遭遇放弃的理由，如果没有薛董事长的坚持和鼓励，大家早就放弃了。

志存高远，心力强大，执着坚忍，在公司，薛景霞就是大家的精神领袖。

在“大众创业、万众创新”的时代背景下，越来越多的年轻人加入创业的阵营。如何才能成功创业？作为过来人，薛景霞说，创业是好事，但要考虑清楚。

“大家一定要以自己的专业和兴趣做支点，那里可能是未来最有生产力的地方。”薛景霞说，创业还要有工匠精神，在这点上，日本和德国很值得我们学习，专注，精益求精，将每一件事都做到极致。

“创业者必须考虑清楚创业方向，要有长远打算，能对形势作出准确判断。”薛景霞说，创业如果只是单纯的以挣钱为目的话，那创业成功的概率很小。“我最开始创业的那几年都在赔钱，都不知道挣钱是什么滋味。”

“我希望想创业的人都想清楚再去创业，不要跟风，不要盲目。”这位成功的创业家语重心长地说。

心力强大才能在挫折中奋起

深圳市中铁城实业发展有限公司董事长梁兵

立业者名片：

梁兵，男，1964年6月25日出生。1985年从兰州大学无线电计算机科学系毕业分配至深圳市电子总公司宝华电子有限公司，1988年从宝华公司停薪留职，承包经营兵器工业部北方光电深圳公司贸易部，1996年成立深圳市伟浩实业发展有限公司（原属总参二部广州局，1989年底脱钩）开发梅林交运住宅楼项目，2000年接手深圳市中铁城实业发展有限公司开发时代金融中心项目，2007年与刘箭博士合作成立浪新微电子上海有限公司。

立业者座右铭：

慎思笃行，持之以恒。

1. 部队大院里的特殊童年

燥热的夏日午后，蝉声阵阵，毫无睡意的梁兵蹑手蹑脚地扒开家门，乘母亲不注意一溜烟跑到大院门口。此刻，几个黝黑的小伙伴正等着他来开球呢。梁兵快步踏进了小伙伴中间，母亲叮嘱的午觉早已被他抛到九霄云外。

1964年，梁兵出生于母亲供职的原兰州军区总医院。这是一个红色革命家庭，梁兵的父母都是广东人，早年北上参加革命，中华人民共和国成立后便听从党组织安排，在兰州扎根。

作为一名“大院子弟”，梁兵的童年是快乐而幸福的。

中华人民共和国成立初期，中国物质条件极度匮乏，人们难以保障最基本的温饱问题。相比较而言，生活在部队大院里的梁兵幸运得多。那时，部队不仅仅是战斗队，也是生产队，自主生产建设，因此部队里的吃穿用都相对宽裕。

在梁兵的记忆里，部队大院是个温馨的大家庭，大院里的人来自天南海北，说着各地方言，却都如亲人般亲切。

每天，梁兵和小伙伴们听着军号声起床上学。放学后聚在院子里玩耍、打闹；周末，大家便一起搬着小板凳去操场看露天电影。到了饭点，妈妈们就站在自家的门口，叫着各自孩子们的名字回家吃饭，孩子们也相互传递着妈妈们的声音，××，你妈妈叫你回家吃饭了。

大院的孩子电影看得多，那时候的电影都是战斗片、反特片。孩子看了后便要学打仗。他们分成敌我两派，穿梭在平房楼宇间，不分出个高下不算完。打着打着，就少不了“假戏真做”。男孩子们聚在一起打架成了家常便饭，大人们为此头疼不已。

梁兵的父母和兰州铁道学院的贺教授一家交情甚笃，有一次，他们在一起交流这帮“熊孩子”的劣迹时，决定把梁兵、梁兵大哥以及贺教授的三个孩子集中起来“看管”。贺教授最有学问，便由他负责带领孩子们读书学习。

看着孩子们喜欢打仗，贺教授便投其所好，教他们“用兵之道”。毛泽东的著作《中国革命战争的战略问题》《实践论》《矛盾论》《论持久战》《战争和战略问题》等成了梁兵小学的课外读本。

在毛泽东的这五篇文章中,《实践论》《矛盾论》是专门的哲学理论著作，

《中国革命战争的战略问题》《论持久战》《战争和战略问题》则是在战争期间，毛泽东对于抗日战争以及国内战争中重大问题的阐述，充满了马克思主义的辩证唯物主义和历史唯物主义哲学思想。五篇文章展示的丰富的唯物辩证法思想对梁兵产生了深远的影响，以至于在他现在的谈话和管理中，还能看出当年在脑海中刻下的印记。

在贺教授的思想启蒙下，梁兵逐渐萌生了了解世界、认识世界的欲望。部队大院里有一个小型图书馆，书成了梁兵必备的“军需物资”。已经数不清有多少次，梁兵沉浸在图书里忘记回家吃饭。在这里，梁兵饱览中外经典名著。图书带来的异想世界，让身处中国西北一隅的梁兵对外面世界充满了的好奇和向往。

20世纪六七十年代，信息闭塞，交通不便。即便通过书本知道外面世界很大，梁兵也没机会到处去看看。因此，每四年一次的回南方，便成了梁兵童年最美好的回忆。

兰州到广州的陆地距离2000多千米，坐火车要长达3天时间。大约每隔四年左右，父母会带着梁兵回广州和亲戚团聚。从西北高寒风沙区到南国秀丽都市，在梁兵的印象中，那是比过年还要叫人兴奋的事情。

时隔四十多年，梁兵依然清晰地记得自己第一次来到广州的情景。从27楼俯瞰羊城、夜空里绽放的烟花永远定格在梁兵的记忆中。

1968年，由国人自己设计施工的广州宾馆落成，凭借86.51米的高度超越以64米的高度占据广州第一楼宝座长达30年之久的爱群大厦，成为中国内地最高建筑。广州宾馆共27层，“27”也因此成为广州宾馆的代名词。

广州宾馆承载了梁兵关于广州的记忆。

梁兵记得，广州宾馆的顶层叫作“得云宫”，需乘坐观光电梯上去。那时的中国，电梯尚难得一见，这个中国最高楼的观光电梯令广州宾馆声名大噪。前来排队乘坐观光电梯，一睹羊城美景的市民络绎不绝。第一次回广州，父母便带梁兵来到广州宾馆“见世面”。坐上观光电梯，梁兵登上了得云宫，在80多米的高空，羊城美景尽收眼底。这时，广州宾馆放起了烟花，璀璨的烟花闪亮了梁兵的瞳孔，也点亮了梁兵对外面世界的渴望。一个大胆的念头在他脑海里萌生开来：一定要回广州！

2. 大学毕业回到梦寐以求的故乡

1977年，关闭了长达十一年的中国高考大门再次向社会打开。570万名学生从泥地里、大山里、车间里、部队里风尘仆仆奔赴考场。高考的恢复，成了国家和时代的拐点，无数人的命运就此改变。

不少农村娃和下乡知青的希望重新被点燃。对于他们而言，上大学是离开黄土地的唯一出路。但这条出路艰难异常，相对于国际上高等教育毛入学率在15%以下属于精英教育的论断，当时毛入学率仅有2.22%~3.7%的高考真可谓“百里挑一”，能通过“高考独木桥”的人凤毛麟角。

这几个被贺教授“集中看管”的孩子却表现不俗：1977年冬天，贺教授家的老大、老二双双考上了重点大学；1978年，梁兵的大哥也圆了大学梦。小伙伴们出色的高考表现让梁兵看到了大学的曙光，激发了他的学习斗志。在随后的几年中，梁兵不放过任何学习机会，日夜苦读。

1981年，梁兵终于迎来了属于自己的高考，多年的努力让他获得了非常优异的成绩。填报志愿时，“回南方”这个儿时的梦想再次出现在梁兵脑海，他第一志愿最初选了中山大学。对于专业，他也毫不纠结，坚信无线电将是他终生奋斗的事业。

看着梁兵的志愿，母亲生出几分担忧。在她看来，年少的梁兵尚未独自出过远门，家附近的兰州大学无疑是最好的选择。一来学校很不错，不愁学不到知识；二来家人都在身边，凡事都有照顾。孝顺的梁兵最终听从了母亲的意愿，最终把第一志愿改成了兰州大学。

大学录取通知书发放时，他被第一志愿的兰州大学录取，与梦想中的南方失之交臂。1981年秋季，梁兵迈入兰州大学，正式开启大学生活。在这里，他渡过了一生中最难忘的黄金时光。

刚恢复高考的时期，兰州大学师资力量极为雄厚，学校有一批从全国各地下放到兰州的知名学者，时任兰州大学校长刘彬曾担任清华大学副校长。在他的带领下，学校开展拨乱反正，大量冤假错案得到平反，教学、科研秩序得以重新恢复，兰州大学迎来了快速、高质量的黄金发展时期。

无线电物理是兰州大学的王牌专业，每一年都受到入学新生的追捧。梁兵入学时，正赶上无线电和物理专业分科，无线电计算机单独成系。在不少人看来，这是极为新潮的学科，但未来究竟如何却充满变数。极富前瞻眼光且敢于挑战的梁兵面对选择，非常果断地选择进入无线电计算机系深造。

那时的兰州大学内，恢复高考后进校的“老三届”还未毕业，新同学已经入园。五届同堂的景象出现在了课堂上。这些有着不同背景的学生对来之不易的学习机会格外珍惜，校内形成了前所未有的学习氛围，风气焕然一新。传授知识，提高学生素质成了学校教学的重点工作，学生们对于知识，如饥似渴到近乎“疯狂”的地步。当时的兰州大学里，辅导员老师不仅不用督促学生学习，还要常常催促学生多休息。在这样的氛围感染之下，选择计算机的梁兵亦萌生出一种使命感，对于来之不易的学习机会极为珍惜。课堂上，他踊跃发言，积极思考，汲取知识，课后他和同学们积极组织研究和辩论。在梁兵心中，计算机是最前沿的科技，国家极为重视，只要好好学习，将来定能有所作为。

对于梁兵来说，四年大学时光，充满激情与梦想，在这里，他不仅与老师和同学们结下了深厚的情谊，他的思想、心灵都经受了一场刻骨铭心的洗礼。

1985年，四年校园生活期满，梁兵迎来了毕业。机会再次垂青了这个不肯放弃的青年人。

恢复高考后，国家对于大学生就业采取统一分配制度。在外人看来，当时的毕业生，个个都是“香饽饽”，国家统一分配的工作多是铁饭碗。但随着时间推移，完全统一分配的弊端开始显露，高校毕业生应有的作用未能充分发挥，造成人才浪费，学生的择业缺乏活力和动力。显然，教育部很快意识到了这个问题，1985年，政府高教部发起了高校分配改革，一些高等学校陆续试行“供需见面”，兰州大学紧跟时代步伐，也作出了相关尝试。

彼时，身处中国南方改革开放热土的广东，经济总量已跃居全国第一。迅猛发展的经济使得广东省迫切需要科研技术人才，广东省政府急需“北上求贤”。

1985年，兰州大学首次尝试毕业生“供需见面”，吸引了求才若渴的广东省有关部门。听闻消息的梁兵被注射了一剂兴奋剂，“回到广东”的儿时梦想再一次浮现在脑海之中。

敏锐的梁兵已经嗅到改革开放的气息，这一次他要牢牢抓住机会。他鼓起勇气与父母进行了一次长谈，梁兵眉飞色舞地向父母阐述起改革开放以及珠三角区域未来的发展前景，并把自己打算大展拳脚的想法与父母和盘托出。父母惊讶于儿子对时局及机会的洞察力，他们决心支持儿子的选择，让他去南方闯一闯。

经过努力，梁兵终于如愿以偿，他被分到广州工作。如今他仍然记得得到这个消息是在一天下午。他急匆匆从学校往家里赶去，大院里的孩子们像往常般嬉笑打闹，母亲正在灶台边忙碌地张罗着丰盛的晚餐，一切仿佛都很平常，但一切又充满了欢乐的气氛。得知梁兵分配到了广州，父母连忙招呼大院几家邻居来好好庆祝一番。

想到即将离开生活了二十多年的兰州投入广东建设大潮，梁兵心里充满了不舍，但对即将要投入的新生活心里有着说不出的舒爽和憧憬，仿佛全身都有一股使不完的劲儿，满脑子都是奋斗的念头，未来的生活阳光灿烂。

3. 不进省机关，选择进企业

1985年夏天，经过两天的奔波，梁兵来到了魂牵梦绕的广州。与每隔四年的探亲不同，梁兵的心境发生了巨大变化。这一次他告诉自己要留下来，扎根这块土地，在这片广阔天地里干出一番事业。

20世纪80年代，我国正大力推动实现四个现代化，作为年轻人，热血沸腾的梁兵坚信科技兴邦，经过四年大学教育，如今正是学以致用，大显身手的时候。他带着报到证，风尘仆仆地来到广东省计委报到。但在了解了工作性质和内容后，梁兵却陷入了沉思。原来，他被安排到了广东省计委机关单位工作。都说一张报纸一杯茶，机关单位的工作既体面，社会地位高，工作强度也可接受。但这份别人眼中的“好差事”，却让梁兵陷入了纠结。他对计委工作并不了解，但显然眼下被安排的工作和他攻读的计算机专业相差甚远，他心里惦记的是基层，想把自己学到的计算机专业知识投入祖国建设中去。

盛夏的广州天气闷热，住在广东工学院宿舍的梁兵并没有马上做出决定。终于得偿所愿，来到南方，兰州肯定是不打算回去了。但怎样才能把大学所学的前沿技术运用到国家的科技发展和火热的建设中去？梁兵几乎成夜都在思考，第二天，梁兵找到负责分配的叶处长。

“您看我的专业是计算机，现在国家发展正急需这方面的人去工作。”

“是的，所以我们才去大学请你们这帮高材生来。”

“但如果留在机关，我担心之前学的专业派不上用场，长期就荒废了。”

“小伙子，你知道现在多少人想进机关进不来吗，机关有机关的作用，你如果能做好机关工作可是很锻炼人的。”

“机关工作是很重要，但我还是希望到第一线做技术工作。”

就这样，一位大学毕业初入职场的年轻人，凭着一腔热血找到了负责分配的相关领导“辩论”，最后凭着诚恳和执着，终于打动了对方。叶处长告诉梁兵，计委有改派的权利，她决心为这个想干点事情的年轻人找个更为合适的地方。

梁兵一心想到基层，想把学到的知识付诸实践。此时的广东，改革开放大业在各地如火如荼开展，而改革开放的前沿先锋，当属深圳。在征得梁兵意愿后，叶处长将他的分配报到证转签到深圳市人事局。

“深圳市人事局分配”，多年后，梁兵对叶处长写下的这几个字依然印象深刻。这几个字让他的人生轨迹从此转向深圳，在今后的数十年里，与深圳结下不解之缘，并最终在这个城市成家立业，闯出一番自己的天地。

1979年，深圳蛇口的一声炮响拉开了经济特区建设序幕。随后，成千上万的追梦人从全国各地奔向深圳，投入特区建设。1985年，梁兵奔向神奇的改革开放热土深圳。

南国之夏，棉花糖般雪白的云朵裹挟着滚滚热浪扑面而来。从广州搭车到踏上深圳这块热土，梁兵心潮澎湃。

此时的深圳，整座城市都在大开发当中，中国第一代摩天大楼的代表作——深圳国贸大厦即将迎来封顶。深圳的工业已迎来大发展，虽然以来料加工、来样加工、来件装配和补偿贸易（简称“三来一补”）的劳动密集型产业占据主导地位，但深圳第一个高新科技企业集聚地——深圳科技园即将诞生，说明政府和企业都看到了发展高科技的重要性，是未来的趋势。这是一个与过去完全不同，无比新鲜、充满活力的新世界。

“你想去哪里你自己挑，你挑到什么单位就把你分配到什么单位！”虽然此时的深圳每天都吸引着全国各地的人蜂拥而至，但像梁兵这样的大学生依然是稀缺人才。市人事部门工作人员对梁兵高看一眼，当即让他自己挑选单位。

盛夏的深圳热浪扑面，临近中午，市委大院空荡荡的，面对深圳人事部门的开明，梁兵一方面很感动，一方面再次陷入了思考，究竟选择什么样的单位？

“我就是想搞技术，深圳如果有搞技术的企业需要我，我马上就去上班。”说完这句话，梁兵心里一下子轻松了许多。人事部门听他这样说，很快把他分到了深圳市电子总公司，这里最需要他这样的大学生。

20世纪80年代初期，深圳开始打造市场经济的试验田，位于福田区的上步工业区刚刚启动，由这里发端兴起的电子信息产业在此后的数十年中成为深圳重要的支柱产业。1985年，电子工业部在深圳成立办事处，意图整合分散的小电子企业。为了实现市场化运营，深圳电子总公司应运而生，这也正是如今的赛格电子集团的前身。

从兰州到广州再到深圳，梁兵凭借对专业的执着最终如愿以偿被分到了深圳电子总公司。在电子总公司报到后，他正式加入公司旗下的宝华电子公司。在这里，梁兵开启了自己事业腾飞的第一步。

4. 偶然“赚外快”萌发了创业的冲动

当年作为深圳电子总公司众多子公司之一，宝华电子公司属于技术和效益最好的一家。公司的核心业务是“来样加工”，生产收录机，由港商提供样品，公司按照对方要求，采购原材料进行生产，销售则主要针对我国内地市场。

改革开放后，流行音乐经香港、台湾等地传入内地，邓丽君的歌声风靡全国，内地歌手、港台明星进入大众视野。那时电视机、随身听等设备还未在中国市场普及，人们的物质、精神生活相对匮乏，收录机成了娱乐消遣的奢侈品，小小的收录机曾经为许许多多家庭带去欢乐与温情。不知是收录机推动了流行乐坛，还是流行乐坛拓宽了收录机市场，20世纪80年代的中国收录机销售异常火爆。

宝华电子公司生产的收录机参考的是国外样机，设计先进，且外观好看，深受市场欢迎。在分配机制领先的深圳，企业的好效益，伴随的自然是员工的高收入。1985年，全国职工年平均工资1148元，月均工资才96元。此时的深圳发展飞速，工资水平遥遥领先，一般公务员月工资在200元左右，而梁兵这个初入社会职场的新人月工资已接近400元。

宽松的工作环境，相对富足的物质条件，跟很多初来深圳寻梦的年轻人一样，梁兵很快便喜欢上了深圳。实际上，80年代的深圳，物质依然匮乏，不少来深圳“淘金”的人生活得极为艰苦。为了在这个城市挣得一席之地，很多人白天上班，晚上坚持在夜校继续学习。他们敢闯敢干、奋力拼搏，以外来建设者的身份逐渐融入深圳，成为各行各业里的精英。

在如此开放、活跃的氛围下，向来爱交朋友的梁兵很快与同事、工友熟络起来。广东人素有早茶文化，小时候回广州探亲的梁兵很是喜欢各式花样点心。于是乎，三五同事，早茶齐聚，就着三五盘点心，讨论当时最热门的新闻和发生的新鲜事，分享各自新奇的观点和创业的想法。多年前的大院生活似乎重新又回到了现实。梁兵一向善于观察并发现机会，早茶聚会中，他常常是那个耐心的倾听者，用心地分析着不同信息、观点，并加以吸收利用。

市场从来都不是一成不变的。80年代初期，作为首批生产收录机的公司，宝华凭借先发优势，收获了巨大的经济效益。但这种成功也产生了强烈的示范效应，越来越多的企业加入收录机制造行业，由于收录机技术含量不高，进入门槛低，市场竞争越来越激烈。要想谋求长远发展，必须寻求新的突破。

在经过一番调研后，宝华公司高层将突破的方向锁定专业音响。在当时，一台收录机大约几百元，而一台专业音响的价格则需要几万，相比而言，专业音响技术含量和价值也都更高。因为技术门槛较高，如果能成功研发出自己的专业音响产品，被复制的可能性也就大大降低。经过分析，公司发现宝华内部的研发实力有限，必须依赖于外部技术团队才能将这一计划付诸实践。经过调研、洽谈，公司与国内专门做电声设备研究的技术权威——电子部三所达成了合作协议，双方协商，由宝华电子公司投资购买研发设备，电子部三所派出技术骨干一起联合研发。

作为公司稀缺人才，梁兵和其他几名同事一起来到了北京电子部第三研究所，参与电子延时器、电子混音响的研发，这一待就是一年多。一年后，产品研发成功。原以为这次的创新将为宝华开拓出新的市场，不料实际销售却是困难重重。原来，专业音响设备的销售对象主要是各地的电视台、广播电台。这些单位长期使用国外产品，已经习惯国外的操作系统，加上专业音响领域国内企业的自主产品较少，对于国内自主产品的质量和性能，不少买方存有顾虑。在多次尝试均未打开销售市场的情况下，宝华开发专业音响的项目最终流产，公司也遭受了不小的损失。

宝华电子公司的失败也带给梁兵许多思考：面对市场环境的大变革，宝华高层快人一步，先行转型，但为什么会失败呢？善于分析的梁兵很快有了自己的答案：宝华公司的失误主要在于对市场的误判。专业音响确实在专业和价值上较收录机更胜一筹，但是市场对于国产的专业音响认可度并不高，国产货在当时的市场环境下难争一席之地。梁兵意识到技术与市场结合的重要性。长期处在研发位置上的人往往容易忽略市场的需求。但产品要想创造价值、产生利润，就必须结合市场需求。在产品研发环节，对市场情况要充分调研，了解研发是否真正符合市场需求。宝华项目的失败虽然让公司经营陷入困境，但对梁兵来说，这一课上得恰到好处，收获颇丰。

人生轨迹的改变很多时候连自己都意想不到。对于梁兵而言，当年车间工友的一次求助，完全改变了他的事业发展轨道。

初入宝华电子公司时，梁兵被分配到生产线实习。虽然是车间里的大学生，梁兵并没有觉得自己高人一等。他待人热情，又勤奋好学，很快和生产线上的工人们就打成了一片。他的专业以及为人实在，让很多工人看在眼里。很快，就有工人找上门来。

"我接了一批别的经销单位的电视机，但声音制式需要调整，如果能搞定的话可以赚一万元以上，你有兴趣吗？"

"万元"！梁兵简直不敢相信自己的耳朵，对于他而言，这是一个极为简单的活，倒腾声音制式就可以赚万元，他欣然允诺。

之后，在工友的组织下，梁兵向公司请了假，他与几个同事仅花了三天时间，就完成了100多台电视机电路的改造。当从工友手中接过这次劳动报酬时，梁兵依然觉得不可思议，这次请假赚"外快"给他带来了巨大的思想冲击。他第一次了解到"生意"是怎么一回事。一向不甘于人后的梁兵，开始思索起如何才能有自己的事业，"创业"两个字逐渐在梁兵意识里萌芽。

5. 敏锐地在市场中发现商机

20世纪80年代末，深圳初步形成外向型经济格局，并逐步成为香港、台湾及海外工厂的聚集地、全国的出口中心。据统计，1987年，深圳出口总额在全国城市中位居第三位，1988年跃居第二，到了1993年之后，深圳进出口贸易总额连年居全国第一位。全国的出口业务80%集中在深圳。究其原因，特区的结汇政策无疑是深圳进出口业务量猛增的一大原因。

为了快速推动外贸经济，国家对深圳及其他沿海开放城市等特殊经济区域，在进出口管理与外汇政策等方面采取更为灵活的特殊政策。外汇留成也就是在此时应运而生，深圳地方政府和企业能获得一定比例的外汇。但此时，我国内地实行统一的人民币市场，外汇禁止在内地流通的。与内地相比，拥有自有外汇，意味着深圳无需向国家申请用汇指标，可用自有外汇自主进行进出口贸易。

当时的中国，出口主要集中在各类农副产品、纺织品等，进口则侧重在家电及电脑等科技产品，电视机、收录机、冰箱等都是稀罕品，谁家能有这几样物品往往能引来街坊邻里艳羡的眼光。不过随着国内合资厂的诞生，国家对部分家电进口采取限制措施，家电进口量逐渐减少。但计算机却依旧是“一机难求”，当时我国也有自主研发出的计算机，但仅有小批量生产，完全不能满足国内市场。

1984年，邓小平在上海视察时提出：“计算机普及要从娃娃抓起。”随后，不少院校开始兴办计算机房，普及计算机知识，计算机需求进一步扩大。

向来善于观察的梁兵，很快发现了“商机”。他意识到在不久后的中国，个人电脑市场将会是一块巨大的“蛋糕”。梁兵迅速着手展开了市场调研。他首先在大学同学中发起调查，发现不少同学都从事与计算机相关的职业，且大多宣称单位及个人均有购买计算机的需求，但国内市场供求严重短缺，想要购买进口计算机还得费上一番功夫。

经过详细的政策调研和市场分析，梁兵判断，这是个不容错过的创业机会。那时候国家为搞活企业，转变企业经营机制，率先在全民所有制企业和乡镇企业推行全新的承包经营制度。梁兵开始琢磨，如果能承包公司的贸易部，从事进口生意，无疑就能获得一个很好的创业平台。

说干就干，在朋友的引荐下，梁兵结识了美国某计算机品牌公司的一位亚洲贸易首席代表。当时，该公司是美国三大计算机品牌之一，意图开拓中国市场，正在中国寻求代理合作方。一番接触后，这位贸易代表向梁兵发出了邀请。但在邀请的同时，对方还提出一个附加条件：香港信用证。

改革开放后，虽然国家的进出口贸易量连年攀升。但那时国际贸易依然在探索初期，由于买卖双方信任基础薄弱，因此在具体的交易中，一般会选择银行作为买卖双方的保证人，代为收款交单，当时中国的国际贸易大多以开具银行信用证代替商业信用。因为香港的特殊地位，香港区域银行开具的信用证较内地开具的信用证在国际市场更受欢迎。

梁兵之前不太明白信用证究竟是什么东西，接到对方邀请后，他马上四处了解打听。好在他爱交朋友，人脉关系广。打听过一圈之后，一位供职于北京某单位驻香港派出机构的老同学解决了梁兵的燃眉之急。原来，他们机构不仅可以开信用证，而且由于信用可靠，额度又高，只需要提交10%的定金就可以开出100%的信用证。梁兵与这位老同学当即敲定联手合作。

1988年，梁兵在赛格集团办理了停薪留职手续，牵头承包了兵器工业部北方光电深圳总公司的贸易部。就这样，梁兵开启了人生的第一次创业。

凭借同学所在单位的信用证，梁兵的计算机进口贸易用上了高杠杆。产品由美国生产，进口后梁兵负责国内销售，美国公司先行交货，90天后，梁兵再支付相应货款。

灵活的付款方式、可靠的信用证和较高的杠杆，梁兵的代理业务很快进入发展快车道。

1988年，在中国改革开放实施十周年之际，深圳出现很多新气象：大哥大开始在街头出现，刚成立一年的华为初露头角，全球最大的代工厂富士康摩拳擦掌在深圳投资设厂。深圳正借着改革的春风飞速向前。

对梁兵来说，生意像滚雪球似的，规模越做越大，发展速度远远超越了“深圳速度”。当国内很多地方“万元户”还非常少见的时候，梁兵做贸易生意不久，就成了名副其实的“百万富翁”！

然而，一切看似顺风顺水的背后，危险正在一步步逼近。就像乘风破浪的航船，看不见的暗礁随时可能危及安全。大型进出口贸易最大的痛点在于资金实力，高杠杆操作在为梁兵带来高利润的同时，也为他日后的发展埋下隐患，甚至压垮了他的第一次创业。

6. 从富翁变为“负翁”之后

压垮梁兵进口生意的暗礁是汇率的急剧变动。

让我们回顾1987年至1991年1美元兑换人民币每年的均价情况：1987年3.72元，1988年3.72元，1989年3.76元，1990年4.78元，1991年5.32元。从这组数据可以看出，1987年至1988年汇率几乎没有一丝变动，但1990年对比1989年，人民币贬值的幅度居然高达27%，1991年对比1990年，贬值幅度也达到了11%。

做进出口贸易的生意人都知道，当人民币贬值时有利于出口而不利于进口。梁兵做的是进口贸易，商品从订货到运到国内有一个时间差，货到国内之后以人民币计价的价格肯定比订货时要高，成本急速增加。贸易以美元结算，在人民币迅速贬值的背景下，意味着一批货物最后付款时，需要比订货时付出更多的人民币。前期信用证带来的资金杠杆，还款期长带来的扩大交易规模的利好，此时都转变成巨大风险。人民币爆贬让梁兵始料未及，在不长的时间内，他不仅把之前赚到的数百万元砸了进去，资金上还面临巨大亏空。

在梁兵的记忆中，1991年的夏天却带着凉意。梁兵面对突如其来的巨变，感觉到前所未有的压抑，彻夜的失眠开始伴随梁兵，他常常手不离烟。不过，虽然内心极度焦虑和绝望，多年的磨砺，已让他培养出坚忍的品格。他没有逃避，而是选择直面困难，解决危机。

第一次创业，梁兵不仅仅投入了全部家当，还拉上了几位要好同学。失意时，想到这些朋友和同学的信任，梁兵忍不住暗自掉泪。做人最不能失去的便是诚信。这是梁兵的人生信条。他不能辜负这些朋友，他必须要挑起重担。作为牵头人，梁兵安抚好自己的几个合伙人，并快速地开始筹钱。在把赚来的几百万全部投入之后，亏空依然巨大，无奈之下唯有向人借钱。一向不轻易开口的他把能问到的亲朋好友都问了个遍，好在梁兵人缘好，朋友多，最终在他的努力之下，大部分的债务都顺利还上。仅有小部分，经过协商承诺，生意伙伴也同意半年之内还上即可。

危机总算告一段落，但梁兵也为此背上了千万的债务，从富翁变成了“负翁”。“那段时间真是心灰意冷。”举债的日子里，原本忙碌的梁兵忽然闲下来了，这也让他一度意志消沉，对所有事情失去兴趣。

世界从来不缺失败者，失败后爬起来继续前行的人始终只占少数。梁兵属于后者。经过一段时间调整后，梁兵渐渐找回自己的状态。都说失败是成功之母，他尝试自我剖析反思，总结创业的得失。

“第一次创业失败后思考了很多，我想到了宝华的创新、深圳的发展以及许多之前忙碌起来没有留意和观察到的事物。”虽然创业失败了，但也让梁兵意识到，任何新生事物的成功都不可能一帆风顺，创业除了做好艰难奋斗的准备，还必须具备跌倒爬起的毅力，以及随时重新开始的勇气和胆识。

创业失败的低潮期，梁兵开始查阅起深圳的历史。他惊奇地发现，不管是个人还是城市都存在所谓的发展低谷期，如80年代中期，就是深圳发展的低谷期。当时，国内关于深圳经济特区争论不休，不少政府官员及学者对开放和改革实行的特殊政策颇为不满，作为改革开放风向标的深圳特区受到了来自各方的质疑、责难。极具胆识和远见的时任深圳市委书记兼市长的梁湘没有退缩，他坚持在困难中稳步扎实推进改革。在他的带领下，深圳用事实证明了改革开放的正确性。

城市发展如此，那么个人呢？经过一番思索，梁兵认为，如同城市的发展，创业离不开一个“熬”字，创业者必须要有对理想的坚守与执著，背负一份不抛弃不放弃的信念。创业路上常见到的并非成功，而是失败。但如何总结失败，从失败中获取教训，在失败中找到短板，这才是创业者应该具备的品质。就这样，梁兵开启了近一年的沉淀。

1992年，邓小平南巡，发表了著名的南巡讲话，肯定了改革开放及深圳特区发展的方向和成绩。此后，改革开放前沿的深圳进入全面提速阶段。梁兵敏锐捕捉到了时代潮流发出的信号，他决心告别这段失败的低潮期，重新出发。

再次出发的梁兵多了几分沉稳和细腻，他没有急于创业。这次，他决定先考察下市场环境。此时的深圳，因为南巡讲话信心提振，再度成为全国焦点，城市建设大刀阔斧，深圳房地产方兴未艾，这让梁兵看到了希望，他打算投身到地产开发这股时代浪潮之中。

负债千万，毫无地产经营经验，自己拿地进行开发是绝无可能的。眼下，要想实现转型，非得下一番苦功夫研究不可。虽然也曾身价数百万，生意风生水起，但那都是过去，梁兵很快认清了现实，他想到了“学艺”。

1987年，深圳土地“第一拍”落槌，随后深圳开启住房市场化改革，房地产市场快速崛起。由于市场刚刚兴起，主要开发均集中在几家国有企业。在深圳小有名气的南洋大厦、德兴大厦、友谊大厦、怡景花园等商品房，均由国有企业特发集团旗下深圳地产公司开发。

梁兵也将眼光投向了开发资源高度集中的国企。1992年，在朋友引荐下，梁兵顺利加入深圳市住宅局负责地产开发的深圳市房地产开发经营公司。

因为早前的创业经历，公司看上了梁兵之前的贸易经历，把他安排在了材料采购部门，主要负责建材采购。虽然这与梁兵“偷师”的初衷不太相符，但很快，他便调整了心态，沉下心做起了建材采购。

重新出发确实不是简单之事。从零开始，梁兵抱着“空杯心态”开启了房地产转型之路。由于刻苦好学，他很快对建材的采购了如指掌。但梁兵远不满足于此，进入地产公司从事采购并非他的终极目标，梁兵有着清晰的学习思路，他要熟悉房地产开发的全流程，最终要操盘整个房地产开发项目。

数月后，梁兵申请到公司的发展部工作。在新的岗位，他时刻把自己当作一名地产新人，虚心请教同事，了解项目开发实操。他还花重金买回各类地产相关的书籍，常常挑灯夜读，钻研学习。从土地获取、到规划设计、再到项目销售……梁兵畅游在房地产开发的全链条知识海洋之中。经过几年的工作磨炼和看书学习，梁兵对地产开发已是了如指掌。

7. 紧跟时代以匠心筑梦

1996年，在房地产库存重压之下，国家提出住宅建设要成为新的经济增长点和消费点，原本低迷的房地产市场迎来了一轮触底反弹。梁兵意识到机会来了，在朋友的帮助下，他成立了地产开发公司，挂靠总参二部广州局。

公司有了，首要任务是组织团队和筹备资金。梁兵再次展示了他的“好人缘”优势，很快资金和人员都到位了。梁兵这才决心大干一场。有了住宅局房地产公司工作的经验以及挂靠军队的优势，梁兵谈下了首个住宅开发项目——福田区梅林路交通运输公司住宅楼。项目总建筑面积达到一万多平方米。首个项目旗开得胜，坚定了梁兵做好房地产的信心。

时间的日历翻至1998年，国家出台政策，不许军队再搞经营。全国军队、武警部队所办的经营性企业悉数完成脱钩，军队正式退出商业领域。梁兵接到通知，要求他在一个月期限内变更企业股权结构，变成民营企业。民营企业意味着自负盈亏，而且没有了部队挂靠，之后的经营还能顺利吗？梁兵心里没底。

祸兮福所倚，当梁兵在为自己要独自撑起企业忧虑之时，他并不知道的是，未来，他恰恰因为当时的脱钩而厘清了企业的产权问题，这对企业和他个人发展都是极大的利好。

1998年后，梁兵又顺利拿下了总建筑面积达22万平方米的罗湖理想家园项目，总建筑面积规模达到梅林交运综合楼项目的20多倍。项目土地归广东红岭集团所有，整体开发由梁兵公司完成。面对如此体量的项目，梁兵不敢懈怠，他亲自把控各个运作环节，从建筑工人到项目管理人员，从户型设计到销售折扣，梁兵对开发全过程的细节不敢丝毫松懈，他严格把关，确保项目开发顺利进行。

地产行业受政策影响大，迈入新千年之际，随着经济和社会环境的变化，中国房地产也迎来政策调整期。1998年，中央政府取消福利分房政策，把房地产彻底推向市场。2003年，深圳市政府跟随中央步伐，取消福利分房政策。2005年，深圳房价迎来暴涨。梁兵带领团队开发的理想家园刚好在此期间销售，获得巨大成功。

在项目开发中，梁兵悟出一个道理。他说，地产开发项目操盘手就像乐队指挥，乐队指挥是整个演奏的灵魂，关乎整个演出的节奏和效果。同样，项目操盘手也是项目的灵魂，项目的资源调度、开发节奏及质量全由操盘者把控。这需要操盘手培养大局观念，具备工匠精神，找到方法整合资源，发挥各方的潜能，最终向市场呈现出高质量的产品，让更多顾客受益。

作为项目的操盘者，梁兵从不放过对政府政策与行业动向的把握。1980年，深圳经济特区成立，《深圳市经济特区城市发展纲要》随之出炉，虽然纲要首次提出福田区的概念，但此时的深圳市政府正试图从罗湖起点，打造一个崭新的深圳。1982年，深圳市编制了《深圳经济特区社会经济发展大纲》，确定城市组团式结构作为城市规划的基本架构。1986年，深圳市编制了《深圳经济特区总体规划》明确提出采用组团式的空间结构和功能布局，将福田确定为建设以国际性的金融、商业、贸易、会议中心和旅游设施为主的具有国际水平的未来城市中心区。随着罗湖区域开发用地接近耗尽，城市建设的中心逐步向福田转移。

为加快福田区城市建设，1998年深圳市规划国土委委托世界顶级设计事务所美国SOM针对中心区部分地段进行了城市设计。福田区政府提出，已经划拨的土地，需在两年内动工，闲置两年以上的，由政府依法收回土地使用权。

此时，在住宅市场打下坚实基础后，梁兵将眼光投向了对运营有着更高要求的商业地产。梁兵与中国铁道公司联手获得了福田中心区一块土地的使用权，该公司正筹备在深圳设立南方总部。面对政府提出的两年内开工要求，公司决策层萌生退意。

成功人士不仅具备超乎常人的敏锐眼光、与众不同的眼界，而且善于抓住时机。得悉合作伙伴中国铁道公司要退出后，梁兵并未感到担心害怕，多年深圳摸爬滚打的经验告诉他，这座城市的未来不可估量，作为城市规划中心区的福田将会迎来一日千里的大发展。梁兵快速筹集回笼资金，并在较短的时间内与中国铁道公司完成交易，买下了整个地块。

地块全部拿下来了，但于梁兵而言，挑战依然不小。以往开发的住宅项目多采用的是滚动开发模式，资金可以快速回笼，整体的资金链条能得到有效保障。而手头这个商业项目梁兵此前从未接触过，并且当时深圳写字楼行业的开发尚处起步阶段，缺少行家，可借鉴的经验不多。

自小在部队大院养成的那股不服输的倔劲再次在梁兵身上显现出来，“我要做一个标杆！”梁兵在心里暗暗下定决心。

要在深圳CBD地区建写字楼，资金首先是一个大问题。买地已经花费了一笔不小的资金，现在如何筹措盖楼的钱？经过多方协调，梁兵最终从某银行拿到了总额四亿元期限两年的贷款。贷款所涉及的金额和还款时限在当时极为少见。作为回报，项目落成后，梁兵将为该银行“量身打造”深圳总部，配备高规格银行大堂及地下金库。

有了充裕的启动资金，梁兵坚定了自己铸造精品的决心。在未来深圳最中心的位置开发项目，这让梁兵在他的朋友圈子里一下成了焦点人物。“千万别把项目做砸了，会被后人骂一辈子的！”“那里未来真的能成为中心区吗？”“这个项目要好好规划才行！”多年地产行业的积累，梁兵结识了不少建筑行业的朋友。那段时间，朋友们见到梁兵都要唠叨几句他这个即将开干的项目，这给梁兵带来不小的压力。但此时的梁兵再也不是当初那个从兰州出走深圳的青涩小伙，他将压力化成动力，转而向这些叮嘱他的朋友求助，虚心询问朋友们的建议，耐心听取他们对这个中心区项目的设想。

建筑是城市的灵魂，要想铸造精品，非得秉持匠心、细心打磨不可。项目开发中首当其冲的是规划设计，90年代末期，国内的建筑设计多围绕住宅项目展开，注重居住的空间感塑造，相对而言，写字楼的设计与发展落后得多，仍以计划经济体制下的行政办公楼为主，类似国贸大厦、深业大厦等早期第一代写字楼也都只具备基本的办公功能。

既然国内可供借鉴的案例不多，梁兵决定走出去，从一河之隔的中国香港乃至海外吸取经验。在他的带领之下，团队核心成员不断奔赴中国香港地区，以及海外的新加坡、法国、日本等国家考察。从写字楼外观设计到建筑特色、内部功能配套等，梁兵和团队所到之处不放弃任何考察对象的细节，以期学以致用。

在项目整体的规划设计上，梁兵再次显现出超人的前瞻性，他不惜花费150万美元重金，邀请了美国的设计团队操刀项目的整体设计。当时深圳市将福田中心区建筑统一为哥特式风格。为此，梁兵反复与设计团队沟通，先后设计了多个方案，在外观和成本兼容平衡的情况下，既借鉴了国外的设计优势，保持了哥特式风格，又减少了异型建材的使用，减少了整体造价成本。

得益于早年的采购经验，梁兵在采购取材上也是一丝不苟。在他的带动和感染下，团队成员不放过每一个细节，力争把项目做到极致。当时，市场上的写字楼多采用玻璃幕墙，在阳光的照射下反射刺眼。为避免出现类似情况，团队的设计师在太阳底下工作，暴晒数个小时，只为计算出片区的反射率。

经过对政府规划的反复研究，梁兵坚信，凭借区位优势及强劲的发展潜力，未来的福田中心区将吸纳许多金融、商贸企业进驻，他坚持将项目定位为对标国际标准的甲级写字楼，这在当时的中国还较为少见。项目也因此被命名为时代金融中心。那时，国内的写字楼行业刚刚兴起，豪华大堂、电梯、中央空调等成为大多数人对写字楼的基本认识。

要想打造国际标准的甲级写字楼，光靠设计是远远不够的。梁兵带领团队打造的时代金融中心可谓兼具“深圳速度”与“深圳质量”。

在速度方面，20世纪80年代袁庚在蛇口工业区的一声呐喊，让“深圳速度”成为深圳的一大标签。梁兵用实际行动再次诠释了什么叫“深圳速度”，从前期规划设计到施工完成，前后仅用了2年多的时间，时代金融中心即封顶落成。

当年，为加快工程进度，在施工组织、施工流程上，梁兵邀请了项目的施工单位、监理单位和公司技术部门共同研究，打破沟通壁垒，制订一整套完善的流程和组织协作机制。梁兵还创造性设定了工程施工提前完工奖，规定每提前一天竣工就可获得奖金，越早完工奖励金额越高。他还在项目部安装了一个倒计时钟，这大大激发了施工单位的积极性，工人们全力以赴加班加点施工，最终提前完工。梁兵也愉快地履行承诺，给予施工单位200万元的奖金。

在“深圳质量”上，梁兵奉行“完美主义”。不管是设计风格，还是施工组织和施工流程，无论是公共空间打造，还是基础设施配套，梁兵对项目整个周期所有环节的要求都几近苛刻。在坚持自己理念的同时，梁兵也保持开放的心态，他和团队虚心听取外来设计专家们的建议。在时代金融中心的电梯运用上，梁兵采纳了外国设计师的建议，按照甲级写字楼的国际配置标准，一共13部电梯，全部采用大轿厢，吨位达到1.6吨，这在我国90年代非常罕见。如今，不少高端写字楼上班高峰电梯门口排长龙的现象在时代金融中心亦是难得一见。

2003年年初，时代金融中心竣工。当时，位于罗湖的华润万象城项目正在建设当中，时代金融中心奇迹般的建设速度引来了时任华润集团管理层吴向东先生的关注。在吴向东的邀请下，梁兵和团队来到了万象城项目施工地进行经验交流，传授建设过程中的亮点和经验。

看到项目落成，梁兵心里感慨万千。想到将有各类知名企业进驻，许许多多的精英白领将在这里办公，为城市建设做出贡献，他忽然觉得，建设过程中的一切付出都有了意义，企业也不光只是盈利，在取得自身效益的同时企业也会创造国家效益、社会效益。

迈入新千年的深圳，商业物业的销售逐渐火热，大量商业项目在建成后被悉数抛售，少有自持。这主要是因为销售能在短期内贡献很高的现金流，快速回笼资金。自持物业对资金有较高要求，存在一定的运营风险。作为深圳CBD核心区域的时代金融中心在销售方面并不存在压力，不少业内人士分析，不出意外，梁兵会将项目全部抛售，获取高额利润。

2003年年初，时代金融中心计划面市出售，综合考虑福田区未来发展规划及时代金融中心项目定位，梁兵提出整层销售。对此，公司销售团队提出了异议，认为该决策将大大增加销售难度。

梁兵陷入思索，此时的福田中心区已经崭露头角，作为深圳未来的金融、行政、文化中心，这里的写字楼产业也将保持标杆性和引导性。未来，随着深圳的高速发展，更多国际性企业总部入驻深圳，中心区无疑是不二之选。时代金融中心由梁兵带着团队亲手打造，写字楼的高端品质一旦散售将难以保障。两年时间，打造这个项目到底是为了什么？梁兵忍不住对自己发出了质问。获取商业利润当然是项目开发的目的，但这是否是唯一答案呢？梁兵找到了回答，他决心坚守初心，打造标杆！

2003年3月18日，时代金融中心开盘。项目销售采取整售模式，对外出售4万平方米物业。此外，在销售并不存在压力的前提下，梁兵极富远见地保留下了3万多平方自持物业。而在出售的4万平方米物业中，梁兵还坚持挑选买家。在他看来，时代金融中心不仅仅是一个项目，也是中铁城的企业形象，是一张企业名片，塑造着企业的品牌。高品质的买家能够与企业相得益彰，互为支撑。

众所周知，租赁写字楼，“邻居”很重要。许多写字楼受到外界高度关注，一般除了其高度外，更让人熟知的多是写字楼内知名企业。梁兵冒着租售受阻的风险，挑租户、挑买家的坚持在今天看来显然是明智之举。

不过，令梁兵始料未及的是，当初为偿还某家银行贷款而“量身打造”银行大堂及金库的做法，本以为“一举两得”，既解决了债务问题，又能为项目吸引高端客户。岂料工程竣工后，原计划入驻的银行内部高层人事变动，原先的约定出现变数。银行不但不能入驻，还要求梁兵马上筹备4亿元资金偿还债务。

“当时真是想尽了各种办法。”要在短时间内凑足4亿元资金，这对任何人来说都不是件容易的事。但此时梁兵内心并没有太大压力，因为他坚信，只要熬过这一段艰难时光，中心区的优质物业一定能带来比住宅更加稳定的现金流。最终，在各方的帮助下，梁兵筹集到了3亿元资金偿还银行贷款，并成功将1亿元贷款转为长期贷款，延长至十年偿还。

2006年，飞速发展的中国平安银行正筹备设立深圳分行，在梁兵的积极争取之下，深圳市平安银行与梁兵一拍即合，租用了时代金融中心大厦空置的1–4层，原来为某银行专门建造的金库也用上了，双方合作至今。

如今回首时代金融中心项目打造的历程，梁兵依然感慨万千。他认为上天是公平的，如今项目的运营情况恰恰证明了前期的艰苦打磨都是值得的。

认真踏实做事，取得的成果不仅仅是短期的经济效益，还有更加长远的社会效益。屹立在福田中心区的时代金融中心已经成为深圳甲级写字楼的一个标杆，十余年过去了，风采不减当年。

8. 初心萌发和同学联手再创业

在历经住宅、写字楼开发后，梁兵的企业早已完成原始积累，财富让一些小企业望尘莫及。在外人看来，此时的梁兵事业有成，家庭美满，足以迈入享受人生的新阶段。但梁兵却不这么认为。虽然在地产行业小有成就，企业的发展也是如鱼得水，但毕业于无线电计算机系的梁兵心中始终还装着年轻时的梦想，依然期待在电子信息和新兴科技领域有所作为。

跨入新千年后，中国经济快速崛起，伴随而来的是科学技术迅猛发展，网络与各类电子产品在我国得到广泛普及。

梁兵思维敏锐，放眼时代大势，梦想的种子在心中再次萌芽，转型之路逐渐清晰。“毕业于无线电计算机专业，要往信息领域转型还是占有一定优势”、“重新学习，这需要比较长时间的过渡期”，思来想去，梁兵想到了合伙人制度。一番思考后，老同学中已成佼佼者的刘箭成为首选对象。

20世纪80年代，对多数大学生而言，梦想就是出国留学。幸运的是，刘箭怀揣梦想成功地来到美国学习，凭借优异的学习成绩、较高的学术水准和

过硬的专业技术，在美国北卡大学获得了电子工程学博士学位，毕业后还在令人神往的硅谷有了一份不错的工作。他多年专注于集成电路和数字通信领域的研究，积累了丰富的研发经验。如无意外，在美国已经结婚生子的刘箭将长期定居美国，专注于他的研发事业。

作为多年老友，梁兵了解刘箭，这位老同学虽然人在国外，但是心恋故土，富有家国情怀，并且专业技术了得，如果能说服他回国一起创业，必能有所作为。

2007年，教育部发布了《关于进一步加强引进海外优秀留学人才工作的若干意见》，在吸引高层次留学人才的道路上又迈出了坚实的一步。在国家的号召之下，不少留学人员归国创业，数据统计发现，留美学生归国数在2007年后“爆发式”增长。

一日千里的行业发展大势，国家良好的创新创业环境，如果能配备高精尖的团队，定能在行业里干出一番事业。梁兵决心要把这位老同学请回来。令他感念不忘的是，2007年，在他的激情劝说下，刘箭举家回国，与梁兵开启了创业新时代。

一番考察后，刘箭把家安在了上海。那段时间，两位老友一边张罗着刘箭回国安顿事宜，一边讨论起具体的创业计划。

合伙人创业首先要解决的是统一思想。创业文化的差异是这对老同学首先面临的问题。刘箭学成后就留守硅谷。提起硅谷，大多数人的脑海中会闪现出“科技创新”“知识精英聚集地”这样的词汇。如果简单地把创业型公司分为市场导向型和技术导向型的话，毫无疑问，硅谷是属于后者的，这与大多数中国的创业企业正好相反。这种创业环境的差异也让许多归国创业者与国内创业者，在创业理念上存在较大差异。

好在多年同窗情谊，梁兵和刘箭有着深厚的信任基础。两位老友很快就公司成立达成一致。刘箭作为公司大股东，主要负责技术层面工作，梁兵作为公司小股东，以投资人身份介入公司管理。

2007年，浪新微电子系统（上海）有限公司在上海正式创办。公司坐落于上海市浦东新区张江高科技园区，致力于高性能手持移动互联终端的研发。

创业初期，梁兵和刘箭顺势而为，将公司业务瞄准三网融合，这正是国家大力倡导的发展方向。2001年、2006年，国家“十五”“十一五”计划纲要都提出要促进电信网、广电网、互联网三网融合，通过技术改造，实现互联互通、资源共享，从而打破各行业的垄断观念及利益壁垒，让老百姓享受到的服务更丰富，价格更亲民。三网融合应用广泛，遍及智能交通、环境保护、政府工作、公共安全等多个领域。

结合国外“三网融合”的经验，浪新公司启动了针对电视、网络和通信结合的产品研发。作为首个研发产品，公司投入大量的人力、物力和财力。经过一年多的艰苦奋战，产品最终研发成功。满怀信心的梁兵和团队都在期待着产品“一炮而红”，但产品技术在市场化过程中却没有预计的那般顺利。

虽然国家大力倡导三网融合，但是在实际的执行中，由于监管体制不同，电信、广电与网络运营商之间相互形成了利益壁垒，在市场准入、技术标准等多方面都无法达成一致。虽然自2010年三网融合在我国多个城市试点，但至今仍没有实质性进展。

对国家“三网融合”推进进程的误判、2008年世界金融危机的波及、国内外创业环境的巨大差异，最终，浪新公司的新产品未能实现大面积入市。首战受挫，对创业公司造成的打击往往是致命的。但梁兵和刘箭这对好友却没有气馁、退缩。经历过数次的人生起伏后，梁兵已将成败看作平常之事。他快速地组织团队进行总结反思，试图查找问题的根源，从失败中总结经验教训。梁兵认为，这次失败可以总结出三方面教训：

第一，创业者必须正确对待政策性风险。在我国，各行各业的发展离不开相关政策法规的扶持与约束，因此每一个行业都可能面临政策性风险。在创业的过程中，创业者要对行业各类政策法规进行深入研究，顺应国家趋势，提前布局，同时要洞察政策背后的逻辑，预判未来的行业趋势，结合行业特性把握行业发展的大势。

第二，中国的创新实际上是技术与中国市场特色相结合的过程。中国企业的创新与国外的创新环境有所区别。在美国硅谷是技术导向，只要有技术，可以快速找到资金和市场，实现产品的批量复制。但是在中国，创新必须紧密与市场相连接。中国有着巨大的市场容量，技术创新要想实现有效落地，必须精准把握市场脉搏。国外的优良技术照搬到中国来可能会遭遇“水土不服”，技术需要充分地与市场结合。

第三，正确看待市场泡沫。梁兵认为，市场泡沫未必就是坏事。有时候泡沫可以形成磁场，就如同黑洞一般，能够把各种能量集聚起来。类似创业需要的资源、人才，都有可能因为泡沫吸引而来。当然，从整个大行业宏观角度而言，泡沫最终会破灭，导致失败。但是，行业的发展依然向前，不断的失败叠加就有可能成功。在创新的浪潮下，一定也会有大量的企业亏损，被淘汰，但是也有一批企业会在这个过程中脱颖而出。因此，作为个人或者企业，要理性面对泡沫，因为失败的代价有时甚至是倾家荡产。聪明的创业者要学会拨开云雾，在泡沫之中看到机会，避免成为泡沫的牺牲品。

如何成为一名优秀的创业者？梁兵认为，大多数创业者都秉持必胜的信念，却少有越挫越勇的决心。面对失败，聪明的创业者往往能拨云开雾，收获失败的教训，积攒力量重新出发。

显然，他和刘箭就属于这类聪明的创业者。2007年至今，虽然历经过产品市场化困境，但浪新公司不断吸取经验教训，快速成长，积累了雄厚的软硬件一体化的研发实力。

2013年被专家公认为“大数据元年”。数据正逐渐成为21世纪最重要的战略资产，有人甚至说21世纪的大数据就是20世纪的石油，不管是企业还是国家都在积极构建数据库系统，试图通过数据来解析更多现象，预测未来更多趋势。大数据被视为创新和生产力提升的下一个前沿，正成为国家竞争力的要素之一。

发展迅猛的浪新公司显然也一直留意市场趋势，将业务重点聚焦到了大数据。

近年来，移动办公产品大受欢迎，瞄准商用平板市场空缺的浪新公司可谓眼光独到，早在2010年就推出了浪新EraPad系列平板笔记本电脑，之后成功研发出用于大数据采集和移动办公的互联终端EraPad，被认定为上海市高新技术成果转化项目。

2015年，浪新再次实现技术突破，成为国内首家实现大数据技术在国税系统实际应用的供货商，成为国内领先的大数据解决方案与服务提供商，成功研发出大数据平台产品、税务大数据分析产品。

通过一系列的技术创新，浪新很快引起了行业及市场的关注，公司通过了“上海市高新技术企业”“浦东新区企业研发机构”等资质认证。

收获巨大成功的浪新并未停止研发的步伐，通过调研，浪新公司发现，当前快销品行业的调研难以获取消费者的实际信息，比如广告投放后很难计算出广告的实际效果；新产品上市后很难统计消费者对产品的喜好程度。即使常规委托第三方公司调研，也因为消费者与生产商中间还隔着零售商、分销商等各类中间环节，市场信息常常表现滞后且失真。造成调查信息出来后，最佳决策时间已偷偷溜走。如何让生产商第一时间获取用户的反馈，这显然是生产企业，尤其是快销品企业的一大痛点。如果能设计一个产品，精准反映前端市场变化，那么后端决策势必将更加科学有效。

为此，浪新公司开启研发之路。2017年5月，美国通用磨坊集团上海总部的会议室里欢声一片。经过近两年的项目规划、论证、立项、设计开发和测试，浪新公司独立自主研发的二维码精准营销服务平台“万码易联”，以其“一品一码”的特色，打通了生产厂商、经销商、终端消费者之间的壁垒，为客户提供一站式的精准营销服务。通过万码易联平台，由浪新公司开发的哈根达斯大数据分析平台正式上线。哈根达斯大数据分析平台实现了海量业务数据的有效管理，协助管理者在业界率先应用大数据技术进行更多的数据挖掘和数据洞察，为企业决策提供更精准的辅助决策指导，更有效地帮助品牌方提升经营效率和整体业绩。

凭借强大的技术实力和不断创新的企业精神，如今浪新公司已发展成为国内领先的大数据技术高科技企业。公司采取”互联网+大数据+政企应用”的发展战略，为政府部门和企业机构快速提升业绩表现、全面优化资源配置、有效发现创新手段提供大数据智能分析系统解决方案。浪新公司的软硬件产品均由自主创新而来，拥有自主知识产权，符合安全可控要求。公司的技术和产品覆盖了从大数据存取、大数据分析、大数据可视化，以及大数据收集的各个环节，是国内比较全面和系统地掌握大数据技术的创新型高科技公司。

2017年1月12日，经上海市工商行政管理局审查通过，“浪新微电子系统（上海）有限公司”正式更名为“上海浪新数据技术股份有限公司”。目前，公司在成都设有全资子公司浪新成都软件有限公司，在硅谷和北京有专家顾问。公司在移动数字设备的技术研发方面成绩斐然：迄今浪新已经申请和获得发明专利、实用新型专利、外观专利和软件著作权等20多项，包括触摸控制手持设备、X86架构计算机、高端平板移动互联终端、家庭电视互联终端等。

9. 在学习新知识中进入新境界

C罗、托雷斯、鲁尼，今天回首2004年的欧洲杯，很多人才意识到那一届的欧洲杯真可谓群星云集，这些冉冉升起的新星均已崭露头角。和大多数球迷不一样的是，2004年的夏天成了梁兵人生的另类转折点。熬夜看球后，梁兵出现身体不适，经检查，被确诊为“房颤”，也就是持续性心律失常。

多年以来，梁兵把大部分的时间、精力献给了事业，他少有锻炼时间，赶不上饭点吃不上热饭菜更是常有的事。年复一年，忙忙碌碌的梁兵迎来了事业的大发展。令他意想不到的是，在他一往无前时，身体已跟不上他前进的步伐。

那一年，梁兵40岁，他感觉到身体的异样是上天对他“透支身体”敲响的一记警钟。梁兵放慢了自己的生活节奏，在医生的建议下，开启了戒烟戒酒之路。为了锻炼身体，梁兵还接触了高尔夫。这一接触便一发不可收拾，往后的十余年，这份爱好一直贯穿梁兵的生活，甚至改变他对很多事物的看法。在接触高尔夫的过程中，他不仅锻炼了身体，还领悟出自己的一套人生智慧与哲理。梁兵说，人生其实就像是一场高尔夫，要想达到自己的目标，前期你就得不停地练习挥杆，这个过程多少有几分枯燥，很多人会选择放弃。真正的强者却会选择坚持苦练基本功，当基本功扎实后，就会由练习场转入真正的球场，高尔夫运动也会迈向新境界。

“在高尔夫的世界，也能品尝到人生的酸甜苦辣。”梁兵说，高尔夫磨砺心智，不同于一般的对抗性运动，高尔夫更多的是对自我的挑战。急躁的人在高尔夫球场定要吃不少的苦头，欲速则不达，高尔夫的成功并非一杆之力，尽全力挥好每一杆，在过程中因地制宜，以健康、乐观的心态面对挥杆后的任何结果至关重要。暂时的领先并不能意味着最后的胜局，一时的落后却也并不代表最终的失败，对失败的包容与接纳，挫折后的坚忍与不服输都成为成功的必备品质。

究其感悟，不管是20世纪90年代初负债千万，还是蛰伏房地产公司汲取相关知识时的艰苦隐忍，还是新千年开发时代金融中心项目时的意气风发，亦或是如今历经千帆后的处之泰然，这其中蕴含的哲理都与他在打高尔夫中体验到的何其相似。

对于梁兵而言，高尔夫绝不仅仅只是一项体育运动，还带给他强健的体魄和对人生的深刻思考。多年前打球路上的一段奇遇更是开启了梁兵一段新的人生征程。

2010年，夏日午后的深圳，天气出奇的炎热，像往常一样，梁兵打完高尔夫后“打道回府”，车开至深圳大学城，带有“北京大学”几个字的Logo映入眼帘。深圳怎么会有个北大呢？一向好奇心强的梁兵忍不住要去一探究竟。

“您好！请问你们是北京大学的吗？”

“对啊，首届EMBA招生，你要不要试试。”

这次简单的对话，赋予了梁兵一个新的身份——北大学子。

在家人看来，梁兵向来怀有一颗“不安分”的心，事业成功、家庭美满、日子惬意舒适后，梁兵试图探索“不同的活法”。他毫不犹豫地选择了汇丰商学院。他不知道的是，2010年，北京大学汇丰商学院首届EMBA高级工商管理硕士课程启动，这是北京大学汇丰商学院腾飞过程中的标志性事件。

如果说兰州的大学生涯奠定了梁兵事业腾飞的基础，那么北大汇丰商学院的继续深造则丰富和提升了梁兵生活的内涵。早年的大学生涯，梁兵打下了牢固的专业基础，培养了清晰的逻辑思维，奠定了良好的企业管理基础，日后他事业的蒸蒸日上也正得益于此。而北京大学汇丰商学院带给他的更多的是对生活的重新思考，让他对待生活更添了一份豁达。

在梁兵看来，人这一辈子都应该抱有学习之心。这不仅仅是为了适应社会变化的需要，也是出于自我提升的需要。物质从来都是外在的表现形式，内心的丰盛才能让我们真正收获满足感。学习是一种行为，也是一种心态。在学习中，我们获取更多的信息，对于世界和生活有了全新的认知和感受。人的生命是有限的，学习却能有效地拓宽我们生命的宽度。

徐志摩《再别康桥》、北岛《回答》、海子《面朝大海，春暖花开》、雪莱《致云雀》，2010年的初夏，诗歌走进了梁兵的生活。这是北京大学汇丰商学院首届诗歌朗诵会，虽然这只是学院内部交流的一场朗诵会，但梁兵却丝毫没有懈怠，诗歌并非他的强项，但在不断地尝试和练习中，梁兵很快爱上了诗歌。他发现，诗歌背后充满了振奋人心的力量，在朗诵中，他能深刻感受到诗歌的情怀，惊叹于中国文化的博大精深。虽然诗歌朗读对于理科出身的梁兵是不小的挑战，但梁兵凭着一腔热情和刻苦的练习收获了同学们的阵阵掌声。之后，梁兵还和同学组织了多次诗歌朗诵会和游学会，在完善知识系统的过程中，梁兵的业余生活也变得更加丰富。在北京大学汇丰商学院学习的时间里，梁兵不仅收获了知识和能量，开阔了视野，也收获了一帮良师益友，在他们身上，梁兵看到了很多优秀的品质。这些可贵的品质深深地影响着梁兵，逐渐化为他继续前进的动力。

在梁兵眼里，北京大学汇丰商学院院长海闻堪称中国教育界的楷模。海教授早前在国外求学，思想开明，在校友会会长的选举等事务上，他摒弃了历来高校的论资排辈传统，而是采用民主选举，这样被大家推选出来的会长既负责又能干。这对梁兵产生的较大的思想冲击，为他的企业管理提供了新的思路。梁兵说，海教授确定目标后坚韧不拔，在推进工作时又兼具专业性和灵活性，这也是对北大精神的最好诠释。

10. 想成功必须抓住天时地利人和

盛夏的深圳，偶有台风，窗外天气常常阴晴不定，早上的阳光灿烂，转眼下午就是倾盆大雨。时代金融中心的办公室内，结束一天忙碌的梁兵端坐窗前欣赏着眼前的风雨。经过岁月的沉淀，如今的梁兵多了几分从容与豁达。窗外，雨声滴滴答答，似乎下个没完。但不管今晚的风雨多么猛烈，多年在南方海边生活的经验告诉梁兵，明早的深圳大概是晴空万里。

沉思中的梁兵忽然意识到，一路走来，事业之路也遭遇了无数次的台风，但风雨终会消散，雨过天晴，太阳依然会露出笑脸。90年代初期，以计算机销售代理起家，从年入百万到负债千万，再到杀入地产开发领域，从住宅开发到写字楼开发运营，再到后来投资互联网科技，梁兵历经了无数的风雨，甚至是风暴，但每次他都凭借着自己超强的前瞻意识以及坚忍的毅力，迎来下一个日出。

谈起30多年的事业之路，梁兵将如今的成就归结为六个字：天时、地利、人和。天时，其实就是社会及事业发展的大环境，从1977年全国恢复高考到1978年的改革开放，梁兵敏锐地嗅到了时代赋予的机遇。他刻苦学习，踏上大学之路。在创业失败后，他没有气馁放弃，在严密的市场调查后，选择从零学习，转型踏入房地产开发领域。而在事业小有成就之际，梁兵并未就此停下脚步，跟随国家创新创业的大潮流，踏上科技领域。与其说时代成就了梁兵，不如说梁兵赶上了时代的节拍。毕竟机遇往往是在不经意之时降临，没有准备或准备不足的人，往往难以识别，他们会错把陷阱当作机会。而梁兵面对时代的大变革，抓住了一个又一个的机会。

在梁兵眼中，“地利”其实和天时密不可分。这就好比深圳的“地利”优势和改革开发的国家政策密不可分一般。因为踏上南方的土地，享受改革开放带来的利好。这不仅仅指政府的政策扶持，建立社会主义市场经济和改革开放特区，也包括因为开放带来的思想冲击以及社会各行各业的活力。在改革思想洗礼下，梁兵的内心也发生着巨大的变化，他敢于去尝试，面对失败也生出了东山再起的魄力。

古人有云：“天时不如地利，地利不如人和”。梁兵对此颇为认同，有了天时和地利，关键还得看人。多年事业打拼，梁兵最看重的还是团队。他说，现在社会的市场竞争归根结底是人才的竞争，尤其是核心人才的培养。众所周知，企业核心团队培养靠的还是管理者的人格魅力和为人处世的态度。多年来，不管是对外结识工作伙伴，还是对内操盘管理，梁兵都赢得了一致好评。凭借严谨的思维方式和诚实的经营作风，他结识了众多志同道合的朋友。因为好学虚心，梁兵多把朋友看作良师，时间一长，他的积累也越多。而他豪爽、热情又真诚的待人之道也让他在患难低潮期从不缺朋友扶持。在对内管理上，梁兵兼容并包，擅长听取各方专业意见。他说，一个人的成功往往依赖于背后默默付出的团队，尤其是创业型团队，在前进中会遇到各种各样的问题，上下团结的团队往往能激发不可思议的潜力，攻克一个又一个的难关。

除了团队合作，在梁兵心中，处理好“内心的境界”也是人和的重要表现。多年的创业经验告诉梁兵，企业的成功离不开一个“熬”字。创业之路异常艰辛，与自己内心的对话尤为重要。30多年的奋斗历程，梁兵也曾迷茫，一度想要放弃，但他从来没有停止与自己的对话，不管是在顺境还是在困难时期，梁兵信奉做企业必须要有持之以恒的决心。这种决心能在逆境中生出几分从容与东山再起的勇气；在巅峰时期，催生出克服焦躁保持虚心学习的热情；在机遇前不含糊，培养出顺势而为，果断决策的智慧。

深圳，一个不断创造奇迹的城市，在30多年里从一个边陲小镇发展为举世瞩目的大都市。梁兵，一个不远千里，从甘肃兰州奔赴特区闯荡30多年的创业者，凭借创造思维、过人胆识终成时代弄潮儿。他说，今天的世界是一个更加开放、多元的世界，市场的环境也更加的公平和开放，未来机会与挑战并存，祝愿更多人能勇敢地抓住机会，获得成功。

做事做人都需要“定力”

广东坚朗五金制品股份有限公司总裁、董事长白宝鲲

立业者名片：

白宝鲲，男，1970年出生。从1995年开始创业，如今是A股上市公司（股票代码“002791”）广东坚朗五金制品股份有限公司董事长。

立业者座右铭：

把简单的事情千万遍做好就是不简单，把容易的事情认真地做好就是不容易。

1. 在改革开放的大潮中成长

1970年，白宝鲲出生。那时的中国是一个封闭的经济体，与世界经济体系基本“绝缘”。

谁也没有想到，八年后，中国揭开了改革开放的序幕，开放和改革逐渐成为这个时代的主旋律。

20世纪90年代初，刚刚成年的白宝鲲踏上社会时，迎接他的是一个崭新的大时代。

伴随着1992年小平南巡，中国的经济环境和体制环境为民营企业发展留出了足够的空间。在中国走向市场经济的大潮下，国家充分鼓励民营经济的发展，一批时代弄潮儿靠着敏锐的嗅觉和敢闯敢干的劲头，成为中国最早的一批民营企业家。

2003年，白宝鲲成为他们中的一员，他在东莞创办坚朗五金，深耕制造业，以超凡的胆识投身于中国改革开放的滚滚浪潮中。至今，坚朗五金走过了15年。

在这个风云激荡的大时代里，白宝鲲见证了中国改革开放的光辉历程，也在改革开放的春风里，享受了这场世纪大变革带来的机遇和红利。同时，他也经历了中国经济发展的几轮周期，深切体会到中国作为“世界工厂”的兴盛和变迁。

白宝鲲是个成功的企业家，他白手起家，带领坚朗五金从零开始，发展成为拥有9000多名员工的上市公司。

千百年来，中国的实业家以家国情怀作为自我激励的最大精神动力。当日历翻到白宝鲲这代人时，他们不可避免成为这种精神的继承者。

2. 不做贴牌加工，要搞自主品牌

白宝鲲是河南新乡人，2018年时，他48岁。作为白手起家的创业者，他年轻时过得并不轻松。1993年，他只身来到广东打拼。

当时的广东的改革开放风气之先，民营经济在全国率先繁盛起来。

由于改革开放试验田的特殊政策和毗邻港澳的有利位置，广东承接了东亚地区两次大规模的产业迁移。

20世纪80年代，香港制造业大批内迁，珠江三角洲借助至少790亿美元的港资推动，劳动密集型制造业开始发展兴盛，实现了初步工业化；在20世纪90年代，台湾IT产业的迁移，这一次的迁移使珠江东岸的深圳、东莞、惠州发展成为外向型的产品加工和制造基地。

2003年，白宝鲲抓住了历史的机遇，创办了坚朗五金，从事建筑相关五金产品的研究、制造和销售。

作为一家典型的制造企业，坚朗却走了一条不寻常的制造企业路。

随着中国改革开放的深入，尤其是中国加入WTO之后，中国人口红利尽显，制造企业充分发挥低成本优势，赢得了大量的OEM（原始设备制造商）订单，中国籍此迅速成为“世界工厂”。“东莞塞车，全球缺货”，这句话形象地道出了那时候作为“世界工厂”的东莞制造业的辉煌。

OEM生产俗称贴牌加工，即品牌生产者把产品交给其他企业生产。对于具有强大人力资源优势的中国企业来说，代工成本低、收效快。既减少了研发成本，不用自己建立品牌，也不用担心销售，减少了销售和广告费用。因此，OEM生产成为我国广大民营制造企业迅速成长的一个重要战略选择。许多民营企业依靠给别的企业，特别是给跨国公司做“贴牌”而逐渐发展壮大，并走上国际化道路。

在白宝鲲看来，贴牌加工虽然门槛低，收效快，但赚的是快钱。从长远来看，弊端明显。比如OEM企业对国外市场的依存度很高。由于这些企业没有建立起自己的品牌和销售网络，市场能力较弱。以至于在海外市场上，自己的命运越来越多地被别人控制，生存和发展的风险大。

因为不愿意受制于人，白宝鲲决定不做贴牌加工，走自主创新之路，打造自有品牌。

这注定是一条更加艰难的道路，发展自有品牌，需要企业不断地自主创新，自主完成从生产、销售、售后到品牌建设等一系列环节，每一个环节的失败都有可能让企业走向死亡。但这也是一条可持续发展之路，它能持续提高企业核心竞争力，在激烈的市场竞争中立于不败之地。

确定了方向后，坚朗建立了自己的销售网络，配置了技术服务人员，为客户解除了后顾之忧，也把销售的主动权牢牢地掌握在自己手中，并从渠道中拿出更多的资金投入科研，为坚朗的发展壮大奠定了坚实的基础。

为了摆脱地域的限制，坚朗不断开拓国际市场，在全球不断设立销售服务机构。目前，坚朗在国内外设有400多个销售服务机构，销售服务团队近4000人。

不愿意在技术上亦步亦趋的坚朗，对研发队伍非常重视，在坚朗的实验室里，电子拉力试验机、盐雾试验机、门窗五金系统反复启闭检测设备在日夜不停地测试产品质量。白宝鲲明白，只要拥有核心技术的知识产权，就能永远把握市场的“话事权”。目前坚朗有国家认可委员会认可的检测实验中心、广东省省级企业技术中心和省级工程中心。截至2017年年底，坚朗拥有超过850人的研发团队，参与主编、参编国家、行业及地方标准100多项。

自20世纪90年代以来，中国五金机电行业在私有经济的推动下，不管在企业规模、数量上，还是在企业管理、技术创新，以及品牌战略和营销技能上都获取了长足的进步，但相对于国际知名品牌而言，我们的五金机电产业整体依然落后。

究其原因在于，老一辈的中国五金人改变了中国旧有的落后产能，可以在短时间复制五金机电产品，却因为缺乏科学管理经验和发展观，他们在技术创新和品牌营销上相对落后。

对于传统的制造业来说，白宝鲲是后来者，但是他继承了老一辈五金人踏实肯干的优良传统，同时克服了他们身上存在的历史局限，凭借新生代企业家的魄力和格局，在五金领域闯出了一条新路，带领坚朗在激烈的国际竞争中脱颖而出。

长期的技术创新和过硬的质量，让坚朗在众多的标志性建筑中找到了自己的位置，让坚朗成为五金领域高端品质的代名词。国家体育馆、国家大剧院、广州塔、世界第一高楼——阿联酋哈利法塔等世界著名的建筑中都闪耀着“坚朗”的身影。截至2017年年底，坚朗（含子公司）已获得600多项授权的有效专利，其中境内外发明专利40余项。

进入21世纪，国内外竞争的加剧以及不断提高的技术和贸易壁垒挑战，使OEM生产以低成本导向和出口导向为主的竞争优势，已逐渐丧失，甚至成为其拖累。2007年，佛山利达玩具有限公司副董事长因美泰玩具召回事件而“身败名裂”，迫于压力，在自己的厂房一角上吊自杀，令人唏嘘不已。近年来，随着中国的人口红利逐渐消失，部分制造产业向低廉劳动力国家转移，从2014年开始，关于东莞代工企业关门的消息不断，代工制造业大面积遭遇寒流，一些深圳的明星代工企业也相继倒闭。

始终坚持走自主创新之路的坚朗，如同给自己建了一道防火墙。十多年来，坚朗在创业、产业发展、品牌发展道路上历经磨砺，现已成为建筑领域的著名品牌。

如今的坚朗，旗下国内外设立分、子公司超过40个，并于2016年3月在深圳证券交易所中小板成功上市。位于广东省东莞市塘厦镇的坚朗五金总部建筑面积超过20万平方米。公司建立了以建筑门窗幕墙五金为核心的多元化产品体系，产品延伸至门控五金系统、不锈钢护栏构配件、智能家居与安防、自然消防排烟与智能通风窗、地下综合管廊及劳动安全防护类产品等众多细分五金领域。

3. 立志此生坚守制造业

古人说三十而立，四十不惑。在40岁的时候，白宝鲲立志认准制造业，“一条道走到黑”。一辈子一件事，就是专注制造业。

在过去的十多年里，我国经济“脱实向虚”，民间资本开始大批逃离实业，投身“炒房”和金融行业。

在制造业深耕细作，不做金融、不“炒房”的白宝鲲像是个异类。“我将来肯定是在制造业的岗位上退休，你跟我说对面有一个金矿，我也不会看一眼。”

白宝鲲的“执拗”，一方面源于他作为企业家的战略眼光，坚信坚朗是做给未来的企业，而制造业是能够在经济低迷或调整中生存下来并且不断发展的行业。另一方面源于他内心深处的家国情怀，在他看来，实体经济和制造业，是国民经济的基石，是国家未来经济发展最需要的。

2008年，美国发生金融危机。由于之前美国住房市场持续繁荣，加上住房贷款利率水平较低，美国的次级抵押贷款市场迅速发展。随着美国住房市场的降温尤其是短期利率的提高，次贷还款利率也大幅上升，购房者的还贷负担大为加重。大批次贷的借款人不能按期偿还贷款，银行收回房屋，却卖不到高价，大面积亏损，引发了次贷危机。

在这场金融危机里，美国五大投资银行倒下了三个。雷曼兄弟申请破产保护、美林“委身”美银、贝尔斯登垮台。美国经历了自大萧条以来最严重的衰退。据统计，此次金融危机的冲击下，美国失去了750万个工作岗位，实际GDP下降了4.7个百分点。

当金融危机逐步向实体经济蔓延之时，充当“世界工厂”的中国制造业已经走到了十字路口。根据国家发改委统计数据，2008年上半年全国约有6.7万家中小企业倒闭，其中多为出口导向型制造业。

在这场金融危机中，始终在制造业深耕的坚朗，却在危机中寻找出了机遇，逆市而上，坚持自主创新，以开发高附加值的新产品为秘密武器，稳占行业制高点。

这场经济危机带给爱思考的白宝鲲太多思想上的冲击，他意识到，中国制造业抗风险能力弱的核心问题在于，中国的出口加工企业处于产业链的最低端，没有定价权。竞争激烈，利润低，抗风险能力自然差，外面一有风吹草动就会被波及。

而在这场全球危机中，有一个国家几乎未被波及，那就是德国。德国不但失业率低而且经济增长迅速，这样的成绩单都是由制造业强劲出口带来的。2008年欧洲遭遇经济危机后，以安全、可靠、精密、耐用而誉满全球的德国工业支撑着国家经济不断发展，并撑起整个欧洲经济复兴的希望。

“德国经历过两次世界大战，战败后都能迅速崛起，跻身世界强国之列，在经济危机中，也几乎很少受到冲击，正是源自其一贯坚守的制造业强国理念。”白宝鲲说。

2010年，白宝鲲给自己定下了目标：在制造业深耕，让坚朗成为高品质的代名词。

在一个人人都想着赚快钱的年代，白宝鲲能耐得住寂寞，以“吃亏的工业精神”，在制造业上深耕。这不是因为白宝鲲有多大的市场野心，而是他对中国制造业的国家情怀。

他关注中国的未来，对中国经济存在的“脱实向虚”问题充满忧虑，认定制造业是国民经济发展之本。

2003年，国务院18号文件确定房地产为国民经济的支柱产业。“炒房”热潮席卷全国，中国房价随之开始暴涨，全社会的资源、优秀的人才、宝贵的资源都往房地产行业集中。

房价的飞涨，带动国内土地、房租、用工成本的不断攀升。十年前制造企业用一千块雇佣一个工人，更早的时期甚至只要一半，而如今在经济发达的沿海地区，三四千元每月都很难再找到合适的产业工人。

福耀集团董事长曹德旺谈起赴美建厂，算了一笔账：就他的投资情况来看，中国制造业的综合税负比美国高35%；美国的土地基本不要钱；能源、电价是中国一半，天然气价格只有中国的1/5。

制造业的利润越来越薄，与此相对的是，房地产市场异常的火热。

在过去的十余年里，由于“炒房”热潮兴起与中国城市化的持续推进，房地产市场持续大热。据统计，截至2017年年底，中国千亿市值房企达18家。全球市值排名前十的房企，有7家是中国企业。许多行业纷纷转型，加入“炒楼”大军，神奇的地产啊，让72行最后都殊途同归。

伴随着火热的房地产市场，中国金融市场也一路高歌猛进。

房地产市场的火爆行情也拉升了资金需求，房地产公司纷纷进入资本市场融资。房地产的发展使得债券和股票发行市场更加繁荣。

2012年，中国开启金融自由化改革浪潮。中国金融市场在经济中占比急升。2016年，金融业占GDP比例超10%，而像美国广度深度那么强的金融市场，也只占约6.5%。

在房地产、金融狂飙突进之时，制造业逐渐跌到低谷。

“钱是最聪明的，它会流向利润丰厚的地方。大家都喜欢去挣快钱、挣热钱，以创新、冒险为特征的企业家精神自然就一蹶不振。因为实体经济处境艰难，投身制造业的企业家们整体上对实业产生了厌倦抵触情绪。”在白宝鲲看来，制造业属于实体经济的基础，虚拟经济产生于实体经济，也要服务于实体经济。中国不可能离开实体经济和制造业。因为制造业是一个国家的根本，是中国能够走出经济下行压力的唯一良方。

面对“炒房”与金融市场的致富大浪潮，白宝鲲眼不红，心不热，他只集中精力在制造业上深耕，用心经营坚朗。因为他坚信坚朗是做给未来的企业，制造业是在一轮轮的大浪淘沙中，能坚持到最后的行业。

“金融是为了服务实体经济的，是在实体经济的基础上，解决资源配置的问题，实体经济是皮，金融是毛，皮之不存，毛将焉附？另外，这两年中国互联网经济大热。但中国的制造业和实体经济还未完成转型升级，无法支撑互联网经济可持续发展。道理非常简单，电商再发达，如果没什么东西可卖，或者平台上只有质次价廉的产品，这个模式也很难持久健康发展。”白宝鲲对很多问题的分析一针见血。

这两年来，我国经济“脱实向虚”的后果逐渐凸显。楼市复苏飙升和金融带来的虚假繁荣，使我国实体经济发展受到严重挤压，许多企业科技创新投入不足，又加上科技创新机制欠完善，造成我国核心科技领域受制于人。2018年上半年发生的中兴事件，给国人当头棒喝，我国在涉及“高、精、尖”等科技产业的自主创新能力还远远不足。

“中国经济的核心竞争力，主要体现在高端制造业，高科技技术产品上。现在大家都去“炒房”，制造业空心化严重，很少有人真正去钻研技术，考虑产品升级问题。”白宝鲲说。

4. 借助信息化手段促进坚朗升级

近年来，人们普遍意识到“脱实向虚”既不利于实体经济成长，也背离金融服务实体经济的本质。制造业回归成为世界大势。

为抢占世界经济和科技发展的先机，世界各经济体纷纷推行相应战略，重振本国制造业。美国特朗普政府使出“胡萝卜加大棒”的政策，撬动制造业回流美国，重塑美国制造业强国地位；德国提出工业4.0，力图不断扩大制造业竞争优势；日本启动再兴战略等，力图重振制造业。

我国立足于国际产业变革大势，提出中国制造2025，力图改变中国制造业“大而不强”的局面。

目标有了，如何加快中国制造业转型升级，实现中国制造由大到强的历史性跨越？

目前，我国制造企业大多还处在从传统工业化向现代产业化转型的历史阶段，随着新兴信息技术的产生和应用，传统的生产方式和商业模式正在不可避免地发生着变化。因此，在第三次工业革命背景下，需要更深层次地推动互联网、大数据、人工智能和实体经济深度融合，以引领颠覆性创新技术的研发，成功实现中国制造向“中国智造”转型。

通过信息化带动工业化，推动制造企业实施制造业信息化，是中国制造转型升级的必由之路。

2017年8月25日，坚朗五金作为广东省“两化融合”的代表企业，出席中国两化融合大会，分享坚朗以信息化为基础的订单业务系统。

坚朗的“两化融合”已经走在中国制造业同行的前列。在坚朗的车间里，工人和机器们忙碌不停。在他们背后，一个庞大的五金王国在有条不紊地运转。2017年，坚朗销售额达31亿元，订单数量达50多万个。坚朗拥有的产品种类达1万多个，零部件种类达20多万个。

除了节假日、星期天，平均每天坚朗接收2000个订单，并发出2000个订单，线上滚动的订单是3~4万个。管理好如此庞大、复杂的信息的秘诀是什么？答案是信息化发展。

制造类企业最关注三个问题：第一、如何提高自身效率。第二、如何提高对客户的了解程度，从而提高客户的忠诚度。第三、如何寻找新的盈利模式。显然，云计算、大数据和人工智能正在帮助企业解决这些问题。

早在2005年，坚朗便在白宝鲲的主导下，开始引入各类信息化系统。

2005年，坚朗的员工超过5000人。白宝鲲发现，传统Excel手工算法的薪酬体系，烦琐、耗时的纸质化审批及流程管理方法已不能满足企业需求。坚朗选取了优秀的软件公司来搭建公司的人力资源管理系统，对公司人力资源管理系统进行全面信息化提升及优化。人力资源管理的信息化为坚朗提供了员工自助、经理自助、薪酬管理、移动应用、人事/考勤优化等模块，搭建了适合公司规模和人力资源管理的信息化应用。

企业信息化管理系统的搭建，大大提高了坚朗的精细化管理程度，提高了管理效率。

尝到信息化管理的“甜头”后，2013年，坚朗请全球最大的企业级软件公司甲骨文为坚朗量身打造全链条的信息化系统。现在，坚朗已实现从CRM（客户关系管理），到ERP（企业资源计划），再到SRM（供应商关系管理）全链条信息化管理。

在白宝鲲看来，制造业工序复杂、流程链条长，如果仅仅只做一个环节，不需要信息化系统也可以做到极致，但做到大型长链条的企业，如果再不去使用全链条的信息化系统，将无法参与到国际竞争中来。

企业ERP系统是一个对企业资源进行有效共享与利用的系统，通过信息系统对信息进行充分整理、有效传递，使企业的资源在购、存、产、销、人、财、物等各个方面能够得到合理地配置与利用，从而实现企业经营效率的提高。

通过ERP，坚朗建立起它的主生产计划，通过预测客户订单来安排将来各周期中需要提供的产品种类和数量，并将生产计划转为产品计划，在平衡物料和能力的需求后，制订出精确到时间、数量的详细进度计划。

决定了生产多少产品后，坚朗再根据物料清单，把整个企业要生产的产品数量转变为所需生产的零部件的数量，并对照现有的库存量，可得出还需加工多少，采购多少。

得出初步的物料需求计划后，根据总工作负荷，并与工作中心的能力平衡后，便产生出详细工作计划，用以确定生成的物料需求计划是否是生产能力上可行的需求计划。然后，再把所有的作业分配到具体各个车间，进行作业排序、作业管理、作业监控。除此之外，还可以根据坚朗所有的物料建立库存管理，决定何时进行采购，同时作为采购部门采购、生产部门做生产计划的依据。

除了位于中间环节的ERP，坚朗打通了前端的CRM（客户关系管理），和后端的SRM（供应商关系管理），实现全链条信息化管理。

CRM系统，即客户关系管理，通过提高客户的价值、满意度、营利性和忠实度来缩减销售周期和销售成本、增加收入、寻找扩展业务所需的新的市场和渠道。

SRM系统，即供应商关系管理，是用来改善与供应链供应商关系的，它使坚朗实现与供应商建立和维持长久、紧密伙伴关系，并通过对双方资源和竞争优势的整合来共同开拓市场，扩大市场需求和份额，降低产品前期的高额成本，实现双赢。

信息化系统将坚朗五金的客户管理、物料需求、采购管理、生产管理、供应商管理等各环节进行打通，使坚朗五金的内部发生了更多质变，比如基础管理工作得到了规范、明确了各种流程、岗位的内容，使得坚朗很容易能够对人、财、物、信息等资源进行有效管理与调控，使得内部管理成本大幅下降，提升了公司运作的效率。

当下，企业面临的市场竞争是多维度，深层次的。企业之间的竞争不仅仅包含市场份额、收入利润、产品或者服务质量等较为显性的竞争，更是企业内部经营能力、资源使用能力、供应链管理能力等底盘方面的竞争。

在互联网大浪潮的推进下，企业能否充分利用信息化技术，是构成内在核心竞争力的重要因子。

坚朗五金作为国内五金制造的龙头企业，除去其他的竞争优势外，广泛全面深入的信息化系统应用，使它与一众竞争对手区分开来。从一定意义上看，它是五金制造行业里信息化应用最好的一家。

5. 专注、精益、创新的工匠精神

格力董事长董明珠说：做制造业必须有一种精神。

目前全球有2700多家“隐形冠军”企业，德国企业几乎占据半壁江山。这些企业相对较小、鲜有人知，却在各自的行当中成为世界市场的领头羊。是什么成就了德国中小企业？答案是深入骨髓的工匠精神。

什么是工匠精神？财经学者吴晓波说，工匠精神是：做电饭煲的，能让煮出来的米饭粒粒晶莹不粘锅；做吹风机的，能让头发吹得干爽柔滑；做菜刀的，能让每一个主妇手起刀落，轻松省力；做保温杯的，能让每一个出行者在雪地中喝到一口热水；做马桶盖的，能让所有的屁股都洁净似玉，如沐春风……

在白宝鲲看来，工匠精神的核心是：不仅仅是把制造业当作赚钱的工具，而是树立一种对制造的执着、对所做的事情和生产的产品精益求精、精雕细琢的精神，这种精神是保持制造企业持久创新和基业长青的根本。

“专注、精准、标准是工匠精神的集中体现。”白宝鲲说。

工匠精神是一生专注做一事。

白宝鲲非常认同鲁冠球先生的一段话：人做计划的时候，往往一年的计划都是做大的，但做十年的计划，往往都是做小的。你想一年做成一件事，你的对手是13亿人；你想十年做成一件事，你的对手也就不到一个亿了；你想用一生做一件事，就一千万；你想用三代人，100年做一件事，你的对手就没几个了。

大道至简，贵在坚持。对于许多德国制造业企业的工匠来说，选择一个行业后便成为其一生的执著，不会因为短暂的外部环境变化而影响对其从事行业的专注，坚信自身工艺、技术水平的提升必然带来公允的市场回报。如此的专注才让德国成为制造业强国。

“我们生活在一个充满竞争和浮躁的社会，机会多，陷阱也多，缺乏定力、热衷投机的人或企业，最终会失败。选定建筑五金行业，拒绝诱惑，永不动摇，靠专业创造独特价值，靠坚守终于做大做强，这是坚朗成功的经验。这一观念被坚定地灌输给上自高管下至新员工的每一位坚朗人。”白宝鲲说。

工匠精神是对产品品质的精益求精。

多年前，白宝鲲去德国西门子参观的一幕，至今仍在他的脑海里不断回放。

有一年，白宝鲲作为中国企业家代表团中的一员来到西门子参观考察。西门子给大家播放了一个宣传片，只听见一个雄浑的男声介绍道：也许西门子这个品牌对您来说有点陌生，实际上，在100多年前，我们就和中国有了交际……

1910年，一批云南商界的爱国志士集资建设石龙坝水电站。这两台装机240千瓦的西门子水轮发电机，点亮了昆明城里的300盏电灯。从此，中国人有了自己的第一座水电站。

100多年过去了，在石龙坝水电站，人们依然能够看到当年所用的两台240千瓦的西门子发电机，一座浸没百年风雨剥蚀的青石机房，加上巨大的马达轰鸣声。云南人都知道，这个辉煌的“历史文物”至今还在“服役”。

短短的宣传片，让白宝鲲和其他企业家们肃然起敬。

说起“德国制造”，大家联想到的就是高品质、高质量。事实上，在我们生活中，大到汽车，小到牙刷，德国的产品都是大家所说的“好东西”。

而中国制造，却一直被贴着“廉价、低端、山寨、劣质”的标签。即使中国取代美国成为全球第一制造大国，仍不能摆脱。

这些年来，白宝鲲经常在国内出差，他深刻洞悉国内制造业与西方发达国家的差距，他痛心疾首中国制造不能像德国制造一样，成为高精尖的代名词。

白宝鲲主动对标世界一流企业，将质量管理贯穿于公司核心业务全链条，坚持高标准、严要求，成立了完善的质量管理组织结构，先后通过了一系列ISO9001、ISO14001、OHS18001、ISO10012认证、CE认证……他希望能通过自己的坚守，让坚朗成为国际一流制造企业，让坚朗五金成为世界高端制造的代名词。

工匠精神是创新精神。

德国讲求“匠心”，而非“匠气”，反对因循守旧、闭门造车，而是孜孜不倦地追求创新。据统计，德国研发经费占国民生产总值的3%，各家族企业研发经费平均高达销售额的4.6%。德国虽非信息技术、基因工程等新兴行业先锋，却能在实际生产领域不断推陈出新，其人均专利申请数量是法国的2倍、英国的5倍、西班牙的18倍，在全球独占鳌头。

坚朗始终把自主创新作为企业发展的原动力。公司于2009年被认定为高新技术企业。2014年被授予“省级企业技术中心”。2015年被授予“广东省建筑构配件工程技术研究中心”。2015年被授予“国家知识产权优势企业”。2016年“预应力整体张拉结构关键技术创新与应用”项目获得国家科学技术进步奖二等奖。2017年被授予“广东省出口名牌企业”，获得中国门窗幕墙行业五金十大首选品牌、中国钢结构金奖。

6. 把工匠精神融入企业文化

企业文化是企业家风格的延伸。企业家的能力、性格和品质等成为企业文化的原生酵素。这些根植在企业家心中的价值观会让他们在领导企业发展中得到充分体现。

坚朗的企业文化中深深刻着白宝鲲的烙印。

多年前，白宝鲲到日本丰田的生产车间参观。在丰田的生产车间里，既有朝气蓬勃的年轻人，也有白发苍苍的老者。一些老者动作已略显笨拙，但依然认真、细致地对待每一个经手的产品，有瑕疵的绝对无法下线。无一例外的是，他们脸上都洋溢着幸福。

“在丰田车间里，你看到的可能是干了27年的油漆工，年过半百的螺丝工，从国内顶级高校毕业的技工，他们的责任心非常强，如果操作规程上要求一个螺丝要拧12圈，他绝对不会只拧11圈。他们每个人都专注于手上的工作，仿佛都有一颗不跳槽的安静的心。”说起这些，白宝鲲感到很不是滋味。

同样是在生产车间，工人们心态的差异如此之大。白宝鲲感叹，在不同的制造业文化下，两国的蓝领工人是完全不同的精神状态，由此生产出来的产品质量自然迥异。白宝鲲明白，缺乏文化的制造业必然难以有长远的积淀。

在日本，蓝领工人在社会中地位较高。蓝领工人甚至超过白领工人的收入，技术学校的毕业生就业率在98%以上，远远超过大学生，这也使蓝领工人有着不断钻研的动力。

德国更是推行双元制职教体系。在德国，没有千军万马过独木桥上大学的现象。约60%的青年都不上大学，而是在接受了2~3年的专业化、标准化的职业教育后进入社会。德国社会对技术工人非常尊重和认同，不存在盲目追求高学历，而鄙薄职业技能教育的倾向。

“可在中国，不仅城里的年轻人不想当蓝领工人，就是农村的年轻人，如果不是生活所迫和就业困难，也没有多少人真正愿意当蓝领工人的，许多人宁愿拿着3000元坐办公室，也不愿意拿两倍的工资进生产车间。”白宝鲲说。

在如此大环境下，坚朗如何成为制造行业的“颠覆者”，做出一家有情怀的、让人尊重的制造型企业？

白宝鲲从企业文化建设入手，对企业的品牌和产品的质量极为看重，并特别注重培养企业和职工对社会的责任感，使企业从上到下，从里到外展示给社会的是美好的东西。对内则主要培养团队精神。通过潜移默化，增强企业的凝聚力和感召力。

我们不妨来看看坚朗的企业文化。

坚朗愿景：一定会有一天，有建筑的地方就有坚朗产品；使用了坚朗产品的建筑，将更加舒适、美观、节能。

坚朗力求通过一流的产品、一流的服务以及一流的管理造福人类建筑，使其更加美观、舒适、节能。一定会有一天，有建筑的地方就有坚朗产品，坚朗的产品将会覆盖全世界，这是公司存在的价值，也是坚朗人的共同理想。

坚朗使命：一切为了改善人类的居住环境，让坚朗成为高品质的代名词。

坚朗不仅要开拓自己的利润空间和为员工造福，更要以繁荣社会为目标。创造客户价值是公司生存发展的基础，身处建筑业，坚朗人的一切活动都是为了改善人类的居住环境，为人类建筑提供高品质的产品和高品质的服务，促进人类文明的进步与发展。

坚朗哲学：唯有专业才能创造独特价值，投机没有未来。

专业包含两层意思——专一和敬业。

它告诉坚朗人，盯住一个目标长期坚持，更容易成功。许多坚朗人就是从缺乏经验到熟练工作，从缺乏技能到成为本行的专业人才。而那些不断换跑道、换方向的人，由于心态浮躁，不能够专一和敬业，大多未能得到很好的发展。

坚朗座右铭：把简单的事情千万遍做好就是不简单，把容易的事情认真地做好就是不容易。

坚朗从事着造福社会的伟大事业，但是它分解出的具体工作往往是简单的、容易的。员工每天面对的就是这些简单、容易的事，但把它们一天天一件件做好就是非常不简单、不容易。我们应该看到在这些平凡工作中蕴含的不平凡的意义，高度负责地把工作做好。

坚朗希望小学在全国遍地开花，且捐建数量逐年递增。截至目前，已在全国捐建了35所坚朗希望小学。覆盖贵州、广西、云南、甘肃、河南、青海、江西、安徽、四川、湖南、重庆、宁夏、湖北、新疆等14个省、自治区、直辖市。

2007年3月，坚朗在湖南安化县江南镇捐资兴建了一所“坚朗希望小学”，并选派工作在一线的优秀员工前去参加竣工剪彩仪式。

2008年3月，捐建“长丰县朱巷镇坚朗希望小学”和“洱源县乔后镇坚朗希望小学”两所希望小学。

2008年5月，汶川县发生8.0级特大地震，坚朗情系灾区捐款80万元人民币，其中20万捐给中国红十字会来赞助抗震救灾，另外60万捐建了“重庆市城口县坚朗希望小学”和“四川省阿坝县麦尔玛坚朗希望小学”。

……

2017年，坚朗捐建5所希望小学。在这一年的希望小学捐赠仪式上，白宝鲲动情地说：“坚朗捐希望小学捐了十几年了，到现在已经捐了30多所。有人说坚朗在作秀，我跟他们说，捐一所两所，干一两年的事情叫作秀。一件事情坚持十几年去做就不叫作秀，连续十几年去做一件事，叫作文化，叫作精神，叫作事业。这个话送给全体同事共勉。”

除了每年都举办隆重的捐赠仪式，让全体员工见证捐赠过程外，坚朗还派员工代表回访希望学校，一方面是为了能够了解坚朗希望小学的实际运行状况，另一方面，让员工通过回访，增强社会责任感和企业荣誉感。

2017年，坚朗员工代表分别回访了云南、贵州、广西、江西共计九所坚朗希望小学。

在回访中，坚朗人看到了坚朗数十年如一日坚守的价值。捐建的资金为偏远地区的孩子们建设了明亮的教室、宽阔的操场，启蒙他们对知识的渴望和对人生的梦想。孩子们纯真的笑脸，求知若渴的双眸，对未来的无限憧憬，感染了每一位坚朗人。

白宝鲲说，坚朗自成长以来，历经从小到大，从弱到强的发展历程，今天的每一份成绩都凝聚了坚朗人的心血和汗水，同时也积累了丰富的、独具特色的文化资源。这是坚朗成功的法宝、管理活力的源泉，是学不走、带不跑、散不掉的坚朗灵魂。

7. 从物质到精神的蜕变

坚朗五金位于东莞塘厦镇，作为一家上市公司的领导者，白宝鲲的办公室出人意料的简朴。

办公室里没有豪华的装饰，办公室的一侧是长长的一排书柜，经济、历史、哲学、人文、社会等书籍一应俱全。

白宝鲲对生活的要求不高，他不抽烟不喝酒，对奢华的生活亦不向往。在白宝鲲30多岁时，坚朗已成为初具规模的五金企业。

企业经营并不是件容易的事情，要面临无数压力和挑战，那么支撑自己不断努力，带领企业继续发展的动力是什么？

是以工匠精神打造中国制造业样板的拳拳之心？是产业报国的家国情怀？在不断对自己内心的拷问中，白宝鲲找到了答案：是对9000多名坚朗人不可推卸的责任。

“十多年来，坚朗从零起步，发展到现在的9000多名员工。他们在坚朗奉献着青春和热血，他们热爱坚朗，并为了坚朗更美好的明天而奋斗。每当看着他们，我就会想：自己作为他们的带头人，有什么资格不努力奋斗呢？”

“在我们公司创业初期我们除了一腔热血，几乎一无所有，但是我们有信念，有理想，始终是斗志昂扬，乐观向上的。四处奔波在各地施工，那种战天斗地的豪情，那种苦中有乐的乐观精神，让人难忘。尽管公司当时的条件很艰苦、简陋，但是大家有一个共同的理想——将坚朗建设成一个有尊严的，受人尊敬的国际性大企业。”

在白宝鲲看来，坚朗精神是全力以赴、同心协力，是坚朗人在高温的车间里毫无怨言，仍然一丝不苟地坚持工作，热得汗流浃背却顾不上喝一口水，终于提前完成订单，为公司赢得声誉；是坚朗人为了ERP系统能按照计划正常上线，连续数日加班到凌晨录入数据，无论出差还是出国，都惦记着的ERP系统上线的进展情况……

在坚朗五金长达10分钟的宣传片里，没有宏大叙事，没有讲公司的业绩，没有讲取得的成绩，只有生产、销售、品控的几个员工娓娓道来自己在企业的收获和成长，员工对未来的憧憬和理想。让每一个员工都得到充分的发展，这是坚朗的希冀，也是白宝鲲的梦想。

“坚朗自成长以来，历经从小到大，从弱到强的发展历程，今天的每一份成绩都凝聚了坚朗人的心血和汗水。经常有人说我这领导当得太累了，我跟他们说，为了让他们能在坚朗更好地发展、成长，能让他们有更好的明天，即使累死也心甘情愿。”白宝鲲说。

8. 通过摄影释放压力

《礼记·大学》里说：心正而后身修，身修而后家齐。意思是心思端正后才能修养品性；品性修养后才能管理好家庭和家族。

在企业经营过程中，经常会经历各种困难和挫折。企业家通常承受着常人所难想象的巨大压力，需要有超强的心智和耐力，带领企业一步步闯关。

如何释放紧张和压力，修养品性，管理好企业？

白宝鲲说，人心里就像有一个容器，专门用来积累情绪，隔一段时间，当容器里装满了紧张和疲惫，负面情绪便随之而来。

“心累和身体的累不一样。身体累了，睡一觉，好好休息一下就缓过来了。心累了，人会变得暴躁，如果不及时放空，人就会慢慢发生变化。必须得通过一种方式，达成与自己的和解。”

从2005年开始，白宝鲲赴藏地各处拍摄，坚持了十三年、共计五十多次。

吸引长期经营企业的白宝鲲放弃节日休假、放弃与家人团聚的欢乐，持续多年奔赴藏地各处拍摄藏民生活的理由之一，也许是最重要的理由，就是如何视觉化地展示他们的这份物质生活虽艰但精神上却仍然能够如此自在安详的精神定力。而作为一个在滚滚红尘中到处征战的企业家，他同样需要面对俗世、俗事时能够保持清醒的精神定力。

对于白宝鲲而言，每一次餐风饮露但收获满满的高原摄影都是一段内心寻回宁静的修行；每一次拍摄结束内心如释重负，归于平静，如打扫干净的房间，这妙不可言的归零状态，总能使每一次离开藏地回归都市回归忙碌工作的他，重拾激情。

白宝鲲深深地感激摄影，让他一次又一次归零重启。其实，每一次摄影，也都是归零重启。

“多年创业，劳筋骨苦心志，此中心累不可与常人道，家人说我越来越沉默，他们又怎能理解一个创业者的孤独。若没有藏地摄影，我很难想象精神出口在哪里，那么多的心思疲累又能靠什么缓解？”白宝鲲说。

9. 我是谁？我从哪里来？我要到哪里去？

白宝鲲喜欢读书，哲学是他经常读的一类书籍，这是他与世界对话的一个重要工具。他需要通过哲学去洞悉事物的规律，了解自己与社会的关系，处理自己与自己的关系。

“我是谁，我从哪里来，我要到哪里去？”白宝鲲认为哲学上的这三个终极问题是人类所有问题的根源，但凡遇到想不通的问题，必定是这三个问题没想明白。

他摄影的藏地里没有高楼大厦、车水马龙，没有人欢马叫、熙熙攘攘。

有时，他会站在高高的山上放声高歌，听着天空中的飞鸟随声附和。也会坐在悬崖边上，思考哲学上那三个终极问题。白宝鲲发现，在喧哗都市想不通的问题，在这里都能找到答案。

我是谁？我们每个人在一生当中每时每刻都面临这个问题，只是绝大多数人不会去想这个问题。

跟其他摄影师不同，白宝鲲拍照有几个特点，第一只拍黑白，第二只拍胶片，第三只拍人文。

在拍摄时，白宝鲲如一个透明的存在，穿行于他们的日常生活中，并且了无痕迹地捕捉到他们生活中非常质朴也很动人的许多瞬间。当他通过长期拍摄达到一种破除构图上的刻意的境界时，观看中所获得的感动，更重要的是那份来自藏民的浓浓的人间暖意，都令他终生难忘。这里的人们，以他们对人的充分的信任，令一切隐藏于镜头背后的自私、功利的动机与欲望都成了多余。因为一切算计在他们的真诚面前完全没有必要。其实他所拍摄的这些照片，就是一种发生在拍摄者白宝鲲与藏民之间的愉快的精神对话的结果。

在他看来，摄影是对现实世界的一种抽象。现代彩色摄影技术所捕捉到的世界同他眼中的真实世界存在一定的差距，只有摒弃了色彩，才能用最本质、最朴素、最纯粹的视角看世界。“黑白影像中，画面中的人物更加突出，瞬间情绪的表达更加到位，与观者形成互动。”

作为一个企业家，坚持多年赴藏地各处拍摄所最终获得的，是通过长期的视觉实践所找到的精神上的归宿以及通过摄影所逐渐安顿下来的心灵。他是在通过摄影来攀登一个精神的高地。他追求的是通过摄影来实现一种精神上的超越。而这种精神超越的实现，在他，其实就是通过密集的摄影观看来获得。他最享受的，是这个从喧嚣城市到边远藏地的反复来去、持续拍摄的过程。这个过程，除却在藏地的摄影图像的拍摄，其实还有从那里拍摄回来后的各种后续的影像作业。通过这个过程所获得的精神启迪与有关人生的开悟，其实作为一种精神活动一直延续到了他的日常生活中，并且始终在以各种方式影响、滋养他的心灵。

这些在藏地与当地人的交往与拍摄，更令他以摄影的方式把他在那里获得的精神养分融会于他的日常，以成为他的精神修行的时时滋养与警策。这些照片，不仅是一份他所目击的藏地现实生活的记录，也是一份盛载了他的丰富情感的心灵史。

我们从哪里来？我们到哪里去？以人类目前的认知程度还回答不了这个问题。我们和别人一起在道路上奔跑，总是希望可以比别人走得更快，更远，可只有少数的人会停下来，想想脚下的路通向哪里。

如果你问起白宝鲲："世界上最好喝的咖啡是什么？"他肯定会回答你："世界上最好喝的咖啡既不是极品蓝山，也不是被炒的火热的猫屎咖啡，而是用山羊奶混合速溶咖啡调制出来的咖啡。"

你会好奇，这样的咖啡有什么不一样的地方？

在西藏，在经幡飘扬空气稀薄的高原藏地，那样心无旁骛的享受孤独，心无旁骛的享受灵魂的充盈饱满；在那样的高地，沐浴高原瑰丽的日出日落，所有钢筋水泥丛林里积淀的痛苦，郁结，不为人知并不可与世人道的内心煎熬宣泄、喷涌。几包现代工业化产物的速溶咖啡，与充满原始自然气息的山羊奶在藏地的融合，成就了这样一杯无与伦比的咖啡。而对于白宝鲲来讲，现代企业的经营哲学与个人内心世界的探索发生的碰撞与交融，成就了一个制造业企业家有趣的灵魂。

在商道传承中不断追求新境界

深圳市一德堂医药连锁有限公司董事长林武雄

立业者名片：

林武雄，男，1970年9月出生。北大汇丰商学院EMBA工商管理硕士，深圳一德投资管理集团有限公司董事局副主席，深圳市一德堂医药连锁有限公司董事长，深圳市前海信德金融控股有限公司董事长，深圳市信德典当行有限公司董事长。深圳市龙岗区第五届政协委员，深圳市龙岗区医药行业协会会长。2015年曾荣获“深商风云人物”称号。

立业者座右铭：

做人德为本，做事信为先。

1. 从小跟着父亲学做生意

中等个头，身材因锻炼而结实，人显得精明干练。见到朋友，举止低调，总是露出诚恳谦和的微笑。细听话音，有明显的潮汕韵味。这就是我们的主人公：林武雄。

看他的名片，就知道是一位成功人士：深圳一德集团董事局副主席、深圳市一德堂医药连锁有限公司董事长，深圳市深商总会会董，深圳市龙岗区第五届政协委员，龙岗区医药行业协会创会会长。在这些头衔后面，需要做个小备注：林武雄是一德集团创始股东之一，该集团管理资产早已超过50亿元。

再查查这位成功人士的“户口”，1970年9月出生在潮汕地区普宁县（现普宁市）浮屿村。

打开中国雄鸡般的地图，潮汕地区位于广东省最东端，包括汕头、潮州和揭阳三个地级市。这块面积刚刚超过1万平方千米的区域，目前经济发展也就全国平均水准。但从唐朝后期孕育出来的“潮商”，不仅在国内商场叱咤风云一千多年，国际影响力甚至超过了徽商和晋商，以至于潮汕人被誉为“东方犹太人”。

徐珂编撰的《清稗类钞》有一则记述：“潮人善经商，窭空之子，只身出洋，皮枕毡衾以外无长物。受雇数年，稍稍谋独立之业，再越数年，几无不作海外巨商矣。”这段话意译出来的大意是：潮州穷小子，独自闯荡海外，先是打工，然后自己创业，不过数年，几乎没有不成为大老板的。可见潮州人是怎样一把生意好手！

潮州人为何这么善于经商？很多专家分析认为，该地自古以来地少人多，生存不易，只能靠闯天下做生意谋生。经商的人多了，氛围浓了，经验日积，教训月累，自然越做越精明。

在这块“善商”的土地上，林武雄的爷爷就是一名生意人。林武雄的父亲年轻时，政府不准私人经商，如果谁偷偷做生意被发现了，会当作“投机倒靶分子”被批被斗，甚至抓去坐牢。生活在一个“禁商”的环境中，英雄无用武之地，父亲只能以铁匠手艺谋生。但从基因里带来的经商天赋与敏锐的社会触觉，让他在改革开放的春风刚见于青蘋之末时，就悄悄地做起了各种“倒买倒卖”的小生意。

一个人出生在这种地方、这样家庭，商业氛围如此浓厚，如果想做生意创业，先天就具有难得的优势。

林武雄父亲一共五位子女，三男两女，他在兄弟之中排行老二。父母亲养育这么多孩子，艰辛可想而知。他从小就看着父亲在铁铺打铁，铁块在炉中烧得通红，拿出来放在铁砧上，一锤下去，铁花四溅。捶打一会，温度下降，铁块变硬，又要放进炉中再烧。这样反复多次，铁块渐渐地打成了铁器，如镰刀、斧头、钳子之类。父亲做事很认真，精雕细琢，有些铁器看上去已经打好了，他还要放进炉里再烧一遍，用一个小锤敲敲打打一番。他打造的铁器不仅式样精美，还特别好用、耐用。武雄从小就很敬佩父亲，对他的手艺充满神奇感。

“打铁要有技术，要用力、用心，父亲做事精益求精，起早贪黑，不怕吃苦。”林武雄说，他小时候看父亲打铁，耳濡目染，继承了很多好的品质。

1978年中国改革开放之后，容许私人做生意。林武雄父亲觉得可以放手干了，于是雇了两三个年轻人，在村子里搭一个棚子专门打铁。他们从广州造船厂收购造船剩下的边角废料，批量打造镰刀。由于质量好，卖的自然好，很快积累了一些资本。口袋里有点钱，父亲做的生意更多了。

那时候深圳很多地方兴起拆旧房建新房的热潮。拆房子会拆出钢筋，而建房子又需要钢筋，林武雄父亲从中看到商机。他从深圳收购废旧钢筋，拉回普宁，用锤子敲直，按照建筑需要的长度切成一段一段，然后卖给建筑商。这种钢筋一般比较细，再次用于建筑时，主要用于捆绑其他更粗的圆钢，在建筑钢筋紧缺的年代，钢筋质量好点差点都有销路。除了废钢筋，父亲还收购废钢材，拉回来回炉，重新打磨后出售。

父亲放开手脚做生意，武雄就成了父亲的“雇工”。放学之后，他给父亲干活，整理镰刀，敲废旧钢筋等，能干的都干过。这活不是白干，父亲对他实行“计件工资”，做了多少活，算出件数或秤出斤数，不但按“量”给钱，而且收入全部归他自己支配。这种考核机制让武雄干起活来劲头十足，从来不需要大人在后面盯着。有时候放学先不回家，直接跑到铁匠铺干活。到了周日，从早干到晚也不喊累。

拿到“工资”之后，武雄就会跑到村里一家小吃店，钱多时买一只卤鹅脚，钱少就买一只鸭脚。“最好吃的当然是整只鹅脚，不要切开，拿在手里慢慢啃，那种味道比现在吃鲍鱼龙虾还要过瘾。”林武雄如今回忆起来，仍然沉浸在那种享受和满足之中，“父亲这种做法在道理上来说，和现代公司的考核和激励机制是相同的，劳有所得，多劳多得。”

除了给父亲当“雇工”之外，武雄8岁起就开始自己做生意，他卖过凉茶、冰棒、纸人牌，还租赁过小人书。

凉茶是一种传统中草药煎水制成的饮料，这些中草药药性寒凉，能消解人体内热。广东地区夏天炎热潮湿，喝凉茶清热去暑成为大众习惯。林武雄放学之后，和兄弟们到附近山上采摘草药，拿回家煎水。煎好用两个桶装着，一只桶里放糖精，一只除了糖精之外，再放点白砂糖。然后抬到公路边树荫下面，凳子上放几只杯子，就等着路人来买了。

“凉茶多少钱一杯？”过来一位刚从地里干完活的农民。

“5分钱。”林武雄拿起一杯放糖精的凉茶递了过去。

中年农民喝完交钱走了，又来了一位背书包的小学生，还是林武雄同一所学校的。

“过来喝杯凉茶，便宜给你，两分钱就行。”林武雄想，学生本来就没有钱，不能卖5分，何况凉茶成本很低，2分卖也赚。

小学生喝完凉茶交钱离开。远处来了个骑自行车的小伙子，车后座还坐着一位大姑娘。武雄看见小伙子穿着雪白的的确良衬衫，新车闪闪发亮，两人举止亲昵，马上判断出是一对情侣，于是吆喝了一声：“刚熬出来的新鲜凉茶，快来喝啊！”

小伙子停了下来，问多少钱一杯。

“这里有两种，一种放糖精，一种放白砂糖，你们要哪一种？”林武雄问道。

“当然是白砂糖的！”在女朋友面前，小伙子回答异常果断。

“5毛钱一杯。”林武雄说。

小伙子听完价格，稍微犹豫了一下，但还是很大方地掏出一元钱：“来两杯！”

如今回忆起当年卖凉茶的情景，林武雄显得特别得意：“我们潮州人天生就会做生意！”他说，有句话叫“看菜吃饭、量体裁衣”，产品营销要针对不同的人群采取差异化策略。“同样的东西可以多种价格，尤其是在产品上增加一点点附加值，甚至可以卖比原来高几倍的价格。我们现在企业已经比较大了，仍然在用这种营销策略。”

因为讲究策略，小小凉茶给林武雄带来了不菲收入，他最多时一天能卖20元钱，相当于当时5个壮年劳动力打一天铁挣的钱。

手中有了钱，林武雄还和兄弟们一起买了很多小人书，不上学时背到镇上商业街，在人流最多的供销社门口摆起书摊。这些书可买可租。相对于卖凉茶，租书的生意不是简单的一手交钱一手交货，相对复杂一些，存在客户后期管理问题。

卖冰棒是武雄做的另一个生意。从冰室进货，3分钱一根，在市场上卖1角钱，能赚七八分钱。大热天背着沉重的冰棒箱走街串巷吆喝售卖，一天下来，赚钱不多，流汗不少，是个苦力活。

在做生意的过程中，林武雄展现了极高的经商天赋，积累了很多经验和教训。“比如对那些很讲诚信的顾客，有时候可以赊账。对不讲诚信，甚至要赖使骗的，宁可不赚钱，也不做他们的生意。”林武雄承认，也有看走眼判断失误的时候，赊的账收不回来变成了“烂账”。

“我很幸运出生在潮汕地区，更幸运的是有勤劳智慧的父母。”谈起儿童时期的事情，林武雄充满感激之情。他说，自懂事起就受父亲的思想及生意经的影响，父亲告诉他，做人做生意要勤快、诚信、低调，不能贪图小便宜，你帮助别人不一定去求回报，但对帮助你的人一定要知道感恩。父亲甚至告诉他，几个人去饭店吃饭，吃到中途就要悄悄去买单。如果一起吃三次，最好买两次，也给别人买一次单的机会。与朋友交往要放眼长远，使他们受益，不能让他们吃亏，这样朋友才会越来越多。

父亲不仅自己言传身教，而且要求几个孩子多跟村中有德有才的能人交往，从他们身上学习优秀品质。父亲虽然在六兄弟中排行老小，但很会为人处世和经营生意，在村子里颇受人尊敬，有点类似族长的地位。父亲的地位让武雄跟着沾光，他有空就跑到村里那些能人家里，手勤嘴甜，烧水泡茶啥都干，人家很愿意跟他聊天。“听君一席话，胜读十年书”，武雄从这些人身上学到了不少书本上学不到的东西，终身受益。

2. 16岁做家族生意采购员

1986年对林武雄来说，是一个重要节点。他父亲和别人合作，在家附近的324国道旁开了一家五金店，需要人手帮忙。林武雄初中毕业，决定放下书包“全职”做生意。

在当时的中国，万元户已是少有的富裕家庭，而林家此时的家产至少是数个甚至数十个万元户。如此优越的条件却主动放弃学业，这与潮汕地区重商的文化有关。在做生意与读书之间，“万般皆下品、唯有读书高”的观念在这里不浓，“工字不出头”，只要有做生意的机会，小孩放弃读书也是一种不错的选择。何况初中已经读完，在当时的农村已经算是有文化的人了。在这种大背景下，林武雄内心早就有离开校园去做生意的冲动，他非常喜欢做生意的感觉，渴望在商场中驰骋挣钱。

林家小五金生意的进货渠道当时已经拓展到湖南邵东，那里的产品与普宁有较大价差。进货在生意链条上是关键环节，需要可靠的人去做，原来是林武雄哥哥负责，现在父亲想把这副重担交给他，觉得经过从小言传身教的培养，他可以挑起这副担子。而且男孩子将来要有出息，就必须早点放手让他们去冲闯。后来武雄以出色的表现，没有辜负父亲期望，没有辜负小时候的积累。

第一次去1000千米外的邵东是哥哥带着。一早从普宁坐长途客车，傍晚才到广州。在火车站买当晚去衡阳的车票，第二天下午到，再从衡阳乘客车到邵东。进货之后，再租货车把货物拉回来，路上要住上两晚。这是武雄第

一次出门这么远，从普宁到广州，当年很多路段还是用砂石铺成的土路，七拐八弯，颠颠簸簸。他这才发现自己晕车是那么严重，一路吐，到最后吐出来的只有酸苦的黄水。但少年武雄这趟采购从出门到回家，一点也不敢叫苦，他不想让哥哥和父母担心。认路、认人、认货，表现得胸有成竹、自信满满。

那时候没有手机转账，没有微信、支付宝、银行卡，民间做生意只能现金交易。1987年4月发行第四套人民币时才出现面值50元、100元的大额钞票，之前最大的面值是10元钱。每次采购要带数万、十几万，后来甚至二十多万元的现金，体积不小，只能用麻袋装着。一个人出门，路途又那么远，安全是个大问题。

“每次前往都害怕被盗被抢，要进行伪装，穿旧的破的衣服，不敢坐豪华的车，买最便宜的火车票，甚至站票。”林武雄回忆说，只要不引起坏人注意，“装穷”让自己吃点苦算不了什么。

20世纪80年代没有今天的动车、高铁，绿皮火车是铁路客运的最主要交通工具。车厢座位是硬的，没有空调，夏天热得像蒸笼，冬天冷得似冰窟。因为便宜，几乎趟趟人满为患。林武雄有一次买了张坐票，上车后发现一位大汉占了自己座位，他拿着票很客气地提醒：“您是不是找错了地方？”大汉一看眼前是一位裹着件旧大衣的男孩，满嘴喷着酒气回答：“小家伙怎么说话呢？这本来就是我的座位！”碰到这么不讲理的人，少年武雄很想理论几句，可一想到大衣里藏着几万进货款，很明显对方又喝了酒，只好忍气吞声，悄悄地找了个座位下面无人的地方钻了进去。

“钻到座位下面躺着，是我那时候乘火车的常态。虽然气味难闻，但最安全，而且也不是最难受的。”林武雄说，坐火车时间长了，“哐-当、哐-当”的声音就像催眠曲，躺在下面更容易睡着，第二天下车精神十足。“但不是想睡就能睡的，有时候人多了，座位下面挤满了人，只能一路站着或坐地板上，那是最辛苦的。”

路上钱安全了，到了邵东还可能出问题。邵东县城是个大的商贸中心，外地来做生意的人很多，一些地痞流氓见有机可乘，想出很多阴招坑蒙拐骗。其中一招就是看到外地男人，就让打扮妖艳的女孩子上去色诱，经常有人经不住诱惑，做生意的钱被骗殆尽。为了防止掉入陷阱，林武雄从不去卡拉OK等娱乐场所。每次到了邵东，只跟生意上的伙伴交往，对不三不四的人防他三分。甚至吃饭也尽量找一般餐馆点一般的菜，处处小心不露富。

当年市场上买卖的小五金产品，主要是钉子、铁丝、锁、扳手、锤子、钳子等，生产厂家较多，品质和价格相差较大。进货最关键的是要价廉物美，这样拿回去才好卖，才有钱赚。同时，武雄发现邵东没有普宁生产的一些小五金，例如合页和拉手。在做进货买卖一段时间后，武雄通过以货换货的交易方式将普宁老家生产的合页、拉手等小五金拉到邵东卖给当地的供货商。

林武雄从小卖东西很机灵，现在买东西也很有一套。他知道做生意能吃苦只是“基本功”，除此之外还要有智慧。邵东的五金市场不是天天开业，营业时间一周只有周六周日两天。到了邵东之后，他从不休息，马不停蹄地拜访卖家，看产品，询价格，广泛收集信息，因为他深知信息就是和卖家谈判的筹码。市场正式开业时，由于提前做好了准备，他能很快地买到最好的货，而且价格便宜。到了周日下午，很多人还没有采购完，他已经把货物装好车往回走了。“尤其是新货，早一点拉回家，就能在市场上占多一分先机。”林武雄说，这种采购一般来说一周一趟，一月四次，一周差不多四天在车上度过。

采购做到价廉物美还不行，还要“加杠杆”才能赚更多利润。当然，那个年代林武雄根本不知道啥叫“加杠杆”，但他熟悉民间的赊账，小时候卖东西他也经常对可靠的客户赊账。现在他希望从别人那里赊账进货。刚采购那段时间他不敢向卖家提这个要求，他明白没有建立互信，开口人家也不会赊。但他很用心地为赊账做着准备，首先是表现出诚实可靠，买卖上的事情说到做到，从不信口开河，出尔反尔。另外，一有时间就去卖家那儿套近乎，人都是有感情的，本来就是生意上的伙伴，再主动点去搞好关系，肯定有用。

过了一段时间，邵东做小五金生意的不少店家跟林武雄已经很熟了，走在大街上，会主动打招呼。大家觉得广东来的这位小伙子年龄不大，但少年老成，做事靠谱。

邵东当地有一位比较诚信的老板王石桥，武雄经常住他家，可赊账，还帮他担保。第一次赊账，刚到两周时间，林武雄就按约定提前把赊账全部还上了。就这样，他在邵东加杠杆做生意的局面渐渐打开，以至于到了后来，很多老板主动跟他说“要不要再赊点货”，他带十万元，甚至能拉回20万元的货。这之中，林武雄严格遵守诺言，不拖欠每笔欠账，在生意圈内赢得了良好口碑。

到了1989年，林家的生意又壮大了许多，进货渠道变成了以武汉为主。

武汉是中国中部地区的特大城市，有“九省通衢”之称，也是中国内陆最大的水陆空交通枢纽、长江中游航运中心，商贸发达。武汉有一些外贸公司做出口小五金贸易，因为各种原因，经常会有尾货剩下，这些没有卖出去的尾货一般都会打折处理，俗称“出口转内销”。这种产品按出口标准生产，质量大大高出内销同类产品，是市场上的抢手货。

林家去武汉进货的人，无疑还是老二林武雄。这时候他个子长高了，经验更丰富，资金实力也更强了。但要拿到货也不容易。

每次到外贸公司谈交易，林武雄都会带两样东西：香烟和口香糖。进去之后，男的发点香烟抽，女的给点口香糖嚼。带去的两样小礼品多是境外品牌，在那个年代，这种小恩小惠是很好的黏合剂，很能增进双方感情。如果需要进一步做工作，就再请他们吃个饭喝点酒。那时候没有“八项规定”，花点小钱润滑关系很正常，但林武雄不卑不亢，从不跨越生意人的底线。

“贸易公司上层路线要走，中层、底层的办事人员也要搞好关系。上下关系都搞好了，事情就办得顺了。”林武雄说，普宁到武汉进货的还有另外一位商人，生意做得比他们家还大，但进货总是不如他多。原因是这位商人只走上层路线，具体办事人员很讨厌，经常找理由不给他货。

1990年前后，林武雄单笔进货有时高达150多万元，要用好几个火车皮拉货。当时支付已经用上了汇票，虽然要收手续费，但不用担心安全问题。货拉回普宁后，重新包装，再发往武汉。然后通过武汉这个商贸枢纽，卖到全国各地。“这种买卖做的就是信息不对称，如果在今天，信息这么发达，这种生意就不可能做了。”林武雄说，当时很多生意之所以能够赚钱，就是很好地利用了信息不对称这个关键因素。

1986—1991年，林家生意由父亲掌舵，三兄弟精诚团结，各司其职，林武雄专门去外地采购，弟弟在普宁跟父亲看店，大哥做销售。生意做得顺风顺水，家族资产达到两三百万元。

伴随着家族生意的蓬勃发展，林武雄也“茁壮成长”为一名成熟的商人，他吃苦耐劳，精明智慧，各种生意经用得游刃有余。

3. 进军深圳开始腾飞

有人说潮商亦如潮水，海潮因月球引力而起落，潮商因商机有无而进退。商者无域，哪里有利可图，他们就“涨”到哪里。

从普宁往西南不到300千米，是举世瞩目的经济特区深圳。这座因改革而兴，因开放而起的城市，在1992年因一位伟人的到来而掀开了新的篇章。这年春天邓小平南巡，发表了著名的南方讲话，神州大地春风鼓荡，作为改革开放的前沿阵地，深圳更是直挂云帆，一派生机，成为改革开放当之无愧的领跑者。

这年对林武雄及其家族来说，是一个最为重要的时间节点。林家做出一项重大抉择：把生意重心从普宁转移到深圳，建立“深圳总部”。好风凭借力，自此，在深圳这片热土上，林家生意不断壮大，迈上一个个新的台阶。

嗅觉灵敏，务实而行。林家转战到深圳发展，有两个重要原因：一是深圳当时已是发展最好的经济特区，全国各地的人纷纷涌到那里，孔雀东南飞蔚为壮观；二是在做生意过程中，他们发现从深圳来普宁进货的人越来越多，销到深圳的量越来越大，这种看得见摸得着的商机实实在在，诱惑力最为直接。

林武雄和哥哥在深圳龙岗租了个门面以后，就由弟弟驻守深圳，武雄主要负责在全国各地采购，父亲和哥哥留在普宁。他们四处考察一番，最后在龙岗老街租了一个临街的门面房。这里位于深圳东部郊区，与惠州交界，距离普宁相对较近，交通便利，更重要的是，租金比二线关内便宜很多。做生意始终要考虑成本问题，现代管理学之父彼得·德鲁克说过，企业家就是做两件事，一是营销，二是削减成本。店面有了，他们从普宁雇了4位年轻小伙子来担任员工，还买了一台人货车。就这样，深圳的生意正式开张了。

林武雄兄弟俩做了简单分工：林武雄还是主要负责采购，弟弟负责管理店面。这时除了小五金之外，还经营一些大型机电产品，采购更复杂，需要联系全国各地的供货商。东西买回来之后，小店实际上就是一个发货中心。

虽然员工不多，但也存在如何带队伍问题。林武雄和弟弟一起，身先士卒，与员工同吃同住同干活，使这支小小的团队，具有无比强大的凝聚力和战斗力。

在很多人还没有走出贫穷，民营企业家还很少的当年，林家经过在普宁多年积累，此时已算得上是大富之家。虽然有这么厚实的家底，但到深圳之后，他们没有追求一丝享受，仍然保持艰苦创业的本色，除了大约130多平方米带阁楼的店铺之外，连宿舍也没租一间，吃住全在店里。“我和弟弟与员工生活在一起，衣服自己洗，吃饭轮流做，几年下来，人人都练就了一番炒菜做饭的本领。”林武雄说，现在有空在家里他仍然能炒一桌好菜。

五金不是一般货物，分量重，搬运是个重体力活。每次进货出货，他们从不另请小工搬运。只要人在店里，林武雄总是和员工一起甩开膀子干，夏天干得汗流浃背，冬天干到腰酸背痛。有时搬完已是深夜，员工已经休息，他虽然疲惫不堪，但还是要再仔细检查一遍货物才放心洗澡睡觉。林武雄说，在普宁老家时他们家就形成了一个习惯，运货车一到，全家男女老少齐上阵，都成了搬运工。有时一次货物多达五六十吨，也没有请一个小工。

年轻小伙子们贪玩，读书不多，不愿意听大道理，但看到老板吃住和自己在一起，干活比自己拼命，对待自己像兄长一样，在感情上自然亲近了许多，他们把店里事当自家事一样做，一天工作十几个小时是常态。

“创业时老板一定不能高高在上，更不能当甩手掌柜，要与员工同甘共苦，融为一体，这样才能拧成一股绳去干好事情。”林武雄对此有深刻体会。多年之后的2014年，可谓功成名就的林武雄再次创业去做医药电商时，仍然保持了这种习惯。这是后话。

深圳果然是创业沃土，不仅商机更多，利润率也比普宁更高，批发毛利甚至能达到30%左右。营商环境好，加上林武雄带着团队非常努力，经营安排合理，资金周转快，货物基本上没有库存，至1992年，他们六个人居然做了上千万元生意，利润相当于在普宁干好几年。当然，年终有了好收成，绝对不能亏待员工，他们得到的红包也是大大的。拿到了超乎期望值的奖励，员工后面干起活来更卖力了。这些最初一起创业的员工，有的在积累了一定资金和经验之后，自己跑出去创业，闯出了一番天地，也有了不菲的身家。他们如今回忆起来，都非常感恩林武雄，难忘当年一起创业的那段经历。

转战深圳，第一年不仅站稳了脚跟，而且发展势头如此迅猛。于是，林武雄和家人一起抢抓机遇，乘势而上，经过仔细考察，陆续又在当时深圳龙岗区老街开了分店。位置好，自然销售也火。随着生意越做越大，后来还建起了自己的仓库。到2002年，林家的五金生意一年能做上亿元的量，公司员工好几十人，规模位居龙岗区同类公司前茅。

“做事讲究天时、地利、人和，来到深圳之后，这三样我们全部都有了，所以才会大发展。”林武雄总结说，良禽择木而栖，创业也要选好地盘，找对舞台，如果当年不是适时选择来了深圳，他和自己家族的生意，绝对不会发展到今天的规模。

4. 鬼门关里走一趟

中国有句俗话，叫成家立业。一般来说，成家在前，立业在后。林武雄1994年结婚，在成家之前，已算事业有成。但成家之后，他与太太一起，又开拓了另外一番事业。

林武雄太太美丽贤惠，本来是潮阳老家一所公办学校的教师，结婚之后，辞去公职随夫来到深圳。年轻貌美的妻子为家庭做出牺牲，但来深圳之后做什么？

“我们发现潮汕老家的服装比深圳便宜得多，巨大的价差就是巨大的商机。”林武雄说，发现这一现象之后，夫妻俩立即决定一起去做服装生意。

这时候五金生意已经有了专门仓库，于是龙岗的五金铺面腾出来做了夫妻俩创业的第一个服装店，五金生意则全部交给弟弟负责。林武雄继续做采购，太太在店里负责销售。从做五金到做服装，销售品种变了，但生意逻辑一样。做这类生意要准确把握市场需求，进货要注意降低成本，销售要服务周到，当然还要特别勤奋。这些对林武雄来说，早就成为内化于心的本领。每次进货回来，不管多晚多累，夫妻俩都要当晚把货在店里摆好，把最新出的款式排在最突出的位置，确保第二天一开门就可以卖。“迟一天就不一样，尤其是新货。”林武雄说，“时间就是金钱”在这里有立竿见影的体现。

经营服装不久，销售旺盛，卖一件衣服利润达到30%~50%，业绩噌噌地往上涨。夫妻俩面对如此良好的势头，每天累并快乐着。然而，福祸相依，灾难往往就在你人生最美好的时候不期而降。

那是一个阴雨绵绵的黄昏，林武雄从中山进货回来，乘坐的是一辆五十铃牌小型人货车，经过东莞虎门时，前面突然遇到一辆坏在路上正在维修的大型平板运输车，司机紧急刹车，但已经来不及了，路面湿滑，“嘭”的一声巨响，小货车正面撞向了大货车。

肝脏严重破裂，大出血，生命垂危！林武雄马上被送往附近的虎门医院抢救，六天五夜的输血量远远超过了一个正常人身体里血液的总量，几乎用光了虎门血站能用上的血，但仍然昏迷不醒。主治医生无奈地表示他们已经无能为力，建议转到广州条件更好的医院碰碰运气。于是，昏迷中的林武雄被救护车送到广东最好的医院——广州中山医科大学附属第一医院，直接进了重症加强护理病房（ICU）。

这里设备更先进，医生水平更高，服务也更加周到。然而，林武雄并没有马上脱离危险，多日仍处在昏迷之中，在ICU一个多月才转危为安，转到了普通病房。这期间，医院多次下病危通知书，连医生都认为他能够活着从ICU出来是一个奇迹。一般来说，像他这样的重伤员，在里面抢救一两个星期如果还不见好转，基本上就没有一点生存的希望了。

从鬼门关里转一圈最后又能幸运地活着回来，一方面是因为医院的精心治疗，另外也是林武雄强烈的求生欲望救了自己。一个多月时间里，稍微有点意识之后，他多数是在似梦非梦，似醒非醒，迷迷糊糊的混沌中度过的，经常感觉自己是在与魔鬼搏斗，有时候好像被打入了无底深渊。在苦苦搏斗与挣扎之中，他常常能感受到亲人的力量在支撑着他。“我不能死，也绝对不会死！”他无数次在心里默念着这两句话。

“那时我的孩子还小，刚出生，不满1岁，如我离开了，我的孩子、妻子、父母、兄弟姐妹，他们该怎么办？我是因为家人而挺过来的。”说这话时，林武雄眼含泪光，一个男人对家人强烈的责任感和深厚的亲情，显露无遗。

这次重大车祸，林武雄右胸留下了一道尺余长的大伤疤，这是刻在肉体上的永久记忆，让人见了不寒而栗。而在他精神上，留下的改变更大。

一个人大难不死，对生命无常、人生苦短的体会更加刻骨铭心，很可能促使生活态度向两个方向发展：追求享受与加倍奋斗。

对林武雄来说，过去的积累已经让他跨入了富裕阶层，而且经此一劫，身体元气大伤，今后每天喝喝茶，打打高尔夫，过着一种悠闲自在的生活，有条件也有必要，无可厚非。自古就有及时行乐的说法，古人甚至咏出“为乐当及时，何能待来兹？”的诗句。

但他没有去过这种生活，而是选择了更加努力地奋斗。“人活一世不能虚度，必须有作为，用爱心对家人、对社会肩负起更多责任。度过一难，我深深感受到人生干事的时间太短，必须与生命展开竞赛。”林武雄说，做企业就是为了给家人给员工带来更好的生活，给社会带来有益回报，这样才感觉人生是有价值的。

在治疗过程中，家人始终陪伴在医院，林武雄更深刻地感受到亲情的温暖。另外，他也收获了太多来自亲人之外的爱心。“广州中山医肝胆外科梁力建大夫当时负责我的抢救治疗，不仅医术高超，而且无比敬业，他的救命之恩，我终生难忘！”林武雄感激地说，后来他与梁医生成了挚友。

伤愈之后，林武雄加强了锻炼，他带着满满的正能量，微笑着再次回到了生意场上。直到2002年之前，夫妻俩齐心协力拓展规模，打造品牌，生意做得越来越好，也开了分店，而且每家分店一年都有几十万甚至上百万盈利。除了代销服装之外，他们还创立了属于自己的蒙巴顿品牌，从设计生产到定价销售，实现了全程掌控，利润率更高。到了后来，店面主要的利润都来自自主品牌的销售。

从销售五金到销售服装，林武雄成功地完成了这个小小的跨界。到2002年，因为家族生意的需要，他又将再次进军一个新领域。

5. 兄弟同心，其利断金

林武雄几位兄弟成年之后，各自都有自己的生意。怎样把大家的资源整合起来，在市场上形成更大合力？这是一个复杂的课题，林家人一直在思考。

弟弟林木雄于1999年在澳门科技大学读MBA，接受了很多国内外领先的企业经营知识和理念，触动很大。在林木雄倡导下，2002年3月，在公司成立之时，兄弟们抓住龙岗区政府对国有企业进行改制的大好机遇，投资300多万元全资收购了龙岗区药材公司，成立了深圳市一德堂医药连锁有限公司，把医药产业作为事业发展的新引擎，由林武雄负责运营。于是，林武雄把自己的服装生意交给太太打理，全身心投入到连锁药店的经营之中。

新公司虽然是股份制，但很明显带有浓厚的家族色彩。林武雄和弟弟都意识到，简单地把各方捏合在一起，用传统的家族企业的那一套来管理不行，必须引入现代企业管理制度对新公司进行再造提升，这样才能突破传统家族企业的弊端，实现1+1大于2的效果。于是他们从社会引进人才和资金，在公司内部推行了一系列的规范化管理。

“2002年我们人才引进，请武汉省级国有企业总经理郭总，到公司担任副总。当年我就在他那儿进货，相互了解，关系很好。他这人能力强，有魄力，为了过来跟我们干，把老家的房子都卖掉了。今天还在我们集团，具体负责PVC胶管这块业务。”林武雄说，要淡化家族企业色彩，首先必须改变“用人唯亲”，要放眼五湖四海，用人唯才，后来随着公司业务发展，从社会上招聘的人才越来越多。

注重企业文化的建设和提升，向现代企业迈进。林武雄举例说，比如公司的取名和LOGO设计，都是专门花钱请专业机构做的。“一德”两字的内涵极其丰富，其中数字“1”来源于中华古老的道家文化，即道生1，1生2，2生3，3生万物，“1”是万物的起源，彰显了公司博大的胸怀和深厚的根基。另外，这个“1”还代表了一流的团队、品质、技术、服务等。“德”代表了“做人以德为先、做事以诚为本”的立世原则。“一德载物、精进向善”，反映了公司的核心价值追求。

在管理上，按照国家法律法规和公司制度来进行，比如新公司成立不久，就开始给所有员工购买社会保险，这在当时规模不是特别大的民企之中，能够做到的还不是太多。决策上该开会的开会，该讨论的讨论，有严格的程序，不是拍脑袋做事。

向现代企业迈进的过程中，公司管理水平不断提升，业务不断拓展，规模不断扩大。在一德集团大事记里，有这样一些记录：

2007年年初，控股成立了无锡市润信德房地产有限公司，首次涉足房地产领域；

2007年8月，收购韩国正皇庄药业（国际）有限公司，投资注册成立深圳市正皇庄中药饮片有限公司；

2008年7月，一德堂医药和南京有关科研部门共同研发的高科技产品“一德堂牌牦牛骨粉活性钙胶囊”（一德堂固葆），获得了国家食品药品监督局颁发的“国家保健食品批准证书”；

2009年9月，投资参股深圳市富坤创业投资有限公司，公司注册资本1亿元人民币，并与重庆市政府共同发起创立了“重庆富坤创投基金”，基金规模6亿元人民币；

2009年6月，深圳市一德投资控股有限公司正式成立；

2010年7月，投资参股浙江中新力合担保有限公司，注册资本5.3亿元人民币；

2011年3月，集团投资改制国有的深圳市兴业融资担保有限公司，公司注册资本35294万元人民币；

……

跨国收购医药公司，研发自主品牌医药产品，参股或独立成立投资公司，进军担保行业，投资开发房地产，这些只是他们在医药、金融、地产等领域一连串动作的一部分，从中可见公司审时度势，拓展的步伐是多么铿锵有力。这期间的2009年6月，在管理架构上成立了深圳市一德集团有限公司，统筹所有业务。到2013年，一德集团入选“广东省企业500强”，2014年荣获“广东省服务业100强”。2012年，集团总部实现“华丽转身”，从龙岗搬到了深圳市中心区CBD荣超商务中心，办公面积约4000平方米。如今，已经成为一家以医药物流、药店连锁、医药电商、中药加工、商贸连锁、五金塑胶工业等实业公司为基础，以金融投资、房地产投资开发为战略主线的大型综合性集团公司，旗下共16家子公司，管理总资产超过50亿元人民币。

作为一家带有家族色彩的现代股份制公司，现在的一德集团实力雄厚，知名度高。这是家族成员携手创业并取得巨大成绩的典范，探究背后的原因，有很多可资借鉴的宝贵经验。

在生意场上，大家都知道潮汕人地域观念浓，相互关照，抱团发展。和很多地方相比，潮汕人家族观念同样很强，即使现今，很多人骨子里仍然恪守儒家学说和传统家庭伦理，父义、母慈、兄友、弟恭、子孝的观念根深蒂固。重视亲情和家族关系，让潮汕地区走出了很多辉煌的家族企业。

林家是个充满浓郁亲情的大家庭，子女孝顺父母，兄弟姐妹之间关系都特别好，如同手足，在社会上形成了良好口碑。“打虎也要亲兄弟”，正是这种亲密无间的亲情，成为他们合伙创业的巨大凝聚力和推动力。

“家族成员一起创业，忠诚度和灵活性都很强，优势很多，但成员之间如果处理不好角色关系，甚至公私不分，也会负面多多。”林武雄说，公司作为社会化组织，它与家庭是不一样的。在家庭讲亲情，在公司则要讲规矩，这是非常重要的原则问题。

自2002年以来，林武雄负责过集团医药业务，担任过富坤投资总经理和集团总裁、董事局副主席。林木雄虽然在家排行老三，是他弟弟，但在集团是董事长、掌舵人，工作上林武雄始终摆正与弟弟之间的关系。“建堤坝要有大石头和小石头，在我们家族生意里，我应该算是那个建堤坝用的小石头吧。在公司是我弟弟说了算，家里是我大哥说了算，兄弟们角色分工明确。”在公司里，林武雄埋头干活，耕好自己的一亩三分地，全力配合弟弟驾驭集团这只大船乘风破浪。在大家庭里，除了照顾好自己的小家之外，还要花很多精力去孝顺父母，每次父母生病，他总是到医院陪护，减轻兄弟姐妹的负担。

兄弟同心，其利断金。林家亲人之间不仅关系融洽，而且书写了家族创业的辉煌篇章，林武雄在其中功不可没。

6. 读北大汇丰EMBA充电

人需要不断“充电”，能量守恒，一个人能量再大，也有耗尽的一天。人也需要改变，吃同样的饭，走同样的路，看同样的风景，时间久了就会疲惫甚至厌倦。

从1986年离开校园，全身心奋战在生意场，凭着智慧与勤奋，林武雄很早就跨入了成功者行列。然而时间长了，他总感觉自己的人生和事业进入了一个平台期。这时候他想通过到大学读书来寻求突破。

2014年8月，他不仅自己跨进了北京大学汇丰商学院，还动员来了自己的侄子和两位朋友。美美与共，读书既然是好事，那就要与人分享。

成功人士做事都有一个特点，目的性极强，对为什么做一件事想得清楚明白。在国内外众多商学院中，北京大学汇丰商学院特色鲜明，是公认的商界军校。选择在这里读EMBA，林武雄有三大目标：长知识、拓人脉、砺意志。

每次上课，林武雄总是坐在教室最前面，全神贯注地听，虽然很少动手记笔记，但老师讲了什么，他立马就会联想到自己公司实际，当场消化。他总是跟人说读完EMBA，自己学到了大量宏观经济、商业模式、企业管理和金融学、会计学方面的知识，而且用这些知识提升了企业管理水平，收获满满，包括赚钱。

林武雄很喜欢举一个例子，2015年股灾之前，北京大学汇丰商学院欧阳良宜教授讲金融课时，说到了17世纪荷兰郁金香事件，这场非理性的投机活动泡沫破灭之后，无数人倾家荡产。在这之前，林武雄还从未听过这个故事，欧阳老师讲完，有大笔资金在A股里等着“梦圆万点”的他，几乎吓出一身冷汗，太危险了，狂飙突进的股市击鼓传花，多么像当年炒作郁金香！他决定立即清仓似地卖掉所有股票。

“果然，我卖掉不久股市就几近崩盘，连续多天出现千股跌停，恐怖至极，周围好几位朋友血本无归，而我却赚了一千多万。”林武雄用充满感激和自豪的口吻说，自己读北京大学汇丰学费加捐款一共花了200万，但立竿见影挣回来的钱就远远超过这个数，“我读书赚大了”！

在拓展人脉上，林武雄也有收获满满。读书期间，他担任EMBA2011班班长，毕业后被推选为EMBA校友会执行会长。如果说EMBA学员中有“学生领袖”，那他无疑是其中闪光者之一。

EMBA学员都不是一般人，多数是各界精英。在这个群体中要赢得别人认可，必须有令人心悦诚服的地方，否则人家根本不跟你玩。林武雄身上具有与生俱来的真诚与谦逊，这是获得他人好感的天然黏合剂，加上他又把服务精神发挥得淋漓尽致，在校友中迅速赢得良好口碑。

作为商界军校，北京大学汇丰学院EMBA的第一课是军训，这也是新学员相互之间第一次亮相、认识。在广州黄埔训练基地，军训异常辛苦，林武雄悄悄安排公司人员买来葡萄、香蕉、苹果、车厘子等新鲜香甜的水果，供大家在训练间隙补充能量。这件小事让同学们一下子记住了他，而且从内心里产生了好感。后来，他又给班级捐款50万元，给校友会捐50万元，给戈友会捐30万元。没有花完的班费，他还主动提出交给他理财，确保18%的年化收入。从时间精力到真金白银，他都真诚地为同学、班级和学院做着贡献。

付出总有回报，林武雄以真诚的付出赢得了友谊、人脉，同时生意上也有收获。读书期间，他刚好担任一德集团富坤投资总经理，做股权投资就是要做好募、投、管、退，在校友中影响力大了，不仅募集到不少资金，也遇到了一些优质项目。“我们潮汕人爱说一起发财，现在看来，跟我们合作的校友都有不小的收获，实现了共赢。”林武雄欣慰地介绍。

“玄奘之路”商学院戈壁挑战赛，是在华语商学院EMBA学员群体中开展的一场具有深厚文化背景的体验式赛事，赛点设在甘肃瓜州的戈壁。据说一千三百多年前，玄奘大师在这里曾遭遇追杀、背弃、迷路，历经生死劫难，仍然誓言“宁可就西而死，岂能归东而生”，最后成功取回经典。参赛队员要在四天三夜徒步穿越112千米的戈壁，以西天取经的精神领悟“理想、行动、坚持”的成功法则。

林武雄知道这项赛事之后，如获至宝，立即报名成为学院正式参赛的A队运动员。了解他的人都捏了一把汗，他能够完成这样的赛事吗？有人劝他不要去冒这个险。要知道，那场差点夺命的车祸之后，他一直是家族成员重点保护的对象，胸部巨大的伤疤也时时提醒他，注意保养！

意志如刀，需要常磨常砺。林武雄下定决心，要在挑战戈壁中挑战自我。报名之后，他跑步的频率和强度加强了许多：每天早晨6点钟起床，长跑10千米。

2015年5月22日，瓜州锁阳城一声枪响，“戈十”正式开赛。“穷荒绝漠鸟不飞”的戈壁滩上，此时烈日炎炎，白天地表温度高达48℃，“03A03”号的林武雄全副武装，但也挡不住烈日的炙烤与风沙的肆虐。第一天他就尝到了戈壁赛的艰辛，资源有限，吃饭用干粮果腹，喝水得合理控制，晚上浑身臭汗却无水冲凉。“轮台九月风夜吼，一川碎石大如斗，随风满地石乱走。”诗人岑参笔下的风，白天像刀子一样“割面”，晚上像要把帐篷连根拔起。林武雄躺在帐篷里腰酸背痛，很想好好休息，却被这风呼啦啦地搅得难以入眠。到了最后一天，身体消耗几乎达到极限，很多队友简直是一步步往前“挪”。林武雄脚底起泡，腿如灌铅，凭借超人的意志，他尽量跑得更快。尤其是快到终点时，竟然像打了鸡血一样，挥舞双臂，呐喊着冲了过去，令所有队友动容。这天他作为替补队员取得了骄人成绩，前六名同学是主力，虽然自己体力一般，但也争取当了那天的第七名。

“真正的勇者，不是没有眼泪的人，而是含着眼泪奔跑的人。”这是林武雄特别喜欢的一句话。他用行动挑战了身体与意志的极限，证明了“我行”。“112千米的戈壁，好像是浓缩的人生和事业之路，走过这112千米，对我的影响太大了。”林武雄每当谈起戈壁挑战赛，就有一种自豪感。

第二年，林武雄不仅再次报名参赛，而且出任“戈十一”北京大学汇丰商学院组委会主席。这次在磨砺意志之外，他更加体会到了什么叫“戈壁友谊”，走过茫茫戈壁，都是姐妹兄弟！

从16岁离开校园投身生意场，林武雄失去了系统接受高等教育的机会。这次在北京大学全方位充电，让他能量更足，今后的创业之路走得更为精彩。

7. 再次创业做医药电商

2014年，对林武雄是另外一个重要节点，除了选择去北京大学汇丰商学院读书之外，他还做出了一个重大决定：二次创业！

经历车祸之后，林武雄更加悟彻到人生真谛，活着就是要不断地让自己和亲戚朋友活得更好，不断奋斗的人生才有价值！在家族生意中当“绿叶”和“小石头”固然也不错，但他总觉得还少了点什么，内心常有再单独干出一番事业的冲动。

44岁的年纪不大不小，再创业的起点不是一张白纸，有优势也有劣势。选择什么样的战略方向？这是首先必须面对的大问题。经过细致调研和反复思考，他最后锁定了医药电商。

生意场上讲究“做熟不做生”，何况人到中年。医药是他做了十多年的

老本行，有经验和实业的基础。当时一德堂医药连锁已经是深圳地区广为人知的老字号品牌，是龙岗区医药零售行业最大的企业，拥有实体门店，而且2012年获得了广东省首家“互联网药品信息发布资格证书”、“国家互联网药品交易服务资格证书”，实力雄厚。

其次是医药这块产业的蛋糕足够大。医药产业涉及医药产品、保健用品、营养食品、医疗器械、保健器具、健康管理、健康咨询等多个与人类健康紧密相关的生产和服务领域，人口老龄化、经济增长、城市化进程加速，等等，都将给这个行业带来持续的发展动力。据《2013中国卫生统计年鉴》的统计，2012年我国医药卫生总费用支出已达到27845.8亿元，占当年GDP比重的5.36%。根据国家食品药品监督管理总局南方医药经济研究所编著的《2014年度中国医药市场发展蓝皮书》，我国医药工业总产值2007年为6719亿元，2013年上升至22297亿元，年均复合增长率高达22.13%。预计到2020年，中国将会成为全球仅次于美国的第二大医疗市场。农村出生的林武雄深知，农民种地要选择肥地，瘦地上再折腾也长不出好庄稼，创业同样也要选择“肥地”。

“医药电商是典型的互联网+，医药是很肥的传统行业，电商是新经济，代表未来。”一直关注行业动态的林武雄看到，医疗消费的电子化、数据化、网络化、个人化是大势所趋，这里面机会无限，当然也挑战无限，“这正是我所喜欢的，这会激发斗志和潜能。”他说，当时从国家食品药品监督管理总局官网查询到准许经营医药电商的牌照共有752张，但752张牌照中实际在运营的公司还不到100家，由此可以看出医药电商还是蓝海。网上药店销售规模占整个医药零售市场的比率，那时候美国是30%左右，我们是8%。

看准了说干就干。林武雄在收购一德公司医药零售资产和打造创业团队上，用了两招：一是众筹；二是同股不同权。他从众多朋友中找了一些有实力的，筹集了几千万资金，这些都是长线投资，耐得住寂寞，不会一投进来就三天两头催着分钱。另外，以较低的价格让所有高管团队都拥有一定数量的股份，用利益把高管和公司紧紧捆绑在一起，让他们一心一意而不会三心二意。这样下来，林武雄作为公司创始人手中留下的只有40%多的股份了。

在股权架构设计上，让更多利益攸关方拥有股权，通过建立休戚与共的关系，可以凝聚更大的发展动力。但也有一个弊端，在通常情况下股权就是话语权，创始人让出的股份越多，意味着自己手中的股份就越少，如果因此导致不能掌控公司的运营决策，无疑对公司长远发展和创始人本人都极其有害。

如何避免出现这种情况？林武雄从EMBA课堂上学到的“同股不同权”知识帮他解决了难题。他回忆欧阳良宜老师讲这方面内容时，举了阿里巴巴的故事。马云只占8.9%股份，但却巧妙地通过股权设计和董事会设计，以少控多，牢牢掌握着阿里巴巴经营决策权。第一和第二大股东软银和雅虎占有阿里巴巴高达65.9%的股权，基本上只享有股权分红权。“我现在实际股份占百分之四十多，但有百分之八十多投票权。”林武雄对目前的股权设计非常满意，既有效发挥了股权激励的作用，又避免了公司控制权被压缩甚至旁落。

通过股权激励还有比较高的薪酬，一德堂医药电商引进了不少业内一流人才。翻看公司介绍资料，可以看到核心团队多数都有名牌大学MBA、EMBA学位，有的还有海外留学经历，年龄上都是中青年，整体上非常年轻化。有人说，创业就像婚姻，没有共同信仰无法一起走到幸福的彼岸。这些人才不仅有亮丽的学历背景，他们志同道合，有共同目标。无疑，这是一支能打硬仗的队伍。

战场上要能打出胜仗，统帅的作风非常关键。此时的林武雄时时提醒自己，现在是二次创业，与前几年在成熟的一德集团工作不一样，要在新公司打造一种创业文化，这种文化的核心就是艰苦拼搏。世界上没有免费的午餐，天上也不会掉馅饼，要满怀激情地去拼抢。自从一德集团总部搬入深圳市中心之后，他就住到了附近的豪宅区。但新公司在龙岗，为了与员工同吃同住，他专门在公司办公楼里安排了一间宿舍，和太太白天吃公司食堂，多数晚上就住在那里，周末才回到市中心舒适的家里住一住。“到公司前线白天晚上都能了解情况，吃饭的过程中就可以与高管交流。互联网相关的公司要扁平化管理，及时了解一线信息，做决策更快也更准。”他认为这样做有很多好处，对员工有巨大的带动作用，老板都这样拼命，我们没有理由不奋力！

二次创业起点高，目标也高。一德堂医药原来是做传统的医药物流批发、线下药店连锁的，林武雄收购零售部分业务后，瞄准建设中国一流的医药电商体系目标，重新对其商业模式进行战略定位，归纳出来就是三大关键词：平台+品牌+生态。

首先来看他如何打造平台。谁都知道平台对网络电商的重要性，但平台搭建技术上不是太难，找一帮IT人才就行，但平台建成之后，没有流量、粉丝和人气，这样的平台就像建了一个大商场却没有顾客，建的再大再豪华再漂亮也没多大价值。有人选择烧钱的方式来汇聚人气，但林武雄不想这么做，他认为对自己的公司来说这样做风险太大，尤其是一旦资金无法跟上，资金链断裂会造成严重恶果。他选择了借力，先重点在天猫、京东、1号店、微信商城等第三方平台上开设旗舰店，然后再把流量引到一德堂官网这个自己的平台上。这样做投入少，稳健易行，很快就建立起网上销售渠道，当然也有缺点，很难有爆发性增长。

有了网络渠道，再加上一德堂原有的门店，就形成了线上和线下销售的闭合平台系统。为了给消费者购物提供更多线下方式，他们还研发了无人售货机，在全国很多城市人流密集的商业区投放。

其次是品牌打造。这是林武雄一直努力的重点，按他的话说就是“花了很多心思”。“以我们的情况要把平台做大非常难，在有了一定的粉丝之后，我们就把重心放到了品牌上。”林武雄说，一个人做事要敢想敢闯，但也要求真务实，正如海闻教授说的“海阔天空地想，脚踏实地地干”。

品牌意味着更大利润，它本身就是企业的核心竞争力。经营服装时，他推出了自主品牌“蒙巴顿”。后来经营医药，又先后推出了有自主知识产权的保健品品牌“固葆”和医疗器械品牌“康耐”。现在做医药电商，上述品牌当然都可以从线下搬到线上继续发挥作用，但肯定还要针对电商特点，再创出一些自主品牌。经过深入调研和研发，最后推出了“多宝先生”等自主品牌。

做自主品牌，创新和研发是关键一环，而做好这一环必须靠人才。对一家创业公司来说，除了自己大力引进和培养人才之外，还必须善用外力。一德堂电商与高校搞产学研合作，先后成为广东省院士专家企业工作站，广东财经大学实践教学基地。借用院士等高精尖人才的智力资源，多渠道做研发，大大加强了公司的研发实力，目前公司已经获得国家高新技术企业认定。

第三个关键词是“生态”。建设医药电商及品牌生态是林武雄和他的团队的最终目标，要达到这个目标极其艰难。在公司的规划里，先在新三板上市，然后转到主板。在这期间先练好内功，有了充裕的资金，在合适时机启动兼并上下游产业，打造产业链生态闭环。

公司2016年启动了资产证券化上市进程，进行了企业经营全面规范化工作，扩大产业集群。由于公司的发展需要，2017年1月进行了新的办公地址搬迁，办公地点位于龙岗区香玉儿工业园。新办公地点面积5000多平方米，配套设施完善，将更加适合公司未来的发展。

但做任何事情都不可能一帆风顺，医药电商公司的发展有时顺利，有时遭遇波折。碰到问题迎面而上去解决，公司就会一往无前向前发展。就在公司爬坡遇到困难的时候，2018年年初，一德集团在龙岗区开发的一个地产项目急需林武雄去全权负责，出于家族利益考虑，他只得把公司转让给别人。“二次创业”虽然不是特别完美，但对人生来说，经历就是财富，想做的事情去做了就是一种收获。现在，林武雄又激情满怀地活跃在龙岗地产项目的现场。

8. 创业是一个自我修炼的过程

2015年12月29日，首届中国深商大会暨深商联十周年庆典在南山保利剧院举行，王石、马化腾、冯仑、许家印、王文银等商界大咖云集。在这场被誉为“深圳经济奥斯卡”的盛会上，林武雄等十位深商荣获“深商风云人物”，获奖理由称他“书写了又一个传奇商业故事”。

深圳是中国最成功的经济特区，是世界有影响的国际化大都市，能够获评“深商风云人物”，证明了其非同一般的个人实力和江湖地位。从小出生在普宁，熏陶于潮商文化之中，如今在商界拼搏了三十多年的林武雄，书写了商业传奇，积累了丰富的营商经验，对“商道”有着深刻理解。

作为潮商中的一员，林武雄认为潮商之所以驰名中外，跻身中国商帮翘楚之列，主要是他们团结、勤奋、反应快。“潮汕人做生意很抱团，如果干一个大项目，用钱很急，你个人信用好的话，一个电话就能搞定一大笔钱，合同可以后补。”林武雄说，纵观各地商会，潮汕商会肯定是做得最好的之一，这种商会文化体现的就是认同、抱团。

潮汕人做生意大的方向定好了就会干了再说，不会瞻前顾后。林武雄对此有切身感受：“我们从在老家做回收钢材处理和五金生意，发现了商机就来到深圳，来深圳后又发现服装生意挺好做的，我就和太太一起跨界做服装，之后又发现医药这一行业，我们就做医药，再积累人脉后又开始做房地产和金融。机遇稍纵即逝，不会等人，我们都是看好了就马上去干。”

创业就是一个自我修炼的过程，去经营一家企业，去做某个生意，影响其能否成功的因素很多，在林武雄眼里，“练好内功”是关键所在。“内功”包括个人修养、能力等，这方面他有很多“关键词”。

第一，与人为善。“就是你做一件事情要让别人开心，要时刻想到别人，学会换位思考。要双赢、多赢，有好处、利润要合理分配，不可独享。”林武雄认为，能不能与人为善，体现一个人心胸的大小。“一德载物，精进向善”是一德集团的核心价值观，做人首先是德与善，有了德与善，才有发展与精进。

第二，尊重下属。创业者要把事业做大，就必须团结一帮人组成团队。如何对待下属？一般有两种取向：一种是控制；另一种是尊重。林武雄说，他一直以来实行的都是尊重取向。

第三，危机感。创业者要未雨绸缪，任何时候都要有危机感。如果把失败想透，想不成功都难，其实这正是逆向思维的精华所在。旱时，要备船以待涝；涝时，要备车以待旱。尤其是在创业之初，不仅要想着成功，还要想想一旦出现失败怎么办。

第四，自律。他认为成功的创业者在自律上甚至要达到自虐的程度，以此养成良好的生活工作习惯。他每天早上都会跑步5千米以上，除了锻炼身体以外，跑步让他头脑更清醒，意志更顽强。

第五，专注。要做高门槛的生意，跟少数人一起成功，选好了行业就要做一行爱一行，持之以恒做下去。就像在地上挖井，一直要挖出水来。见异思迁，半途而废，永远不会有大的收获。

第六，学习。做得好的时候不要满足于现状，要经常接触新的东西，不能故步自封。当今社会变化一日千里，新生事物层出不穷，只有善于学习的人才能跟上时代。创业者要引领某个行业，颠覆迭代某些东西，更是要终生保持好奇心，坚持不懈学习。

在林武雄心中，创业关键词还远不止上述这些，比如激情、责任、忍耐、创新等，他在实践中有太多感悟。

小时候，父亲一直很注意培养他的经商能力。自己有了孩子之后，他把这一优良传统继承下来，用心培养孩子。言传身教之外，他尤其重视在实践中锻炼孩子。虽然一德集团有很多企业，但为了让孩子有更真实的体验，他有时特意把孩子送到别人的企业去实习。有一年在美国读大学的儿子放假回来，他把他送到香港的店铺站柜台，一天十几个小时，连续工作了一个多月。当孩子用人生拿到的第一份工资买了礼物送给他和太太时，他被深深地感动了，孩子长大了、成熟了，而这正是他希望达到的目的。

“现在很多年轻人问我创业的事情，我总是回答他们创业要有准备，不管是心理准备还是其他准备，都要比别人多花时间。”林武雄认为，现在创业成功的概率比以前少得多，要提高胜算率，避免失败，自身就必须修炼出更多优势。比如有些大学毕业生，不要一毕业就去创业，出来至少要打三年工。开始创业不能好高骛远，人生的伟大目标都是从养活自己开始，能把小事干好的人，成功的概率更大。

“我对自己的小孩，也是这样教育的。我的事业，他们不一定喜欢。我对他们说，毕业后去打三年工，想创业了，我会给你们一点点小钱。去打工能了解底层员工的生活和感受，等你创业了就会感同身受，知道如何带队伍。”林武雄说，他也会时常给孩子一些危机感，告诉他们，你们谁也不能靠，只能靠你们自己，要自力更生。“我也是苦过来的，我跟我爸爸也是联合创业，但人生的路主要还是靠自己走出来。”

德行四方天地宽

深圳市前海禄凯投资集团有限公司董事长张译丹

立业者名片：

张译丹，女，1963年出生，1987年开始创业，深圳前海禄凯投资管理有限公司董事长。

立业者座右铭：

心怀感恩，敬畏自然，追求完美。

这个从庐山南麓走来的女孩，沐浴阳光，踏着风浪，一路走来，直到走进北京大学的课堂。

她是那么优雅，那么雍容。在北京大学读书的日子里，她的思绪总是不由自主地翻涌着阵阵波澜……

她感谢父母给了她如此宝贵的生命，带她来到这个世界，享受人间的一切美好。她感谢这个伟大的时代，她随着时代的脉搏在成长的道路上品尝了一番番历炼的苦辣与甘甜。

她从幼稚走向成熟，从成熟走向成功。今天终于以一个中国优秀女企业家的身份走上了北京大学这个神圣的课堂，此刻怎能叫她不心潮澎湃？

她，就是深圳市前海禄凯投资集团管理有限公司的董事长——张译丹。

1. 从小热爱读书

江涛拍岸，山如屏风，水如佩玉。彭泽，一座山水相宜的秀丽之地。这里曾是陶渊明的为官之地，他做了八十多天的彭泽县令，为世人留下了“不为五斗米折腰”的故事，也给彭泽增添了文化底蕴。

张译丹在这里度过她的童年。在她的记忆里，彭泽有着最美的山川土地，苍翠的青山布满野花，碧蓝的天空，白云在山间穿梭，溪水潺潺，环绕着山脚，玩伴们在这里嬉戏、打闹，享受着自然的馈赠。

沿着小溪走到山底，这里有平整的稻田、梯形的棉地，青砖灰瓦的房屋散落在稻田和棉地之间，大家日出而作，日落而息，俨然陶渊明笔下的桃花源。这一切定格在译丹的记忆里，并且深刻影响了她对环境美的认识。

那时是一个物资匮乏的年代。60年代出生的她，完整地经受了贫穷与饥饿。为了生计，少年译丹不得不跟随父母来到九江，开始了她人生道路的启蒙。

少年时期，译丹就表现出跟其他孩子不一样的特质。当同龄孩子懵懵懂懂的时候，译丹显得要早慧很多。她对这个世界充满了好奇，对未知的一切充满了兴趣。一个人的时候她常想，外面的世界是怎么样的呢？我的未来会怎样？后来，译丹发现，读书是认识这个世界最好的方式。她沉浸在书籍带来的世界里，常常在新华书店一待就是一整天。现在她还依然记得雨果在《悲惨世界》中的一段话：“无论怎样，在这世界上的确有一些人能在梦想的视野深处，清清楚楚地望见绝对真理的高度和无极山峰的惊心怵目的景象。”

尽管那时仍是一个信息闭塞的时代，译丹生活在一个狭小的天地，如同笼中鸟一样，但书籍丰富了她的视野，使得她的心灵逐渐宽广。通过这些书籍，译丹知道生活的道路上充满了苦难，却依然还有更美好的一切。正因为感悟的这一切，年轻的心开始变得成熟，她开始用更深沉更富有情感更善良的心，去感受生命的一切。

2. 下海赚到人生第一桶金

毕业后，译丹被分配进九江市整流器厂，成为一名普通的无线电女工。这是一家当时在九江市很不错的无线电国营单位，上班穿着白大褂，工作环境干净舒适。流水线上的工作虽然机械重复，但在那个年代能够进入国营工厂，不仅意味着收入有保障，更是稳定的象征。

稳定又有保障的生活，对一些人意味着幸福，但对从小就热爱读书，有丰富的内心世界，渴望追求自我价值的译丹来说，这样的工作是套在身上的枷锁。车间安稳的生活没有给她带来快乐，她不想如同一台机器似的机械地重复几个简单的动作一直到老。她决定冲出樊笼！

丢掉铁饭碗，自己创业！

1987年冬天，一次小学同学回乡省亲更加坚定了她的想法。这位同学离开九江后，去了深圳，后又去香港开厂做进出口贸易，同时还在九江做床单的出口生意。一条床单出口国外就能赚到10美元。同学出手阔绰，在一家高级酒店里宴请同学，一次就花了300多元。这让月工资只有36元的译丹大感震惊。最重要的是同学谈吐间的新名词、新思维、新观念，对她触动更大。那个她脑海中的外面的世界仿佛向她扑面而来。

弃工从商，这个想法一跟家人提起就遭到了反对。家人不理解她为什么瞎折腾。别人求之不得的好工作，她非要丢掉。下海的风险有多大？有多大的成功率？可译丹骨子里的不安分让她决定必须去出去闯一闯，试一试。她毅然办理了停薪留职手续。

创业之路饱含艰辛，可也总是充满希望。“冬天最冷的时候，春天就来了”。译丹的创业之路，开始也举步维艰。同学的经商经验对她来说无法复制。她仅有的财产是一辆旧自行车。没有创业资金、没有后台背景，没有人脉资源。但她并未因此放弃，她只有一个信念：一切都会好起来的，我要做得更好！

一个偶然的机会，一个朋友找到她："最近批发卫生纸利润很大，这是一个空白地带，你想做的话我可以帮你，但你要有2000元本钱才行。"

2000元！这对当时的译丹来说不啻于一个天文数字！她每个月工资才三十多元，给孩子15元生活费，剩下十多元得吃穿用，每个月不到月底，兜里早已一干二净！去哪里弄这2000元做本钱？万一失败了，拿什么还？即将出嫁的妹妹给她送来了自己辛苦攒下来的2000元钱嫁妆钱，也给她送来了起跑的希望！靠着这2000元钱，她做起了纺织厂的飞花生意。飞花是纺织厂生产过程中产生的漫天飞舞的飞絮，纤维很短，对纺织厂没有多大价值，因此也叫废花。但收集起来的飞花却是造纸的原材料。译丹花费300元一吨购进飞花，1100元一吨卖给一家纸厂做造纸原料，中间将近800元差价就是最后的利润！

译丹至今依然清晰地记得当时的情形：从纺织厂里用1500元拿到5吨货，顺利地把货送到厂家，一车就赚到4000元钱！送货、交货、结账，一切进行得很顺利！第一个4000元到手了！在1987年这可不是一笔小钱，它比一个人两年的毛收入还要多！拿到这笔钱的译丹一个晚上都激动得无法入睡！这是她人生的第一桶金啊！

以后，她账上的钱无论再怎么滚雪球般膨大，对她来说，她也永远忘不了最初赚到的这4000元，这个4000元是对她创业起步最好的肯定和鼓励。

但她并没有把这4000元存到银行或添置一件急需的生活用品，而是用这钱扩大规模，从第一次的一车货变成两车，四车……她要让资金周转得越快越好。商机只会在一时，当众多的人发现飞花这当中的巨大利润时，她就不会再有这么好的机会了。那段时间她如一根上足了发条的时钟，昼夜不停地转啊转，她从没有觉得自己如此富有精力，从没有觉得自己如此充实。

译丹发现还可以从造纸厂回来的时候把卫生纸带回来卖给九江批发商，一来一往皆是利润，这样，她的车队在路上从不空跑。

她熬过了艰难时刻，看到了曙光！

3. 只身离家深圳追梦

做了一段时间飞花生意后，有了一笔不小的积蓄，经过各方面的磨合，生意做得越来越驾轻就熟。她并不满足这些，“不安分”的她把目光投向南方的深圳。

1988年的深圳，成为经济特区已有八年时间，这个原本的边陲小镇经过改革开放的洗礼，一跃成为引领全国风向的现代化城市，这里每天都在上演着各种奋斗故事，这些故事又不断地输送到大江南北，刺激着敢闯敢拼的人奔赴这里。一次偶然的机会，有一位在深圳工作的女朋友，返乡聚会时，向译丹描述起了这个充满奋斗和机遇的城市，让她对这座新生的改革之城充满了向往。

译丹再次面临抉择，一面是生意稳定衣食无忧的小城生活，一面是充满奋斗激情与机遇的改革开放前沿阵地。在安逸和挑战面前，译丹毫不犹豫地再度选择挑战。她南下的决定依然没有得到支持，可这没有影响她的决定。一个深夜，她偷偷收拾了行李，趁着家人熟睡，只身告别生活了多年的故乡。

就这样，一个梳着马尾辫，瘦瘦弱弱的小女子拖着跟自己差不多重的行李，背着行囊，几经辗转来到了深圳。走出车站，望着如潮水般的人流，她默默地想：多少人怀揣着梦想飞到这里，又有多少人铩羽而归？只有经历过大风大浪的人才能最终勇立潮头！

4. 首次开拓海外进出口业务

来到深圳的第三天，坏消息就出来了：译丹投奔的女朋友被炒鱿鱼了！推荐的机会也不复存在了，一下子把先前畅想的场景全部打乱了。一番思索之后，译丹从随行的行李中找出了一张名片，这是在广州到深圳的火车上有过一面之缘的旅伴，她鼓起勇气，拨打了名片上的电话，没想到对方爽快答应，并约定了时间进行面试。

面试很顺利，译丹第二天就来到这家公司开始了自己的深圳职场生涯。这是一家主营大理石进出口贸易的公司，她成了这家公司的业务员。当时国内和国外都在进行大规模建设，带动了中国石材行业进入前所未有的快速发展。对于译丹来说，初次接触石材生意，而且还是关联到进出口国际市场，这已绝不是靠买卖飞花生意积累的经验就可以从容应对的。她首先面对的就是复杂的大理石知识，中国的大理石种类繁多，按照颜色分类就有数十种之多。像纯白色的北京房山汉白玉、四川宝兴蜀白玉、山东平度和莱州的雪花白等等，还有纯黑色的桂林黑、山东苍山墨玉等，数不胜数。能够有效识别各类大理石对她来说极具挑战。上班第三天，经理就要求她前往山东拿大理石样板，她连夜搜集各类大理石知识，尤其是把山东的大理石情况了解得非常深入。因为做了充分的功课，这趟出差非常顺利，领导对她赞赏有加。当时电脑已经开始应用于工作场所，对于这样一个新生事物，译丹没有因为觉得难理解而放弃学习，她利用晚上时间苦练打字，把字根表不厌其烦地背诵，把键盘上的字母位置记熟，用简单的重复练习，直到自己从满键盘找字母到闭眼盲打，从一分钟几个字到几百字。

大理石的进出口涉及国际贸易的各种规定、规则，还包括对英语的理解，译丹就报名到中山大学开办的夜校里进修国际贸易和英语。对于一个已在社会磨砺多年的人来说，重新找回学习的状态，并非一件容易的事。译丹当时住在公司提供的六人宿舍里，她刻苦学习的精神给同宿舍的同事们留下了深刻的印象。

知识储备的增加，使得译丹的视野更加的开阔。随着对业务的进一步熟悉，她开始学会不断寻找新的方法为公司创造价值。她用英语与国外客户进行沟通，寻求更多有利于业务开拓的信息。她的工作方式和成果，获得了公司老板的认可，她逐渐适应了深圳节奏和速度，转型成了一个充满自信的职场人，并且每次创造性地完成了领导交办的工作。

一次偶然的机会，译丹在江西老乡的聚会上，认识了一个从事陶瓷进出口贸易的老板，老板被她的经历所折服，高薪聘请她来他的企业工作。考虑到这家公司主营的是景德镇陶瓷的业务，来源于自己的故乡，加之能够施展的空间更加广阔，于是她开始了深圳职场的第二个旅程，一家做景德镇陶瓷进出口业务的部门经理。

这家经营出口西餐具、咖啡具、钟表等陶瓷产品的公司，业务线规模庞大，在译丹的努力下，公司第一次将这些陶瓷制品打入中东，欧洲市场。这是在译丹主导下第一次开拓的海外进出口业务。

她又一次品尝到征服的快感，如同当年在九江，倒卖飞花材料获得的利润一样！这种感觉让她兴奋，也让她感到奇妙。她感到只要对自己的工作、事业能够倾注完全的心血，事业的成就感往往总是会伴随而来，而这种感觉也会使人充满活力和斗志。

5. 考上大学，脱产学习

随着工作的深入，译丹接触了越来越多的信息，各种来自国外的新事物、新技术、新产品不断刺激着人们的眼球和思维。她发现日常零散的学习已经无法满足未来的需要，一种期望了解世界、走向世界的想法在她心底悄然扎根。于是，她又一次做出一个大胆的决定："考取大学，脱产学习"！

1992年，她考取了深圳大学的英语系专业，开始了她为期两年的求学之旅。

在求学过程中，译丹依然发挥坚持不懈的拼搏精神，努力学习英语的听说读写，经过两年的系统学习，她不仅能熟练使用英语交流，更对政治、经济等众多领域的知识有了更深入的全局性了解。这一切都为后面她的创业和事业经营提供了偌大的帮助。

来到深圳后的译丹，每天早出晚归，忘我地工作和学习，加之亚热带湿热的气候，使她脸上长满了痘痘。通过多方打听，了解到广州一家到现在还具有良好口碑的东芙美容机构，她开始体验，竟然取得很好的效果。她想，有那么多南下的女性同胞并不适应深圳的湿热气候，如果能学习到这些护理美容知识，岂不是造福于她人，致富于自己。

这勾起了译丹钻研美容事业的兴趣。她开始在专业机构学习美容知识，还考取了香港国际美容师执照。1993年，她走出了在深圳自主创业的第一步：成立一家朱丽娅（现改名为仙娜美容机构）美容有限公司。

中国的美容业起步于20世纪80年代初中期，大多数的美容院只是开在小区的家庭作坊，几瓶按摩膏和护肤润肤乳就构成了美容护理的全部。而她开设的美容院，一开始就选址在繁华区域，实行公司化规范管理，在提供的服务上，更是增设了功能性美容服务，给成千上万深圳女性提供除痘、美白、祛斑等增值服务。她在美容院的经营上，借鉴了很多在当时较为新颖的方式。如给店员提供丰富系统的培训，培训不仅包括业务知识、美容知识，还将服务标准融入其中。标准化服务的实施，给客人带来的是耳目一新的信赖和舒适，美容院的业务也很快步入正轨，并创造了丰厚的利润。

“海阔凭鱼跃，天高任鸟飞”。在深圳这片全新的土地上，她不断尝试、不断耕耘，奋斗的力量支撑着她。在深圳，她在抒写属于自己的篇章！

6. 立志做有意义、有价值、有趣的事业

对美的追求，衍生出译丹创建一家美容院的想法，而美容院的成功运行，也使她意识到自己也许能够与这个世界走得更近。然而她仍旧怀念起当初初来深圳辗转在各类商品进出口贸易时的经历。

不久，她重回贸易行当，做棉纱的出口生意。之所以选择棉纱，译丹考虑到老家江西有着很多优质棉纱，但没有合适的渠道卖出，本就对国际贸易非常熟悉的她，觉得这个是造福多方的好生意。

深圳凤宝德贸易公司就这样成立了。译丹采用在江西进棉纱卖到深圳加工企业，深圳企业再把加工后的成品或半成品销往海外国家的模式，那时国际市场的棉纱生意很火爆，刚在江西10000元买的棉纱，运到深圳时价格就涨到12000元。

看似顺风顺水的生意，其实却潜伏着危险。一个长期跟译丹合作的贸易伙伴，向译丹提出要求提取价值400万元的货物给他，货款一个星期后还，译丹鉴于他以往良好的信誉，并没感觉不妥，答应将货物调给他。但一个星期后，再去联系他时，这人却跑路了！

无论是在生意场上，还是在生活中，她从来以诚信为本。在她的词典里，没有“欺骗”“奸诈”“防备”这些商海中的必备词！

屋漏偏逢连夜雨！她还没有从生意受骗中缓过神来，这时母亲突然患脑出血住院，不省人事，不满12岁的儿子又烧成病毒性脑炎，也在医院抢救！一时间，突如其来的所有灾难都压在她肩上！

为了应对这些突发的变故，她不得不解散公司，仅保留两个员工维持基本的运转。

成功需要磨难，梅花香自苦寒来，她用自己柔弱却坚强的双肩，独自扛过了这苦难的一切！

1999年的夏天，她前往欧洲进行商务考察。

经过近12个小时的飞行，她抵达了荷兰首都阿姆斯特丹。这里市内环城水道纵横100多千米，差不多世界各地160多种语言的人汇聚在这里，共享这个国际旅游城市的繁华和美丽。

在这里她见识了什么是建筑之美！很多造型各异的建筑，有着近千年的历史，但它们依旧保留完好，沧桑中不失时尚。在阿姆斯特丹，竟有6000多座房屋属于世界文化遗产。在这里还让她领略到了人文之美！肤色不同素不相识的人，会非常友善地微笑示意。咖啡厅里听不见大声喧哗，所有的人轻声交谈，脸上宁静平和。荷兰的朋友邀请她听一场钢琴音乐会，整个音乐大厅鸦雀无声，只听见钢琴优美的旋律在空中回荡。在演出过程中没有人交头接耳。在演员进场或者退场休息时，观众们都站起来鼓掌致谢，中场休息的时候大家才排着队去外面喝咖啡、饮料。演出结束后整个会场里干干净净。这样有着建筑之美、人文之美的地方，让译丹深深陶醉！她想，我也需要改变，做些有意义、有价值、有趣的事业，远远比单纯的赚钱更能让人满足与快乐。而这个想法很久之后终于在故土生根发芽。

7. 回报桑梓再创业

2000年，九江市人民政府在深圳举办招商引资洽谈会。当时九江市在这个招商洽谈会上推出了一个民政招商项目，译丹虽有深深的故乡情，但也一时不敢做出决定，在故乡人的热情邀请下，她决定前往现场看看。回乡之后，展现在她眼前的九江市公墓区，蓬蒿野草丛生，残垣断壁，荆棘遍野，周围荒无人烟。因为太过杂乱，曾经有一位台胞回九江故乡祭祖，在这个公墓区找了三天也未能够找到自己父母的安息地，只好含泪怅然而归，临走时，这位台胞伤心地说，以后可让我怎么回故乡祭拜。这个故事深深地触痛了译丹的心，此时还有什么能比新建一个陵园更能造福故乡的项目呢！她下定了要接手这个项目的决心。

然而无论是旧墓搬迁还是改造都涉及钱，况且改造的成本要远大于搬迁。在当时，九江的财政能力既无力负担改造旧公墓的费用，也无法投入资金再造一个新的陵园，这两个方案对于财政并不宽裕的九江市来说，都非易事。思索再三，译丹做了决定："我不要国家投资一分钱，我来投资修建一个新的有文化，有品位的文化陵园！"

2000年她一投就投入了2500多万元！她要在家乡修建一座文化气息浓郁的人生后花园。从她人生第一次创业投资的2000元，到现在的2500多万元！相隔如此之大，但对她来说都是人生的重大抉择，意义都同等重要！

一切又得从零开始！好在，她已经有无数次从零开始、从零起步的经历。

在市政府的指导下，终于找到了庐山区内的贺嘉山。这里背靠庐山五老峰，远眺鄱阳湖，坐南朝北，优美的环境和绝佳的地理位置，正是绝佳好福地。译丹重金聘请专业团队，从2001年开始动工，仅仅两年时间，就把一座高起点、高标准的殡仪馆和公墓区建设起来，并把殡仪馆无偿地交付给当地政府使用、经营管理。

因是山区，当地百姓总是容易出现用水困难，译丹就投入100多万元，兴建了一座蓄水量为20000立方米的水库，解决吃水难的问题；山脚下的农田缺少灌溉设施，译丹就专门修建了近千米长的灌溉渠，使得当地农田免除了旱涝之灾、灌溉之难，当地百姓为此事还专门立了“同心渠”的纪念碑。

从建园伊始，译丹就把中华传统美德孝道文化作为建园灵魂。构建了很多以“孝文化”为主题的文化景点，让自然风貌与厚重的人文相辅相成，名人苑，人文纪念园、二十四孝大道，大佛广场，吸引了不少人驻足欣赏，贺嘉山孝道文化园的更名更是成为全国首家孝文化园。每年，贺嘉山孝道文化园都会举行与孝道有关的节日活动，把它们打造成充满孝道光辉的文化传承。每年的清明祭扫、中元大典、冬至祭祖、九九重阳、三十送灯等大型公益纪念活动，都倾尽全力弘扬中国传统文化。

义犬赛虎也在这里找到了它生命最后的归宿。赛虎是一只犬，它闻到36人即将要吃的狗肉里有毒，对着锅狂吠提醒，众人却没有反应，它只得悲鸣数声，大口吃下毒肉，不一会中毒身亡，在场的人这才发现狗肉锅里是有毒的毒鼠强。

知道赛虎以身试毒救人的故事后，译丹感动之极，她要打破常规和世俗，在这里用最好的绿化区免费为赛虎建一个雕像。她要用赛虎的忠义唤回人性，唤回人性中那些缺失的美德。现在每年清明时节，仍会有不少人来到赛虎雕像前，献上花篮，对其悼念。现在，义犬赛虎的故事已成为感动世界的故事。

译丹把多年的管理经验尽数用在贺嘉山孝文化园，一方面，她极其重视员工们的服务水平，将多年服务心得传授给员工，用温情周到的服务把每一个细节都做到尽善尽美。另一方面，她待员工如亲人。每年，她都会带着员工国内外旅游度假。让员工开拓视野，共享阳光。

如今，占地328亩的贺嘉山孝道文化园已成为一大景区，古色古香的门楼和建筑，草木郁葱，人文关怀浸润于每一个细节。这座充满孝道文化光辉的美丽人生后花园，正在造福桑梓。这期间，译丹累计回报给社会的慈善捐款就达1500万元以上，她资助过近百名家境贫寒的学子，为无数的老人排难解忧，为特困户送上温暖和雪中送炭。

译丹在家乡的成功，赢得了家乡政府和人民的信任和肯定，她担任了三届九江市政协委员、浔阳区人大代表、九江市侨联副主席等多个社会职务，许多提案得到了政府高度重视并列入解决日程。为民谋福祉，是她的奋斗目标，她要为家乡美好的未来描绘出更加绚丽的图画！

8. 终圆北大学子梦

译丹终于可以静下心来系统地读书了。2010年，她终于圆了到北京大学学习的梦想，成了北大汇丰商学院首届EMBA的学员。

北大的老师们用他们的情操、用他们的敬业精神潜移默化地净化她的灵

魂，升华着她的思想，开拓着她的视野；这里的每一位老师都有着渊博如海的学识，他们博闻强志，纵横捭阖，既高屋建瓴又脚踏实地，既高瞻远瞩又鞭辟入里，理论在他们的叙述中有血有肉，案例在他们的讲述中风生水起，每一堂课都让她感到如沐春风。她从“智慧教学法”中如饥似渴地吸吮着知识的玉液琼浆；这里的每一位同学都有着奋斗的经历，成功的喜悦，然而他们都幽默风趣，虚怀若谷，包罗万象而声色不动，学富五车而不骄不躁。通过规范系统的学习，她提高了企业管理能力，又结交了很多良师益友，体会到与成功者同行的快乐、与时俱进的幸福。

2017年，译丹成为北京大学汇丰商学院英国校区创始常务董事。

9. 开发首个旅游文化养生项目

译丹把目光投向旅游文化养生的项目，她的第一个项目在庐山西海风景名胜区。

这是一个风景如画、美不胜收的风水宝地，背靠佛教领袖发源地云居山，面朝清澈见底的千岛湖。她要在这块环境优美、空气清新、水资源丰富的宝地上修建一座抗衰老养生中心，让事业成功人士来这里这里休闲旅游度假，调养身心，延缓衰老，永葆青春容颜。她把它命名为“庐山西海龙蒙特勒国际养生中心”。

得到西海龙这块风水宝地，也是一个“偶然”的传奇。

一次去永修拓林商务考察途中，当她第一次看到西海美景时，就为之折服，并在心里祈祷能在此时找一块养生之地。途中，她捡到三箱从天而降的“旺旺雪饼”，更是让“迷信”的她认为是天降祥瑞，更为神奇和巧合的是，就在这天晚上，她的一个朋友向她推荐了湖边的这块宝地。

于是，一拍即合。

于是，一切天成。

庐山西海龙蒙特勒国际养生中心位于西海南面司马旅客集散中心对面。养生中心面朝西海，将湖光山色，千姿群岛一览无余，推开窗户即可纵览山水景色。译丹给西海龙蒙特勒国际养生中心定位是：以人体干细胞高科技养生为轴心，集琴、棋、书、画、诗、酒、茶、花、香”幸福九重门等中国传统文化交流为一体，以“高科技养生、中医养生、人文养生、禅修养心”为理念，为社会精英、成功人士开辟的一处修身养性的“人体4S店”。人们可以在这里观光度假、旅游休闲、禅修养生、文化交流，开展丰富多彩的健康活动。

她请来了英国著名设计师杰米（Jeremy Peter Samuel Morrelli）担任项目的总规划设计师。Jeremy Peter Samuel Morrelli出生于英国皇家设计世家，在美国从事建筑设计20多年，设计了许多享誉业界的经典之作。庐山西海龙蒙特勒国际养生中心当中的西海龙酒店，以中国传统神兽——龙为设计理念，传说一条沉睡在美丽西海的巨龙被唤醒，化身成为人与自然和谐相处，护佑健康创造美好生活的风水宝地，故取名为龙酒店。养生中心当中的九栋装饰精美的别墅，寓意“龙生九子”的美好传说。与酒店平行的主别墅取名为“梦想的天堂”，寓意着健康、希望与美好！从传统英国皇家风格的大门入口，到酒店屋顶的皇冠餐厅，俯瞰这些别墅坐落在一片美丽的花园之中，金碧辉煌，美轮美奂，整体建筑融合了古代和现代的风格，东西方不同的文化在这里融合交汇，建筑与山水相映成辉，形成了人与自然和谐共处的绝妙图画。

这些设想变为现实，源于译丹根深蒂固的中华传统理念，并与她所看到的西方文化相结合，东方龙与西方龙，在这里合二为一，奇妙天成。

西海龙国际养生中心项目总投资3亿元。项目整体规划面积90亩，主建筑10栋，包含西海龙文化精品酒店、蒙特勒养生中心和精装豪华别墅，总建筑面积约40000平方米。庐山西海龙蒙特勒国际养生中心建设“人体4S店”概念的提出，精准契合了国家倡导的“大健康”发展战略和十九大报告中提出的“满足人民日益增长的美好生活的需要”的要求，填补了中国高端养生市场的空白。

她要以打造百年经典传世之作的要求来建设庐山西海龙蒙特勒国际养生中心，让它成为庐山西海景区标志性建筑，成为西海湖畔一颗璀璨耀眼的明珠！她要把庐山西海龙蒙特勒国际养生中心当作窗口，把中国传统养生文化从庐山西海推广开来，不断创新，走向世界，让所有人更加健康，生活更加美好！译丹的梦想是将西海的蒙特勒国际养生项目打造成百年的传世之作。

10. 吹尽狂沙始见金

在仰望星空的同时，张译丹没有忘记把目光投向深埋着宝藏的地下。2006年1月她注册成立了九江市远东矿业开发有限公司。经江西省国土资源厅批准，取得了4个合法探矿权。这些矿权分别是江西省永修县龙口地区地热普查、江西省九江县曹家山铜金普查、江西省都昌县大港铜金矿异常查证和江西省武宁县罗溪银金矿普查。

经过公司的勘查，在江西省都昌县大港铜金矿异常查证和江西省武宁县罗溪银金矿普查中，也已发现了很好的金矿及铜异常。在江西省永修县龙口地区地热普查中，经过由浅至深系统的钻探、测温，在梅花潭段发现地热异常。经过专家进行物探，取得了地质第一手资料，效果良好，勘探工作正在继续进行之中。

这些地下宝藏，正一点点露出它们金子般的光亮，虽然这个过程非常艰辛，但译丹从不害怕艰辛，她坚信，一切成功的开始，总是艰辛在作最厚实的铺垫，吹尽狂沙之后，金子一定会闪闪发光！译丹的愿望是将这些矿业产生的效益全部回报给社会的公益事业。

11. 矿业收益全部回报家乡事业

除了在深圳总部的办公地之外，译丹有好几个项目布局在江西九江，在九江市的八里湖边，她也为集团装饰了两栋二层小楼近4000平方米的超美建筑，作为在九江公司的办公地点。

作为侨商，并且担任着九江市侨联副主席的译丹，深知海外游子们对家乡的情意，知道他们根在家乡的情结，只是他们回乡投资的渠道不畅，家属们的繁杂琐事也难以解决。于是，她决定在九江市美丽的八里湖畔，建一座15万平方米的华侨大厦。

几经踏勘，她把项目选址在九江市八里湖新区中央商务区核心地段，该区域覆盖了九江市政治、金融、体育、文化艺术、科教服务等领域。地理位置优越，交通出行便利，在这里，南望庐山，北瞭长江，拥湖入城，依山傍水，是海内外成功人士理想和向往的栖身之所。

华侨大厦占地面积24亩，总建筑面积约15万平方米，地上部分由三层商业裙楼和两栋超高层塔楼组合而成，主体建筑高度达150米。项目以高端商务、星级酒店、金融服务为主要载体，聚集总部商务、精品公寓及顶级商业配套于一体，译丹要把这座大厦打造成九江市标志性建筑，成为九江都市人文荟萃之地。

12. 打造九江高端城市综合体

张译丹热爱九江这座历史文化名城，这里有她太多创业的艰辛和成功的喜悦，她要给这座城市建造的，不仅仅是一个项目一栋高楼，她还要在九江全力打造另一个高端的城市综合体。这个综合体，就是美丽的八里岛项目。

九江“庐山八里岛”都市文旅综合体项目，选址在八里湖新区，东至云锦湾，与市民中心隔湖相望，西至排山湖东岸，北至八里湖环湖大道，南至昌九高速公路。项目总占地面积约1000亩，总投资40亿元人民币。项目集城市休闲、文化体验、生态度假、都市娱乐、运动体验、健康医疗、商业体验等功能为一体，主要产品包括系列文化主题吸引物、系列时尚娱乐项目、高端专项度假产品以及生态湿地公园。项目内容有《庐山恋曲》梦幻水秀、诗画江南光影秀、浔阳文化小镇、庐山音乐节、九江百花艺术节、八里岛冰雪节、八里岛水乐园、仙人洞冰雪乐园、长江国际水上运动俱乐部等，将为片区带来大规模的人流，同时促进周边商业区的发展，提升本地休闲品质、休闲服务内容和休闲商业氛围，成为八里湖新区乃至九江文化旅游休闲新亮点。在这个项目中，庐山国际运动度假村，水云居国际养生中心，院士分时度假快乐老家，滨湖漫步公园等构想和设计，都是独一无二的理念。项目还设计了金荷花酒店，状如九江市花荷花，整体建筑亭亭玉立，如同出水芙蓉；智慧岛文化艺术区包括教堂、文化艺术中心、国学书院，由北京大学文化研究发展中心等著名文化机构打造，传承九江悠久历史，荟萃东西方文化；欧洲风情街别具匠心的欧式建筑群，融东西文化于整体构建之中，它所传达出的关爱，或是现代人感同身受的异国情调，体现了建筑与水与人的完美和谐。高端旅游集散中心融“吃住行游购娱”六大旅游要素，为高端游客提供优质旅游服务；中欧文化艺术交流中心展示五千年华夏文明，恰似演绎中国梦的现实版本。

13. 把梦中桃花源变成现实

译丹时刻没有忘记她儿里的田园梦，她要把梦中的桃花源变为现实。终于，她在永修县江上乡找到了一处可以变成桃花源的仙境之地，她把这个地方命名为中国江西耕源美丽乡村项目。总建设面积约6000亩，总投资约50亿元。

耕源美丽乡村项目临近国家级风景区庐山西海，背靠云居山，濒临修河，处于国家顶级的山水资源聚集带上。基地规划范围总面积6000亩，是人间仙境，植被丰富，农田广阔，果园散布，山林环绕，水源充沛，是兼具丰富乡村人文内涵与优质生态资源的宝地。

译丹打算突破传统旅游的资源导向型开发模式，她要把这里打造成世界水准的健康旅游度假地，中国乡村振兴的示范基地。打造成她心目中的“耕源美丽乡村·健康度假天堂”，以乡村旅游产业与现代健康产业为支撑，构建多元产业体系，建立可持续发展的乡村振兴战略。经典农业产品系列围绕传统农田、水生田园、山林小种植园三种作业模式，设置金色田园、三莲世界、健康植园、云麓果园四类宜产宜游的农业生产体验种植园产品。听到如此美丽的描述，笔者也不禁神往之至！译丹的梦想是把这个项目打造成为全国知名的云居文化旅游小镇。

14. 张译丹的成功“秘诀”

译丹从1987年跳出体制内自谋出路，到如今成为集团公司董事长，涉猎众多产业，三十多年的历程充满了无数个奋斗的故事，一方面，源于译丹先天就有的敢闯敢拼、富有激情的性格。另一方面，她身上也激荡着很多企业家的特质，这些特质支撑着她的发展。

感恩，是译丹的人生观，价值观。

她感恩所有帮助过、支持过甚至伤害过她的人，这些人让她学到了许许多多。她给员工讲得最多的六个字是，感恩，担当，责任。禄凯集团一步步走来，每一步都凝结了她的心血，她对所有在她前行时扶一把的人都深怀感恩。禄凯集团事业蓬勃发展，她随时准备迎接许多挑战，对此她深知心中的责任。她的理想是打造百年文化企业的目标，她鼓励公司的全体员工和自己一起共同学习，共同成长。要热爱祖国，要有责任和担当。

乐观，是译丹的护身符。

人并非一生下来就会充满乐观，真正的乐观是经历过苦难后依然能奋力前行，拥抱未知。面对人生的至暗时刻，“即使全世界都处于黑暗之中，即使所有人都对你嗤之以鼻，也不要让自己心中的火光熄灭，虽然在世事面前，我们就像一盏随时会被吹灭的烛火，但坚定信念，微弱的光芒便会爆炸整个黑夜”，译丹凭借的就是这股乐观信念，克服了无数的困难，一直勇往向前。

浪漫，是译丹的特质。

浪漫的人会充满活力，他们能够保留内心的纯净，对美好事物充满热烈的追求。更多的会去感受精神世界的价值。他们会跳出物质的羁绊，享受精神世界的极致体验。

译丹每年都会到荷兰的养老院做义工，问及她为什么跨越这么远的距离做这件事时，她说以往去国内的养老院做义工时，大部分的场景是，老人安静地坐着什么都没做，或者几个人打麻将下棋，氛围安静却感觉少了什么。偶然一次在荷兰养老院体验义工，却发现这些老人如同小孩般，会自行组织舞蹈狂欢，整个养老院都在跟随音乐的节奏抖动，这对她产生了很大的震撼。为什么不能把这种浪漫、快乐带给身边的人呢？如同这样纯真的初衷，都深深植入在译丹的产业布局中。

人文，是译丹的望远镜。

译丹在践行“终身学习”的理念，浓重的人文色彩，是在与她交流时的直接感觉。她热衷公益，心怀慈悲。她个人累计回报给社会的慈善捐款就达千万元以上，她资助过数百名家境贫寒的学子，更为无数急需帮助的老人解忧排难。

人生而伟大，是因为有了积极、乐观、激情、梦想才让伟大变的饱满。

三十多年风雨路，当年那些充满汗水或泪水的日子，一转眼就成了过往，但闭上眼时，译丹分明能感受到那就在眼前。三十多年里，无数人从译丹的眼前登台又落幕，而她自己，始终以自信的心态勇敢地站在潮头。对于她的事业，她可以“为伊消得人憔悴”，但她永远“衣带渐宽终不悔”。

现在，每当张译丹回顾往日的岁月时，一幕幕令人留恋的情景在脑海展现。少年的天真、花季的烂漫、青春的绚丽，让她享受到了阳光的温暖、爱的抚育和生命的美丽。

商海的风浪、路途的艰难、人世的冷暖，让她承受了一个女人难以承受的痛苦。然而，她在艰难险阻面前丝毫没有退缩，她勇敢地面对现实，像一只海燕那样冲向咆哮的海浪，在改革大潮中显示出中华儿女的英雄本色。

经过三十年的打造，她把禄凯做成了时代的品牌，禄凯从中国改革开放的前沿城市深圳走向内地，走向港澳，走向世界，成为中国经济建设时代中令人瞩目的品牌。

尽管译丹的事业已经很辉煌，但是她仍不歇步，她有更大的理想，她要把自己的梦想融入伟大的中国梦的宏图之中。她开始把禄凯的项目从实体提升到做文化。她很清楚文化是企业的灵魂，中国优秀的传统文化是让中华民族延续五千年不变的法宝。

禄凯集团的贺嘉山孝道文化园在鄱阳湖之滨百花盛开，西海龙蒙特勒国际养生中心在庐山西海腾飞，耕源美丽乡村的蓝图吸引着世界各地的游人驻足，华侨文化大厦不久的将来在风景如画的鹤问湖拔地而起。八里岛将成为浔阳这座城市的一颗明珠！一张城市名片。

张译丹是位富于理想的女企业家，她身上洋溢着青春芳华的气息，她决心用毕生的精力把禄凯打造成中华民族的百年文化品牌！

祝福禄凯，用实力成就百年企业的梦想。

祝福译丹，在前行的路上走得更稳，更好，更强！

德行天下，昌盛四方。

成功的秘诀在既懂技术又懂市场

深圳市证通电子有限公司董事长曾胜强

立业者名片：

曾胜强，男，1963年出生，研究生学历。曾任湖南省建南机器厂研发部经理、深圳市建博公司总经理。1993年9月创建证通电子，现任公司总裁。公司于2007年中小板上市，股票代码002197，目前公司注册资本5.2亿元，总资产近50亿。公司业务涉及金融科技、IDC及云计算、LED及城市亮化三大板块，是一家高速发展的高新技术企业。

曾担任第六届南山区人大代表，不仅是杰出的企业家，而且致力于推动中国科技进步，促进深圳质量发展，获得深圳市质量强市金质奖章等荣誉。

立业者座右铭：

脚踏实地，持之以恒。

1. 中国最早一批计算机专业中专生

中国有句古话：三岁看大，七岁看老。意思是一个人未来的成就，从小的时候就能看出端倪。这句话在曾胜强身上得到了印证。

1963年，曾胜强出生在湖南宁乡一个普通的农村家庭。他的父亲是生产队房屋修理工，队里的东西，大到农机、手推车，小到犁头和耙子，无论什么坏了，都归他修理。

可能是受父亲影响，曾胜强从小就对捣鼓各种东西感兴趣。他话不多，喜欢一个人琢磨。无论看到什么新奇玩意，他都要把它拆开来研究一番，时间长了，他就对很多东西内部的构造和原理了然于心，也开始自己搞些发明创造。

在曾胜强读初中的时候，脚踩式打稻机是很常用的一种农业机具。它靠脚踏产生动力，带动轧稻机齿轮滚动，使谷粒或麦粒脱落。每逢秋收的时候，村里家家户户都要用到打稻机。有一年，曾胜强帮家里打稻子的时候发现，打稻机非常笨重，移动起来很不方便。这时候他突发奇想：为什么不把打稻机改造一下，让它容易被拖走呢？想到这里，曾胜强马上就动手实践了。他通过利用旧打稻机轮毂，改造成移动打稻机承载底盘。通过这样一个简单的改造，打稻机移动起来果然方便多了。

因为有很强的探究精神和好奇心，曾胜强从初中一接触到物理，就对物理产生了浓厚的兴趣。再加上超强的动手能力，他发现自己可以制作很多有趣的小发明。于是，从接触物理知识开始，曾胜强的课余时间几乎都用来搞研究。每次县里举办物理竞赛，他都稳拿前三名。

20世纪80年代，“中专生”的身份是很光荣的。能考上中专的学生，在班级、年级成绩都是名列前茅的，尤其对农村家庭来说，读中专能快速就业，考上了就意味着跳出农门了。

凭借着优异的成绩，1980年，曾胜强考入国家级重点中专贵州无线电工业学校，学习计算机软件专业。当时，计算机被视为尖端的高科技，国内了解计算机的人凤毛麟角，高校里只有清华大学、北京大学、哈尔滨工业大学等少数知名院校开设了这个专业。非常难得的是，贵州无线电工业学校设了计算机软件专业，对新技术有浓厚兴趣的曾胜强很自然就选择了这个专业。

通过三年的学习，曾胜强掌握了计算机专业知识。在那个很多人根本都没见过，甚至没听说过计算机的年代，年纪轻轻的他也成了国内最早一批懂计算机的人。

从贵州无线电工业学校毕业后，曾胜强被分配到怀化国营建南机器厂工作。国营建南机器厂当年是国家电子工业部的大型骨干企业，主要为中国的长城计算机提供外部设备相关配套。

当时中国还处于改革开放初期，计算机配套设备基本上都是靠进口。每年，建南机器厂都会引进一些国外新的设备。这些设备价格不菲，且都是新玩意。大家拿着都小心翼翼，生怕一不小心弄坏了。曾胜强却不然，他还保持着小时候养成的习惯，新设备一到他手里，就被拆得底朝天。但曾胜强的厉害之处在于，不管什么东西，只要他拆了，就能原封不动地装回去。就这样，时间一久，各种设备的内部构造他都了然于心了。

1987年，国营建南机器厂在深圳蛇口工业区设立窗口单位——建南电脑公司，需要派一部分骨干过去，负责前期设备检验、安装和一些设备的进口。领导第一时间想到了曾胜强。在过去两年，曾胜强无论是研发能力，还是开拓新业务的能力，在厂里都已经出类拔萃。领导觉得把曾胜强派到改革开放的窗口深圳特区，肯定能圆满完成任务。

但曾胜强却犹豫了。怀化国营建南机器厂很注重员工素质及学历水平的提高。每年厂里都会送一批员工到西安电子科技大学去进修，眼看马上就要轮到自己了，曾胜强担心万一去了深圳，就失去了进修的机会。

他再三考虑后，跟领导提了要求：去深圳可以，但要允许他去深圳大学进修。领导当即拍板，曾胜强去深圳大学进修的学费可以报销，并且在时间上也会尽量配合他，让他好好进修。

就这样，曾胜强来到了深圳。他一边工作，一边在深圳大学读夜校，学电子工程专业。

在此期间，曾胜强表现出了较强的技术能力和市场能力，建南机器厂批准他参与组建了建博电子仪器公司，并主持新产品开发和市场工作。

在那个时期，如果一个单位或个人能用上计算机，那在当地绝对是新闻，而财力雄厚的深圳大学居然有一台IBM大型计算机。为了存放这个宝贵玩意，深圳大学专门建了一栋1000多平方米机房作为计算中心。

计算机的终端在使用过程中难免会出现各种各样的问题，可在那个见过计算机都是稀罕事的年代，懂计算机的人更是凤毛麟角。所以计算机终端一出现问题，大家就两眼一抹黑。而曾胜强在经过几年的理论学习和实践积累后，已经掌握了过硬的专业知识。所以，他来深圳大学读夜校后，就成了这台计算机的“御用维修师”，只要一出现什么问题，计算机中心主任就会找曾胜强来捣鼓。

深圳大学只有这么一台计算机，有多贵重可想而知。之前，从来没人敢把计算机拆开过。可对于曾胜强来说，没有什么东西是不能拆的。在一次修理计算机的过程中，曾胜强为了彻底解决这台计算机的问题，把整个计算机都给拆了。让他自己都感到意外的是，大家看着他把这么珍贵的物件拆掉，却都没阻拦他。这也说明了，当时在大家心目中，曾胜强已经是计算机权威了。当然后来他不负众望，解决了计算机中的问题，并把它完好地装了回去。

2. 打破计算机禁运做组装机

在深圳大学读夜校的同时，曾胜强在建博的工作也丝毫没耽误。

因为欧美等发达国家的计算机水平遥遥领先，国内当时的大环境是，懂计算机的人选择一些国外市场广阔的软硬件计算机系统，然后对它们进行汉化。有人说，QQ是以色列ICQ的汉化，淘宝是EBAY的汉化。曾胜强不仅有强烈的探索欲，还有超强的动手能力。所以国外的软硬件一到曾胜强手里，他就能在第一时间做出汉化版。在建博，曾胜强做过汉卡、汉子网卡、网络HUB、停车场电子栏杆等，都是那个时代的新奇玩意。他也因此成了公司里出了名的“计算机达人”。

1989年，年仅26岁的曾胜强出任建博电子公司常务副总经理。在他任职期间，他为打破“巴黎统筹委员会”的计算机禁运做出了不小贡献。

1949年11月，美国主导成立“巴黎统筹委员会”，负责审批成员国向社会主义国家出口战略物资和高科技产品，其中专门针对中国的禁运项目高达500多种，计算机就是其中的一种。

20世纪80年代末—90年代初，我国从美国等国家引进了计算机，因为禁运限制，只能在外国代表的监控下运作、使用，而且其运作使用成本和代价极高，这被称作“玻璃房子故事”，这也是我国计算机行业的耻辱。

而在当时，超级计算机作为一个国家的战略装备，其意义几乎可以和两弹一星同台比较。当时，石油勘探、数学基础研究、天气预报等都需要用到计算机。虽然在80年代中期，我国已经开发出了计算机，但跟欧美等发达国家的计算机水平相比，非常落后。

深圳特区走在改革开放最前沿，且因为毗邻香港，与香港之间的交流互动频繁。到了深圳后，曾胜强多次从香港进口先进的电子元器件。因为长期合作，曾胜强了解到香港的外资银行每年都有部分需要淘汰的电脑，会折价出售。外资银行计算机更新很快，即使是他们淘汰的计算机也并不落后。

为了打破计算机禁运，曾胜强打通多种关系，几经辗转，以学校进行科研教学的名义，从香港外资银行购买他们淘汰的二手设备，再把这些设备转手卖给国内科研设计研究所等，以满足当时他们做科学研究，在一定程度上打破了西方的计算机禁运，为国内科研进步贡献了一分力量。

除此之外，曾胜强还不断打破技术瓶颈，改造和升级计算机。

当时，以国际互联网为代表的计算机网络以空前的速度开始了大规模的商业化进程，广泛进入了社会各个领域。国内对计算机的需求非常旺盛，可是国外计算机对中国禁运，国内的计算机满足不了要求，怎么办呢?

曾胜强找到的突破口是做改造和升级落后老机。虽然国外计算机整机被禁运，但绝大部分零部件不在禁运之列。于是，曾胜强通过各种渠道挨个进口计算机零部件，然后自己再开发出控制器、接口板和驱动程序。经过复杂的硬件改造和软件调试改装，就是一台高性价比的计算机了。当时我们的政府、高校从IBM等进口计算机，一台就是几万美金，而且还有很多功能被限制。

除了微型计算机的改造，曾胜强还做小型计算机的升级改造。

小型计算机当时多应用在重要的机关服务领域，如海关、电信、金融等行业内，这在改革开放大背景下，各行各业蒸蒸日上的中国，有着广阔的应用领域和市场基础。但囿于小型计算机高性能大容量硬盘禁运，大家不能直接进口小型计算机。于是，曾胜强主持研发大容量磁盘子系统项目，他对家用普通计算机硬盘进行原理剖析和转换，将普通计算机硬盘进行改造并链接至小型计算机内，经过无数次的再设计和软件驱动程序调试，曾胜强和他的“建博”成功研发制造出小型计算机高性能大容量存储设备，填补了当时的国内空白。

在“建博”工作期间，曾胜强靠着超强的技术实力和创新突破能力，带领“建博”不断迈上新的台阶。而“建博”的工作，也为曾胜强后来的创业打下了坚实的基础。第一，它给曾胜强带来了证通电子最早的客户资源。尤其是在金融界积累的人脉，让他在创业之初比别人走得顺利很多。第二，它让曾胜强知道市场在哪里。伴随着金融电子化进程，曾胜强紧跟着客户需求，抢占市场先机，不断推出适销对路的产品。第三，它给了曾胜强在管理上一次思想启蒙。在“建博”，曾胜强学会了如何构建一家大规模的公司，并对公司进行有效规范的治理。

在后来多年的创业生涯里，曾胜强很少会担心产品的销路问题。早年银行没有采用招投标，曾胜强跟金融机构的科技部门时刻保持紧密联系。针对他们的需求，曾胜强提供解决方案。因为曾胜强的技术优势，他往往能最早抓住金融机构痛点，解决他们的问题，如此形成良性循环。金融机构加快了电子化进程，证通电子的业务也是芝麻开花节节高。

3. 国内首款密码键盘诞生

在“建博”，曾胜强带领团队做出了很多当时的“爆款”，可他始终觉得科技含量不够高，更多是对国外产品的“汉化”，自主研发设计的比重较低。在这个领域时间越久，他就越想做出点不一样的东西。

20世纪末，随着信息技术的发展，各个行业引起了一场前所未有的思想观念与管理模式的变革。金融电子化成为大势所趋。金融电子化进程拓宽了金融服务领域，提高了金融服务质量，降低了金融服务成本，强化了金融服务管理。

在这个趋势下，曾胜强的机会来了。

如今在深圳市博物馆，陈列着一个型号为ZT511S的密码键盘，这是国内首款银行柜台密码键盘，也是证通电子1993年生产出的首款密码键盘。

人们现在对于跨网点跨行取现都已司空见惯。但在当时，人们在一个银行的网点里存了钱，便只能在这个网点里取，同一家银行的不同网点都不行，更别说跨行了。

伴随着中国银行的信息化进程，20世纪90年代初开始，全国大约用了五年的时间实现通存通兑。20世纪90年代初，中国银行深圳分行在全国率先开展通存通兑业务，它们引进了美国的IBM系统，通过信息互联，让客户实现跨网点取钱。

在密码键盘普及以前，客户去银行办理业务，需要把密码告诉银行柜员，由柜员核实。这在银行推广通存通兑之前，整体的风险是可控的。因为客户只能在指定的网点进行存取服务，整体客户的存取量以及流动性都基本固定。但通存通兑之后，客户可能去多家网店办理业务，信息泄漏风险几何倍增大。再加上人们信息加密意识的增强，一款能降低人工干预，把信息泄漏风险降到最低的密码键盘便是必不可少的了。

当时，欧美等发达国家的密码键盘技术已比较成熟，也早一步实现了通存通兑。放眼国内，却没有相关的产品出现。于是，中国银行准备引入欧美等发达国家的密码键盘。由于技术垄断，欧美出口的密码键盘价格非常昂贵，平均一个要300~400美元，而且必须要整机进口。这在20世纪90年代的中国是个太昂贵的数字。

了解到银行的这个需求后，曾胜强找到中国银行深圳分行，提出可以帮他们开发密码键盘，确保能满足银行需求，并且价格会远远低于欧美国家密码键盘的价格。曾胜强当时估计，自己做出的密码键盘价格是国外价格的1/3。后来证明，曾胜强的估计保守了，实际上他的价格仅是国外的1/4。

跟从国外采购相比，中国银行更倾向于跟曾胜强合作，一是价格低，二是大家都在深圳，好沟通，也能根据银行需求随时做出调整。可当时中国银行已经准备大范围推广通存通兑，箭在弦上，所以能不能在最短时间内做出满足银行需要的密码键盘，成为最关键的问题。

为了以更快的速度推出密码键盘，1993年，曾胜强离开建博，成立了自己的公司——证通电子。他在南山新能源大厦租了一间不到30平方米的办公室。一台自己组装的电脑和几张桌椅就是他的全部家当。就这样，曾胜强开始了他的创业生涯。

在经过数百次的调试后，1993年，由证通电子研发的全国首款银行柜台密码键盘ZT511S出现在了中国银行深圳分行的柜台上。

做出密码键盘，不意味着可以高枕无忧了，这只是万里长征的第一步。当时的年代是技术为王，技术是制约产品发展的瓶颈，直接影响商业模式的实现。但一个产品一旦投入市场，且市场反应良好，马上就会有无数的企业跟风。证通电子的密码键盘推出来后不久，不少企业也马上推出了功能类似的密码键盘。不仅如此，一些网络黑客也应声而动，开始寻求破解密码的办法。

金融信息安全是密码键盘的根本，要想在这个领域立于不败之地，就必须不断创新，快速迭代。技术专业出身的曾胜强，要求自己时刻保持技术的先进性。一款独占鳌头的密码键盘开发出来后，曾胜强并没停下奔跑的脚步。

在首款密码键盘推出来几个月后，1994年，证通推出了一款安全系数更高，能支持对称信息二次加密和支持远程下载秘钥的国密标准的密码键盘SZD01。

用户在银行办业务时需要输入密码，如果是普通的密码键盘，密码有可能会因入侵者搭线窃听、网络攻击和储蓄所操作员作案而被非法截获。为了预防这种情况出现，曾胜强给密码键盘里加装了密钥管理。密码键盘的驱动程序会通过128位机密算法对输入的信息进行加密，密码键盘后台显示数据不是原始数据，而是加密的密文。所以即使用户的PC中有木马程序，黑客也无法正确读取输入的键盘信息。同时，密钥在键盘内部采用加密方式存放，强行拆卸时密钥和相关重要数据会自动销毁。

这款二次加密的密码键盘，也受到国家密码管理委员会的认可，他们专门召开了技术鉴定会，鉴定认为，SZD01能有效防止键盘内部密钥遭恶意攻击，适宜于金融证券市场对密码键盘的输入和密码验证的安全性要求，解决密码键盘至终端服务器之间的密码可能泄露的问题，为金融业务的网络交易提供了扩展功能。

SZD01产品的问世，让证通电子有幸成为国家商用密码定点单位。奠定了证通电子在密码键盘行业的地位，并形成了中国密码键盘的国家标准。

除了升级软件，曾胜强还通过升级硬件来提高密码键盘的安全性。

大家在看电影的时候，经常会看到这样一个情节：特工想要破解某道门或者电脑的密码，用特殊电磁波扫描，就能根据无线频谱的不同判断出密码。这是因为当人用手指按下密码之后，键盘的温度和发声的频率就会被改变，如果我们在交易刚成功之后，使用无线频谱或者热感应相机拍下照片，通过频谱和照片有可能会获取密码。而金属键盘的优点是金属对电磁波的屏蔽以及温度的变化感应的敏感性，就算用某种物理手段摄取了部分密码特征也不会造成整体密码的泄露。针对这个问题，1999年，证通电子推出国内第一款具有乱码技术的金属键盘ZT592。

除了围绕密码键盘的安全性不断进行创新之外，证通还是密码键盘语音提醒的鼻祖。

现在我们在银行办业务，刷卡后密码键盘就会有自动语音提醒："您好，请输入密码"。如果密码不正确，它会提醒："您好，请再次输入密码"。而这个语音提醒功能是曾胜强团队首创的。

当时，国内外的密码键盘都没有语音功能，一般都是银行的工作人员确认密码键盘信息连接上银行卡交易后，对用户人工进行提醒。在曾胜强看来，随着科技的进步，人们越来越喜欢跟机器打交道，相较于人工，机器更能提供无差别的服务。所以推动技术进步的过程，也是减少人工干预的过程。

为了让密码键盘增加这两句简单的语音提示，曾胜强和团队下了一番功夫。想让键盘说话，就要单独开发相应的芯片，当时中国大陆还不具备芯片开发的能力，国外的密码键盘也没有语音提示的先例。

但曾胜强认定了一件事情后，无论过程有多困难，也一定要做到。内地实现不了，他就找海外，可海外的开发成本又太高，周期太长。几经辗转，曾胜强终于在中国台湾找到了合作伙伴，把芯片生产了出来。

从此，语音提示成了密码键盘的标配。无论是银行柜台的密码键盘，还是POS机、ATM机的密码键盘，大家都能听到熟悉的提示音。

4. 市场需要什么，就开发生产什么

当下有个热门的词汇：用户思维。意思是要站在用户的角度来思考问题，也可表述为站在对方的角度、换位思考。

在曾胜强早年的创业生涯里，他并没有听说过这个词汇，却一直在灵活运用这种思维方式。在考虑是否需要研发或者制造某件产品时，曾胜强首要考虑的不是这个产品能不能做出来，而是优先考虑做出来的产品是否是用户需要和愿意使用。

"只要有人需要，我就肯定能把这个产品做出来，即使自己做不出来，也能找别人一起做出来。"以市场为导向的思路，再加上非凡的自信和勇气，曾胜强和团队完成了一件件产品的研发、设计、制造，并在市场上取得良好

的效果。

密码键盘大卖后，曾胜强赚到了人生中的第一桶金。对于很多人来说，守住这个产品继续发展就可以了。可曾胜强远远没有止步于此，他跟金融界保持着密切关系，时刻关注他们的需求，并不断推陈出新。

作为中国最早一批计算机专业人才，曾胜强为推动中国金融电子化做出了巨大贡献。

1992年异常火爆的深圳股票市场，是不少老股民们津津乐道的一个场景。那年夏天，因为深圳新股认购，满城尽是排队客，有来自全国的一百万人参加了发售前的排队。

为了解决拥堵问题，证券交易柜台买卖股票不得不靠发号进行，许多人一大早就排在证券营业部门前拿号。据说，当时每天发200个号，领到号的200人就可以到场内报价配对成交，买多少手，卖多少手，买卖价格都写在黑板上。

随着证券交易的火爆，证券公司为提高证券服务效率而焦头烂额。当时证券买入卖出都靠人力，要想扩大规模，就要不断地招聘新员工、培训上岗，这样做不仅速度慢，而且成本高。

曾胜强多年市场开拓的经验，让他学会了要离客户近点再近一点，急客户之所急，需客户之所需。当了解到证券公司的需求时，曾胜强敏锐地意识到，这是一个好机会。

“欧美发达国家，计算机在金融领域的应用已经相对成熟，它们通过计算机系统实现证券的自助买卖，极大地提高了效率。”具体怎么来实现呢？曾胜强分析过后，决定利用单片机做出证券自助服务终端。

说干就干！曾胜强有个很典型的特点，他一旦有个想法，并且认定这个想法有市场，就不等不靠，马上付诸实践。自己做不了，就把能做的人找过来做，反正就是一定要做出来。这个特质贯穿了他的整个工作、创业生涯，也让证通电子金融设备服务领域一直处于引领地位，许多产品都是全国第一。这是后话。

经过反复研发、测试，并推出了上百个试用后，1996年，国内第一台证券自助服务终端终于面世。

证券自助服务终端的诞生是证券交易的一场效率革命。股民们不需要去柜台窗口，只要有证券卡和密码，通过自助服务终端就可以进行委托、撤单、买入、卖出四项操作。

很多技术出身的创业者都有一个普遍问题，他们在创业初期只懂产品，却不懂市场，也不懂如何运作自己的产品，只是从一个技术员的角度出发把东西做好。曾胜强不同，他骨子里的用户思维，引导着他时刻洞悉市场变化，再根据市场需求开发产品，所以他开发出来的东西，销路基本都不用发愁。

证券自助服务终端做出来后，没等曾胜强开始推广，证券公司就自己找上门来了。第一个给曾胜强伸出橄榄枝的是君安证券。当时，君安证券交易量一直在深交所居第一、二位。1993年—1998年，君安证券曾为100多家企业承担A股、B股上市及配股业务，筹资总额近300亿元人民币。

面临一路猛增的股民数量，君安迫切需要提高效率。而证券自助服务终端刚好满足了他们的需求，很自然，他们达成了合作。此后，证券自助服务终端成为每一家证券公司的标配。

证券自助服务终端开启了中国证券行业自助委托服务的新历程。在此后的很多年里，很多股民们每天过着“朝九午三”的生活：坐在交易大厅看大屏幕了解股市行情，再通过证券自助委托终端实现股票的买入卖出。

证券自助委托终端的诞生，为曾胜强打开了金融自助服务终端的大门。证券自助委托终端诞生不久，证通电子就推出了国内首款自助存折补登机。

这款型号为ZT2001的自助存折补登机开创了银行自助服务的新时代。

20世纪90年代，银行卡还没有普及，存折是人们进行资金交易的主要凭证。按照银行规定，一张存折每交易20次，就要到银行进行补登记，否则将无法继续交易。这个业务既机械、又烦琐，耗费大量人力。针对这个“痛点”，曾胜强发明了自助存折补登机，市民通过补登机，可以自助打印交易记录，既方便又高效，还节约了人力成本。自助存折补登机推出后，马上走进了深圳的各个银行，甚至卖到了东北松花江。

2002年，自助存折补登机刚刚推出的那个冬天，曾胜强接到一个陌生电话，一个东北口音的男子说从报纸上了解到存折补登机这样的设备，想让曾胜强发过来试用一下。通过交谈，曾胜强了解到，这个男子来自牡丹江工商银行，他们银行正面临很大的客户服务压力，急需这样的设备。但他们网点有限，只能订购几台设备，而且得安装调试成功后才能付钱。

需求不大，条件却苛刻，曾胜强完全可以拒绝他们，但敏锐的嗅觉告诉他，这个设备属于新生事物，他们有顾虑是正常的，况且银行间共享信息的速度是很快的，打开了一个口子后就能打开很大的市场。

于是，他立马拍板，通过火车集装箱将设备送到牡丹江。货一到，曾胜强也马不停蹄地奔往牡丹江，当场进行设备的连通和调试。

很快，设备调试好了。看着设备自己打印出交易记录，牡丹江工商银行的工作人员既兴奋又感动。兴奋是因为有了自助存折补登机，网点的效率能大幅提高。感动是因为他们不经意的一次投石问路，就受到如此深入贴心的服务。就这样，证通电子打开了牡丹江的自助服务终端市场。

时至今日，自助服务终端仍是证通电子的核心产品之一。经过多年发展，现在证通的自助服务终端产品类型琳琅满目，涵盖水电缴费、车票购买、税务缴纳、挂号、充值、自动售货等。而定制化服务成为证通电子自助服务终端的核心。

现在，证通电子成了全球唯一一家从外观设计、结构设计、部件定制、机柜生产、整机装配、软件定制到运维平台的自助终端一站式交付解决方案提供商。

曾胜强的以客户需求为导向的定制化策略，推动了各类终端设备进入人民大众的生活中，驱使着社会进行科技化、智能化的转型。到目前，有超过10万台证通电子自助设备服务于中国各大银行、电信运营商、医院、车站和各种公共服务场所。

5. 获取国际认证，开拓海外市场

虽然金融自助服务终端做得风生水起，但在证通电子早中期的发展中，密码键盘始终是其最核心的产品，也是股民们最关注的产品。可以说，密码键盘的风吹草动，直接影响着证通的股价。

2000年以后，随着密码键盘国内市场的不断饱和，曾胜强将目光投向了海外。要拓展海外市场，首先要懂得国际市场的游戏规则。在这一点上，证通电子远远地把国内的竞争对手抛在了后面。

21世纪初，随着信用卡的普及，信用卡和信用卡刷卡机的安全性受到越来越多的关注。为了给VISA卡的客户和销售商提供更高的安全和可靠性的保证，2002年起，VISA提高了它们对密码键盘安全性能的要求。商家只有用了

获得VISA认证的密码键盘，才能享受VISA关于个人支付信息安全问题债务的保护。

2006年，VISA、MasterCard、美国运通等五家国家信用卡组织联合推出PCI认证，PCI认证是VISA认证基础上升级的安全认证标准。VISA认证和PCI认证是ATM密码键盘进入国际主流市场的“敲门砖”。获得了PCI认证的密码键盘是全球级别最高的金融机具安全认证产品，可以广泛应用于全世界各家银行ATM、POS机等。

简而言之，只有通过VISA认证或者PCI认证的企业才能进入国际标准ATM整机厂商的采购名单。

ATM密码键盘认证的标准和要求不断提要，要求生产厂家必须加大持续研发和认证的投入。密码键盘作为保证ATM支付安全的核心部件，对安全性能和产品质量都有较高的要求，要形成批量定制能力不仅需要较大的投资，还需要具备严格的生产工艺管理、完善的质量控制体系等。为了提高市场竞争能力，越来越多的ATM生产厂商将有限的资源集中改善ATM机本身的功能，而将可以外购的零部件，比如密码键盘进行外购。

在这样的大环境下，证通电子密码键盘迅速打开了海外市场。

证通电子是亚洲首家获VISA认证，亚洲第二家、全球第四家拥有PCI认证的密码键盘生产厂商，这就意味着，一方面，证通电子的密码键盘符合国

际标准，VISA、Master Card等国际卡都可以兼容，另一方面，使用经过认证的ATM机或POS机，商户会受到VISA、Master Card支付信息安全问题债务的保护。

证通电子获得的这些资质，为它与日本日立的合作奠定了基础。

日立是全球ATM最大的供应商之一。2005年，日立ATM生产线设在深圳宝安福永街道。当时，日立的ATM除了最关键的部件验钞模块是在日本本土生产的，其他的都在深圳生产。证通电子是日立在中国国内的唯一一家密码键盘供应商。

日本的企业向来以精益求精著称，来自日本的全球500强综合跨国集团日立更是如此。让曾胜强印象非常深刻的是，他们的要求要远远高于国内及国际标准。比如按照国际标准，合格率的要求99.7%，那么日立的要求就是99.9%；比如国际上要求的使用寿命是10万次以上，日立要求的可能就是100万次以上。从原材料到生产流程，日立都严格把控。

为了指导证通电子生产出高规格的密码键盘，日立不断安排专家来到深圳，手把手指导，从设计、原材料到产品制作，事无巨细。在这个过程中，专家们的差旅费都花了2000多万元人民币。

对产品整个工艺质量进行严格管控，是个比较复杂的过程，为了达到日立的标准，证通电子也像日立指导他们一样，去指导每一个下游的供应商，哪怕是一个小小的塑料片，也做出具体要求，原材料如何选，制作流程如何规范，合格率如何控制等。与这样优秀的商业伙伴合作，证通电子的产品技术标准得到了极大的提升。

“比如一颗螺丝钉，看起来很简单，但它不能生锈。为了保证它在所有状态下不生锈，就要在实验室做15天的烟雾实验；比如钢材的质量必须要好，既能长时间耐200度以上高温，也得耐80度以下低温；比如弹片抽查，如果抽查十个，有两个不合格，那么这批弹片全部不合格。”曾胜强说。

经过不断地打磨，证通电子与日立公司的合作从简单密码键盘开始，发展到符合国际标准要求的3DES加密算法加密、并通过PCI认证的密码键盘。在日立公司严格的质量要求下，证通电子不断提升质量管理水平，产品质量稳步提升，已成为其ATM密码键盘的最主要的供应商。

除了日立，证通电子还与全球许多大型ATM厂商建立了战略合作关系。通过战略合作，证通电子可以与相关厂商进行ATM密码键盘的联合设计开发，达成技术同盟；可以在模具制造、生产工艺、物流采购上得到ATM整机厂商的指导，推出符合国际一流水平的ATM密码键盘；可以给自身质量管理体制带来较大的变革和提升；可以及时获得ATM密码键盘发展动态和最新的技术标准。

现在，证通电子生产的ATM密码键盘在国外遍地开花。在国内，证通电子ATM密码键盘的市场占有率达80%。国外，产品远销到美国、日本、韩国、德国、奥地利、西班牙等100多个国家。欧美的NCR，日本的日立、OKI、富士通，俄罗斯Shrtih-M SYSTEMA，韩国LG等，国际知名ATM厂商都从证通电子采购密码键盘。在2005年以前，ATM密码键盘一直是证通电子最核心的产品。直到现在，这个产品每年的销售额也在1亿元左右。

因为证通电子密码键盘具有明显技术优势，加上取得了VISA和PCI认证，曾胜强为2008年中国奥运会立下了汗马功劳。

2008年，举世瞩目的奥运会在中国举办。但当时，中国的POS机绝大部分是不支持VISA、MasterCard等国际卡。而通过更换密码键盘，就可以解决这个问题。一夜之间，北京有10万台POS机的密码键盘需要换掉。

因为在密码键盘领域的独特优势，证通电子顺理成章地成为北京各大银行的密码键盘供应商，为迎接日后即将大量涌入中国大陆的国际游客做了充分的准备。

6. 化危为机，固话POS机诞生

1998年，手机短信功能进入消费者视野，此后，中国手机短信量突飞猛进。2003年春节七天，中国移动及联通短信高达80亿条。短信成为当时人们的一种消费习惯，甚至是生活方式。

作为三大运营商之一，中国电信当时还没有移动支付牌照，看着短信市场如日中天，也想分得一杯羹。它们准备发展固定电话短信业务，于是就把华为、中兴、证通等企业召集在一起，希望大家一起做成这件事。

2002年年底，证通电子申请了固定电话入网牌照，参与开发固定电话短消息功能，他们也成为全国第十家拿到牌照的企业。

不幸的是，这个固话短信业务短命而亡。究其原因是当时用固定电话的以中老年人居多，而中老年人普遍没有发短信的习惯。

项目夭折意味着证通电子长时间的付出付诸东流，而花费很多精力申请到的固话入网牌照，成为无用武之地。曾胜强事业发展之前一直顺风顺水，但这是一次较大的挫折，很长的一段时间里，他一直为此烦恼，也一直在思考，如何让手里的这张入网牌照重新发挥作用。

由于他们长期服务于金融领域，曾胜强希望能寻找到固定电话和金融的连接点。“我们有读卡技术和密码技术，电信有传输技术，我们为什么不把固定电话和POS机的功能合二为一，做成一个固话POS机，大家既可以当电话用，也可以刷卡支付呢？”

当时一台POS机的价格是3000元，曾胜强预计一台固话POS机的成本不到500元，即使是卖1000元，也会有很大的利润。如果能和电信、银行合作，产品的销量必定不成问题，或许这个东西能成为证通新的业务增长点。

当时为提倡科技创新，国家科技部设置了一个创新基金，曾胜强组织团队把这个想法细化后做成申报材料，递交给了国家科技部。很快，科技部给了证通电子40万元的奖励金，鼓励他们开发这个项目。这是证通电子第一次拿到国家基金，这不仅意味着有了启动资金，还意味着这个项目符合科技创新的方向，证通电子瞬间士气大振。

曾胜强把公司市场部经理和技术部经理找来商议，大家一拍即合，决定成立深圳市证通金信科技有限公司。由曾胜强出资60万，占60%的股份，市场部经理和技术部经理两人分别出资20万，各占20%的股份，重点打造固话POS机。

经过两个月的筹备，2003年9月，深圳市证通金信科技有限公司正式成立，并开始固话POS机的研发工作。2004年，一款可以交水电气费、可以打电话，并且可以刷卡的固话POS机正式面世，取名叫E-POS。

固话POS机生产出来了，它的市场在哪里呢？2004年5月的一则新闻引起了曾胜强的注意。这个月，深圳有46家商户因刷卡手续费过高决定开展“拒绝刷卡”行动，随着刷卡消费比例的快速增长，商家需要支付给金融机构的手续费越来越多，它们希望能降低1%的手续费。此后，全国很多地方都发生了抵制POS机的事件。

商家抵制POS机，无疑也会增加固话POS机的推广难度。E-POS还未上市，大环境就出现恶化，怎么办？

人与人之间的成就不同，源于思维方式的差异。形成思维定式的人，往往很容易被局限起来，在地方和圈子里打转。曾胜强却擅长逆向思维，对已成定论的事物和观点反过来思考，从而在劣势中寻找机会和出路。

看到商家抵制POS机的新闻时，曾胜强脑子里灵光一现，他想到了E-POS的市场方向。当时，各家银行之间的竞争非常激烈，大家都想尽一切办法争取客户，吸收储蓄。全国各地的小商品市场是它们的发力对象。像义乌小商品市场、东莞服装市场每天都有超大的客流量，每个商铺都有庞大的现金流。银行的业务员们使出浑身解数发动商铺老板把钱存到银行，但收效甚微。生意人每天从早忙到晚，哪有那么多时间去网点柜台存钱。

"如果我们为银行提供私人定制的E-POS。比如农业银行E-POS只能刷农行卡，银行出于揽储的需要，会有很强的动力去推广。而且因为是同一个银行间的交易，手续费用很低。商铺之前不愿意用POS机的一个很大原因是嫌贵，而E-POS的市场售价只有普通POS机的三分之一，再加上银行为了争取客户也会分担部分费用。最后，小商铺所需要承担的费用很低。"

后来的一切像预演好的剧情一样，按照曾胜强的猜测发展。在浙江，他们与浙江农行合作，农行免费把E-POS送给商户，商户们需要缴纳300元的押金，之后押金就可以抵扣交易产生的手续费。因为是同一银行间交易，农行仅收取很低的手续费。就这样，E-POS在浙江的小商品市场迅速铺开，农行业务也以攻城略地之势进入各个商铺。

按照这样的路径，E-POS在湖南、广东、江西等地的小商品市场遍地开花。后来，邮政储蓄更是推出"存5万元送E-POS"业务，让E-POS走进了千家万户。E-POS销量的猛增，为证通电子带来了高额的利润。在它推出后长达七年里，E-POS一直是证通电子利润的主要来源之一。

我们不妨来看一组数据。2008年，证通电子电话E-POS实现营业收入2.32亿元，同比增长370.94%，营业收入在政通电子中占比大幅提升至55.8%。2009年一季度，证通电子实现营业收入1.58亿元，同比增长200.50%。推动营业收入增长的力量主要来自公司电话E-POS产品销售规模的扩大。

"最高峰时期，E-POS每年的销量大概近80万台，产值近3亿元。这款产品的利润占到我们证通电子利润的2/3，"曾胜强说。

受益的不仅仅是证通，根据当年的数据统计，农业银行浙江省分行采购了3.5万台电话E-POS后，每台平均绑定存款11万元，每台月均交易额达30

万元。

7. 在深交所成功上市

2007年12月18日，曾胜强意气风发地在深交所敲响了上市的钟声，证通电子成功上市。为了这梦寐以求的一天，曾胜强奋斗了很多年。

从2003年开始，曾胜强开始考虑谋划让证通上市。

1999—2003年，证通电子的规模和利润都呈现几何级的增长。十年间，公司的注册资本从最初的47万元，变成了1047万元，在2006年上市前更是达到6543万元。在此期间，它们现金流很好，从未在社会上融过资。

但曾胜强有自己的想法，他的目标是把证通打造成一个百年老店，成为国内、国际的一流企业。他希望借上市之机，进一步规范企业内部管理，通过完善公司法人治理结构，增强资产、业务、人员、财务和机构的独立性，强化企业内控管理，增强风险管理意识，提高管理水平。另外，公司上市后，也能更加广泛地吸收社会资金，迅速扩大企业规模，提升企业知名度，增强企业竞争力。

曾胜强说："怎么分饼，决定了饼能做多大。只有吸收外部力量，让他们与企业成为利益共同体，共同为企业目标奋斗，才能让企业的基业长青。"

上市目标确定后，接下来是要考虑在哪里上市的问题。作为一家和深圳特区共同成长起来的企业，曾胜强首选在深交所中小板上市。然而，2004—2006年，中国两次暂停IPO，2004年8月—2005年1月，暂停IPO5个月，恢复了不到四个月，2005年5月再次停摆，并持续了一整年。2015年全年全国只有15家公司在A股市场成功上市。

国内上市遇阻，曾胜强就把眼光投向了国外。在考察了纳斯达克证券交易所、多伦多交易所、新加坡证券交易所后，曾胜强选择了新加坡证券交易所，并与券商签订了IPO委托协议。

大局已定，在新加坡的上市工作也在稳步推进，曾胜强却始终有点遗憾。跟国内A股市场相比，新加坡证券市场的交易不够活跃，市场流动性相对较差。而且企业估值偏低，融资能力较弱。但国内IPO停摆不知道什么时候才能结束，再加上国内上市辅导期至少一年，最长达到三年，曾胜强综合权衡下，到新加坡上市成了退而求其次的选择。

意想不到的是2006年5月，在新加坡上市只差临门一脚的时候，国内恢复IPO了。

伴随着新股发行再次开闸，证监会出台了《首次公开发行股票并上市管理办法》，第一次明确了IPO发行的条件，标志着A股IPO审核标准自此以规章的形式确定了下来。

听到这个消息后，曾胜强第一时间找了中信建投证券，让他们判断证通在国内中小板上市的机会有多大。中信建投经过综合分析后，告诉曾胜强，他们非常有信心，能帮证通快速登陆中小板。

券商的认可像是定心丸，曾胜强毅然撤销了在新加坡的委托上市协议，赔偿了对方的相关损失，在国内委托中信建投辅导上市。

在上市过程中，又有一个大的问题摆在曾胜强面前。证通上市融资的资金用途中包括建设自有工业园区。而按照规定，如果IPO募集资金投向是产业园和产能建设项目的，项目用地应基本落实，并要在招股书中披露募投项目用地的具体情况。这就意味着曾胜强要在上市之前先拿到地。

2005年开始起，深圳首次试行“招拍挂”公开出让工业用地，2006年扩大了公开出让的规模，全年公开出让工业用地8万余平方米。曾胜强参与竞拍的是光明新区一块3.2万平方米的土地，当时起拍价1600万元。

因为这是当年拍卖的最后一块地，曾胜强只剩下了一个竞争对手。本以为会轻松拿下，没想到却遇到劲敌。对方已参与了三次土地竞拍，均没有成功，这次是志在必得。起拍价1600万元，每次最低加价50万元。

第一轮，曾胜强首次报价，加价50万；对方报价，加价50万；

第二轮，曾胜强加价50万，对方加价50万；

……

如此一共反复了20轮。到了21轮时，曾胜强的报价已经到了3650万元。

“离报价时间还有一分钟。”

“还有30秒。”

这一次，那位身穿红衬衫的报价代表这次没在大家聚焦的目光中起身。

“现在宣布地块竞得单位为：深圳证通电子股份有限公司！”主持人话音一落，现场就喧闹开了：竞买席的代表们起身准备离场，媒体席的记者们则朝最后赢家一拥而上。

曾胜强却高兴不起来。

竞拍的激烈程度远超曾胜强想象。他本以来2000万元内可以拿下这块地，可最终价格却是起拍价的2.3倍，达到了3650万元，如何筹钱成为摆在他面前的大问题。

当时，证通电子的总资产才4000多万元，可以拿出来的流动资金只有几百万元。交了300万元保证金后，已所剩无几。怎么筹到这笔钱呢？在曾胜强印象里，这是他创办证通历程中，为数不多的焦虑时刻。

曾胜强决定“两条腿走路”，对公，他准备企业相关资料，申请银行的企业抵押贷款。对私，他把家里房子、车子等能抵押的都抵押，家里能拿的钱全部拿出来，还向能借的亲戚朋友们都借了一遍。

终于，曾胜强如期凑够了3650万元。经过一番积极筹备，2007年12月18日，证通电子在深交所中小板块正式挂牌交易。当时证通发行的总股本是8743万股，按照11.28元的每股发行价格，证通一下子就拥有了9.86亿人民币的市值。

上市之后，曾胜强身边突然冒出了几十个千万富翁。据媒体统计，随着股价上扬，截至2008年1月29日，曾胜强夫妇所持股份市值达到了10.82亿元，除曾氏夫妇外，前十大股东中持有股份最少的谢福文，其账面财富也达到了2157万元，而整个曾氏家族的账面财富累计达到了16.25亿元。

上市这条路让证通电子的魅力再一次显现出来，也让证通的产业环境得到了极大改善。2010年，证通电子的生产基地开始搬家，从原来的宝安区黄田金碧工业区搬到现在的光明新区高新科技园，这是一个真正属于他们的“家”——公司用购买的土地，建起了自有产权的工业园。

8. 转型LED及城市亮化

如果说证通电子发展金融科技服务是顺势而为，发展LED及城市照明则是证通一次成功的逆势突围。

2003年，公共电话亭走进了大街小巷。不论身在何方，只要手中有一张公用电话IP卡，就可以随时随地联系到自己的亲朋好友，非常的方便快捷。用过公共电话的人都知道，公共电话有别于家用电话，它们有一个金属外壳，用于拨号。这个外壳是用压铸铝制成的。

当时，证通电子已推出了金属键盘。跟金属密码键盘相比，公共电话金属壳的技术含量要低得多。技术上没有障碍，又有强大的市场前景，为什么不做呢？于是，在公共电话高歌猛进的时候，2003年，证通电子成立了证通机电设备有限公司，引入压铸铝生产线，做公共电话金属壳。

跟证通电子其他产品相比，这款产品的技术含量低。在制造业高度发达的深圳，技术含量低就意味着竞争激烈，利润率低。在市场大好的时候，大家都能分得一杯羹。市场不好的时候，就很难盈利了。让人没有想到的是，公共电话只红火了不到五年，就被手机迅速替代。

在这样的大环境下，证通机电也只辉煌了三年的时间。三年多后，证通机电业务也随之变得惨淡，一度走在亏损的边缘。

如何转型升级，成为摆在曾胜强面前最严峻的问题。

客户需要什么，证通就生产什么，这是曾胜强一以贯之的思路，这次也不例外。这次，曾胜强将眼光瞄准了LED半导体照明。

21世纪初，LED的半导体照明被引入中国后，以其突出的节能和环保特性在照明领域掀起一场新的革命。从2006年的国家“十一五”计划开始，国家把半导体照明工程作为一个重大工程进行推动，中国LED路灯市场渗透率（安装数量）在不断提升。尽管国内还没有统一的路灯标准，但各地都对LED路灯照明表现出极大的热情，并且投资热潮接连不断。

LED的半导体照明路灯跟证通机电业务看似风马牛不相及，实际上，二者有个共同点：压铸铝外壳。

LED路灯由外壳、芯片、电源三部分组成。户外使用的LED灯具一般会选用压铸铝外壳，因为密封和防水性都比较好。证通机电为生产公共电话金属壳而引进的压铸铝生产线，刚好可以用来生产LED外壳。当时LED路灯芯片主要靠在国外进口，这对于曾胜强来说不是难事，他从工作的那天起，就不断跟国外的供应商打交道。外壳和芯片都解决了，最后还剩一个问题，就是LED电源了。

当时，国内LED照明的标杆企业是中科恒源。中科恒源在2007年就实现了LED大功率照明产品量产，并拥有磁悬浮风力发电等技术。曾胜强想去拜访寻求合作，却打听到中科恒源项目组正在海南，准备参与竞标三亚市东北部海滨海棠湾的LED路灯项目。

曾胜强脑子里灵光一现，机会来了。当时大型的LED半导体照明以政府工程为主，但政府工程拨款有一定的滞后性，前期需要企业垫资。而LED路灯成本很高，政府工程动辄要垫资上亿元，这对于当时的中科恒源来说，是个不小的难题。

证通电子上市后，资金流充裕，它们可以为政府工程提供强大的资金支持，再加上是跟政府合作，坏账的概率并不大。所以曾胜强当机立断，决定以此为突破口，与中科恒源寻求合作。

当时，以中科恒源的行业地位，有大量的企业挤破头想要跟它合作，它大可不必理会证通机电这样的企业，但证通机电凭借着母公司的资金优势，给中科恒源一个让它们无法拒绝的条件。就这样，海棠湾项目成为中科恒源和证通机电合作开发的第一个项目，证通机电就此成功转型，并迅速盈利。

初步涉足LED市场后，曾胜强更加坚定要发展LED业务，一方面是因为LED照明市场前景广阔；另一方面，LED照明利润率高，能保持30%以上的较高毛利率。

2009年年底，证通电子投资2000万元人民币，设立全资子公司深圳市证通光电有限责任公司，专门从事LED大功率灯的研发、生产及销售；LED芯片封装、太阳能路灯系统及逆变器、智能控制器的研发、生产及销售。此外，公司还出资2000万元人民币入股湖南中科恒源科技股份有限公司并成为其第四大股东。湖南中科恒源科技股份有限公司从事路灯封装、电源驱动和整体解决方案。在曾胜强看来，切入封装和解决方案，有助于公司直接面对行业用户，在第一时间内获得市场信息，利于公司拓展市场。

此外，证通电子响应国家号召，配合国家节能环保产业的发展战略，积极进行产品创新和产业升级。拥有专利多达170余项，同时拥有多项能够大幅提高生产效率、降低生产成本的非专利技术，为准确快速制定应用方案、快捷提供优质产品提供了保障。

经过技术团队全力拼搏奋斗后，证通电子开发出了太阳能LED路灯、风光互补路灯、大功率LED照明应用系统产品等。经过大量实际工程项目验证，达到了国家道路照明设计要求。在资本和技术的保障下，证通参与了湖南、湖北、海南、云南、内蒙古等地的LED风光互补和金太阳工程项目，证通的LED半导体照明广泛应用于主干道、次干道、支路以及厂区、庭院、居住小区、公园、广场等需要室外道路照明的场所。

2009年，在证通发展LED半导体照明的第一年，LED及城市亮化板块就给证通电子贡献了四分之一的年利润。在当年证通电子财务报表里，年利润共4000多万元，LED及城市亮化达1000多万元。

此后，随着我国LED路灯市场渗透率的不断提高，以及智慧城市建设的加速推进，物联网、云计算等新一代信息技术的广泛应用，智能路灯建设迎来快速发展机遇，证通LED及城市亮化业务也飞速发展。目前，该板块每年营收超5亿，为证通贡献35%利润。

9. 公司发展的“三驾马车”

“安而不忘危，治而不忘乱，存而不忘亡”，这是古人留下来的治国安邦之策，对于企业管理同样适用。危机意识是企业立于不败之地的基础。

任正非有句名言叫“惶者生存”。他说:“十年来我天天思考的都是失败，对成功视而不见，也没有什么荣誉感、自豪感，而是危机感。”

曾胜强也是如此，无论是金融支付还是LED城市亮化，证通电子都取得了很好的成绩。但曾胜强却没有止步于此，即使在企业发展很顺利的时候，他依然保持着很强的危机意识。在他看来，成绩都是暂时的，如果满足于眼前的一点小成绩，盲目乐观，不思进取，时间一长，企业就可能像温水煮青蛙一样，对外界的环境不敏感，从而失去竞争力。

为了让企业基业长青，曾胜强始终保持着像狼一样敏锐的嗅觉。2015年，曾胜强找到了公司业务新的增长点。

近年来，云计算、大数据、人工智能领域的迅速崛起，带来了技术和产业革命的同时，也在改变着社会治理方式。如何运用大数据提升政府工作效率和国家治理现代化水平是新时代的治理课题。

2012年，智慧城市概念进入中国，赢得国内政府与企业的肯定，预计将形成万亿级的蓝海。而自2015年全国两会上提出了“互联网+”概念开始，智慧城市产业的搭建迎来了前所未有的发展风口。

2015年开始，证通逐渐进行产业链布局，进军IDC及云计算板块。至此，证通电子形成了公司发展的“三驾马车”：具备金融科技、IDC及云计算和LED及城市亮化三大业务板块的高科技服务企业。

在布局IDC及云计算板块上，和BAT做百姓端的数据中心不同，证通电子一开始就将目标瞄准了智慧政府和智慧企业。它们的目标是辐射和带动整个行业的大数据发展，推动智慧城市的建设落地。

2015年10月30日，证通电子与长沙市人民政府、中国电信股份有限公司湖南分公司签署《互联网大数据科技产业园战略合作协议》，为促进智慧湖南建设和IDC云数据服务中心建设，三方决定就长沙市“互联网大数据科技产业园”项目建设建立战略合作伙伴。

通过这个项目，各方将“互联网大数据科技产业园”打造成“国家级绿色数据中心、中部地区最具影响力的行业数据开发服务中心、大数据交易中心”等三个中心，建设世界知名、国内一流、富有长沙特色的大数据产业基地。

证通电子在长沙望城区投资建设中部最大的“互联网大数据科技产业园”，为长沙市政府提供大数据相关项目建设配套的基础网络设施及相关应用平台开发。配合湖南电信做好大数据建设中长期规划及近期建设实施方案编制工作，根据中长期规划和建设实施方案，做好大数据相关项目平台建设，保障湖南电信机柜的需求；负责“互联网大数据科技产业园”项目的投资、建设和运维。

“长沙这个大数据科技产业园，我们投资了20多个亿，奠定在IDC的行业地位。大家普遍看好国内数据中心市场，但很多是小打小闹，没有形成市场规模。但要在这个行业有一定地位的话，必须有一定的体量，有一定的高度。”曾胜强说。

在这个思路下，证通电子的IDC和云计算业务飞速发展。现在，证通有深圳证通云计算有限公司、广州云硕科技发展有限公司、广东宏达通信有限公司、长沙证通云计算有限公司等全资或控股公司，能提供机架租赁、带宽共享、云计算服务、智慧城市建设和运营等商业服务模式。

证通拥有证通电子产业园以及证通云谷科技园两座大数据产业园，拥有深圳光明、长沙望城、广州南沙、东莞旗峰、东莞石碣5个自建大数据产业园/云谷数据中心。这五个数据中心分别处于粤港澳大湾区的中部地区，区位优势明显，后续发展空间大。

在数据中心的基础上，证通为客户提供丰富的IDC基础服务：公司采用多样化的建设和服务模式，可根据客户的需要进行定制化服务，实现机房出租、机柜出租、宽带出租等多类型可选择的产品服务，客户可自选标准化的云基础服务，亦可实现高标准的定制，并在后续提供安全可靠的运维服务。

目前，证通拥有独立的云计算研发团队，能为客户提供云主机、云存储、云安全、云灾备等基础设施服务平台和行业解决方案，结合证通在金融科技方面的技术实力，为客户提供“云+网+端”全方位综合解决方案，为智慧城市的建设添砖加瓦。

“证通现在不仅有IDC及大数据的运营技术，还有投产建设IDC大数据产业园的经验，能因地制宜结合地方产业优势，为客户打造优质生态产业园并提供智慧园区建设，”曾胜强说。

专家预计，到2020年，全国IDC市场规模将由518亿元增长到超过2200亿元，年均增速超过30%。在曾胜强看来，IDC有望成为未来公司业绩的重要增长点，有助于突破公司未来的发展瓶颈。

10. 和员工形成利益共同体

与员工共享公司发展的红利是现代企业管理的有效举措。股权激励可以让员工和企业成为利益共同体，实现与企业的共创共享共存共荣。从而激励员工创造更多的价值，帮助企业实现稳定发展的长期目标。

2006年，企业上市前，证通电子进行了股份制改造，推出股权激励机制，这次股权激励普惠范围广，影响范围大。从经理、主管到新引进的大中专院校学生，都有机会获得股权激励，证通因此股东人数大增。在上市时，证通电子的股东达59位，是当时上市公司里小股东最多的企业之一。

作为一家典型的家族企业，曾胜强却很早就意识到股权激励的积极作用。早在证通电子上市前，股权激励还远未曾像现在开展得这么普遍时，曾胜强就已经将股权激励纳入证通电子的人才建设举措中。这些年来，曾胜强通过使用股权激励的方式对公司内部进行改造，让证通电子走上了现代化企业高速发展之路。

1993年9月4日，曾胜强和妻子许忠桂共同出资组建深圳市证通电子有限公司。接着，曾胜强的弟弟曾胜辉，许忠桂的哥哥许忠孝、许忠慈等相继加入证通。在2003年之前，证通的股份完全由曾胜强夫妇及家属成员掌握。

在证通发展早期，家族企业有它独特的优势。由于决策层和管理层都是自己人，企业决策效率很高，为了家族利益，决策成员能很快达成共识。而这样有助于在激烈的市场竞争中抢占先机。另外，家族企业的管理成本低。家族成员在血统上和心理上的天然纽带，使彼此之间的信任及了解要远高于其他非家族成员。

凭借着这些优势，从1993—2003年，证通电子年营业收入从零起步到超过一亿元，成为金融支付基础设施服务的领先企业。

随着企业的发展，有两条路摆在曾胜强面前：一条是坚持把股份完全都控制在家族手里；另一条是稀释自己的股权。曾胜强选择了后者。

当时，证通电子主要做自助终端设备和密码键盘，产品科技含量不算特别高，因此一个新品开发出来后不久，就会有一批相似的产品跟风出现。要想在激烈的市场竞争中走在前列，就要激发员工创造更多的价值，并吸引更多更优秀的人才加入。

作为中国最早的一批计算机专业学生，曾胜强从工作后就再也没觉得赚钱是件难事。最早在建博工作时，公司有时现金流紧张，可能面临发不出工资的问题。曾胜强很快就能带领团队开发出一个新产品并推向市场，从而解决资金流的问题。后来自己出来创业，曾胜强也只是想有个更宽松的环境搞“发明创造”，也顺便解决下亲属们的就业问题。至于挣多少钱，办一家多么伟大的企业之类的宏伟目标，曾胜强倒没想过。

创办企业之后，曾胜强带着它从无到有，从默默无闻到成为金融电子服务领域的一枝独秀，从解决亲戚就业到吸引各行业的优秀人才，证通电子对于曾胜强来说，更成为他的一种责任，他担负着把它培养成国内、国际一流企业的重任。据曾胜强身边的人说，从创办企业至今，曾胜强除了过年跟员工一起休假外，其他时候从未休过年假。所以当企业发展和家族利益发生冲突时，曾胜强毅然选择了前者。

2003年，证通电子内部面临着家族成员和新晋成员的矛盾。曾胜强一方面想要留住这些和他一起开创事业的家族成员，一方面又希望能不断的吸纳新鲜血液，为企业注入活力。最后曾胜强提出了股权激励方案，带头释放部分股权，希望吸引和激励更多优秀人才。

证通的这一次股权激励针对技术研发、市场营销等核心岗位的管理人员。据证通老员工回忆，2003年，公司的注册资本是1047万元，每个部门经理分了10万股。这次股权激励的结果是一大批优秀成员成为证通的中坚力量。

股权激励虽然不能解决人才建设所面临的所有问题，但证通电子的核心团队却始终保持极其稳定的状态。正是这种稳定的状态，使得证通电子核心团队有极强的凝聚力。整个团队在核心价值观、信念上高度吻合，加上曾胜强在团队中的核心作用，把大家紧紧地团结在一起为了共同的事业奋斗。

“问渠哪得清如许，为有源头活水来”。留住优秀人才固然重要，吸引更多优秀人才进入证通，更是企业持续快速发展的必要条件。为了保证企业有源源不断的新鲜血液注入，证通电子与高校开展人才合作项目，定向培养符合企业需求的优秀人才。比如在湖南大学，采用产学研结合的方式，打造了2000多平方米的证通电子湖南研究院，让企业、学校、老师和学生四方成为一个共同体，为证通电子的前沿项目提供智力支持，另外，在这个过程中，证通电子也提前进行人才战略布局。提前培养、物色、选拔优秀人才，从中吸纳优秀的人才来到证通。

优秀人才的不断注入，也让证通时刻保持创新，在金融服务领域不断创造中国第一：推出国内首个密码键盘、金属键盘等，首家推出证券自助服务终端、自助存折补登机等。正是这些创新之作，帮助曾胜强和他的证通电子步入一个又一个的高峰。

时至今日，曾胜强和他的团队在创新能力上更上层楼，证通电子已经建立起有着近千人的行业科研团队，在全国五个城市建立了六家研发中心，形成了技术研发的集聚效应。证通电子已经成功研发出国内唯一一款能够同时满足国际和国内安全标准的安全芯片，实现了密码安全芯片的自有化，助推了中国密码安全体系的构建。

强大的科研能力，使证通电子能够为所涉及的行业，提供全产业链的定制和强大的差异化服务。截至2017年5月，证通电子取得的有效专利就达到179件，同时也是全球获得PCI认证产品数量最多的企业。

企业最持久的竞争优势是人才优势，证通电子正是长期重视在人才建设的投入，才使得自身拥有健康的肌体，才能不畏外界的风吹雨打，在任何时候、任何市场状况下都能纵横驰骋，战胜挑战。

11.“证通牛”精神

走进证通电子产业园办公大楼一楼大厅，一尊牛的塑像特别引人注目，这是曾胜强专门从外地一个展览会上购买回来的，“证通牛“象征证通精神。他说，这头牛是开荒牛、是孺子牛也是斗牛。

一块荒田水和泥，深耕细作走东西。老牛亦解韶光贵，不等扬鞭自奋蹄。证通电子从一开始的一台组合电脑，几幅桌椅，到现在拥有密码键盘、自助终端以及POS终端相关专利近200项，自主研发了具有自主知识产权的密码安全芯片，建设了高水平的金融终端自动化生产线和先进的物联网云计算平台，为国有各大型银行、股份制商业银行和各中小商业银行提供包括终端、业务软件、平台运营和机房托管等类型多样的差异化金融支付解决方案，靠的正是敢于开拓、勇往无前的开荒牛精神。

企业在发展过程中，除了要有开荒牛的开拓精神之外，要想在市场上站稳脚跟，就需要有俯首甘为孺子牛的精神。证通电子正是靠着老黄牛般的踏实、勤恳、坚持，对市场、对客户精耕细作，才有了证通电子今天的规模和地位。

而如今，面对激烈的市场竞争和技术的快速迭代，曾胜强还要赋予证通电子斗牛士般的勇气和精神，不惧挑战，不畏竞争，勇往直前，才能将证通电子打造成一个百年品牌。

牛的气质，贯穿了曾胜强和证通电子的昨天和今天，也将融入明天。

创新是市场竞争的永恒“利器”

深圳市米兰新娘婚纱摄影有限公司董事长完晓梅

立业者名片：

完晓梅，女，1967年出生。深圳市米兰新娘婚纱摄影有限公司董事长。北京大学深圳汇丰商学院EMBA工商管理学硕士，深圳市龙岗区政协委员，龙岗女企业家协会副会长，中国人像摄影协会理事。从事婚纱摄影、婚庆幸福产业二十余年。

立业者座右铭：

我们用双脚丈量世界，用激情照亮人生，在行走中感悟自己。

1. 承包淮南市第一批公交小巴

溯因一个人的成就，往往都与小时候的梦想相关。

比如项羽，年少时见到秦始皇到会稽巡游，浩浩荡荡的车马仪仗，威风凛凛，小家伙不仅不怕，脱口而出的竟然是“彼可取而代之”！吓得旁边的叔父项梁赶紧捂住他的嘴，担心惹来杀身之祸。嘴虽被捂住了，但一颗雄起的心是按不住的。后来项羽果然起兵，在推翻强秦中立下首功，成为功名盖世的西楚霸王。

米兰新娘董事长完晓梅从小就有一个创富的梦想。

完晓梅1967年出生，13岁的时候，在安徽淮南市读初中。那年春节她去商店，一幅画让她一见钟情，马上就掏钱买了下来。画面上有一栋小洋房，洋房前面有一辆小汽车。在20世纪80年代，这种画比较少见。

买完画，有一天爸爸带她去老同事家做客。完晓梅专门带上这幅心爱的画，见了爸爸同事，特地打开给他看。在大人们赞赏画面好看的时候，完晓梅突然说：“阿叔，这幅画上的东西我长大了一定会有的!”

这让在场的人感到十分诧异。那个年代一般人的工资每月只有三四十元，房子是单位分的，普通员工能有两居室就已经非常不错了；小汽车整个淮南市也没有多少辆，而且都是单位的，老百姓能有机会坐一次会幸福好几天。

“拥有洋楼和小车，简直是天方夜谭，不可思议！”完晓梅回忆当时的情景说，讲出那句话时仿佛冥冥之中有一种力量在内心激发，并不是之前特意想好的。

这幅画后来一直贴在家里的墙上，有时候完晓梅会站在画前默默凝视，想象的翅膀带她飞进画里，似乎自己真的拥有了这一切，心里涌起一丝喜悦。

“梦想是一定要有的，万一实现了呢！”现在看来，这句当下的流行语，在完晓梅身上早就应验了，她创业的成功远远超过了“一楼一车”，这是后话。

毕业后，完晓梅进入当地新华书店工作。这样的国有企业稳定、轻松，环境和收入都不错，对普通人家的女孩子来说，已经是令许多人羡慕的工作了，但显然无法填满她那颗怀揣更高梦想的心。

1992年，机会终于出现了。

完晓梅丈夫部队转业后在淮南市公交公司工作，公司买了4部小巴，当年全市还没有公交小巴，于是决定改革经营方式，鼓励员工承包经营。

中国的改革开放20世纪70年代末潮起广东沿海，当时，承包制改革在沿海地区人们已经习以为常。但在长期封闭的内地小城市还算稀罕事。对绝大多数人来说，看到的满眼是风险。在国有部门安安稳稳拿工资，是人们追求的理想生活。公司公布承包信息之后，大家反应冷淡，都在观望，谁会出来吃这只螃蟹？

丈夫下班把消息带回来征求完晓梅的意见，她非常干脆地表态：咱们干！大不了干不好再回到原点。妻子毫不犹豫的态度极大地鼓舞了丈夫，两人很快达成一致意见：双方都从单位停薪留职，一起承包其中的一辆小巴。

承包除了每月要上交一定的利润之外，还要先交4000元押金。在那个年代，4000元可是一个大数字。工作时间不长，攒钱很少，怎么凑保证金着实急坏了小夫妻俩。幸亏完晓梅父母很支持，父亲又是一个大家族，兄弟姐妹就多达6位，亲戚朋友你100，他200，很快就凑齐了4000元。

完晓梅夫妻以最快的速度办完了承包手续，夫妻俩把小巴开上街头，成为淮南市第一台员工承包运营的小巴。

丈夫开车，完晓梅售票，春夏秋冬，起早贪黑，风雨无阻，辛苦异常。

对完晓梅来说，反差不仅是每天的上班时间大大延长，还有恶劣的工作环境。来新华书店购书的，基本上都是读书人，素质较高，交钱买书，非常简单。公交小巴的顾客三教九流，有时甚至还混有小偷小摸。每天都有人想逃票，为了几分钱票价争吵。车上因各种原因打架斗殴的，也时常发生。“既然选择了这样的生活，就要忍受，何况收入毕竟增加了不少。”夫妻俩经常这样自我安慰、自我鼓劲。这期间，为了帮助丈夫开车，完晓梅还考取了驾照。

“夫妻小巴”就这样运营了一年多时间，平均每月赚1万多元。相比普通人的工资，这是一笔巨款。吃螃蟹吃出来一只大龙虾。如果情况不变，这条创富之路完晓梅会义无反顾地走下去。

然而好景不长，看到承包小巴赚了“大钱”，当初观望的人开始嫉妒，风言风语满天飞。单位的承包政策也因此说变就变，通过各种方式挤压承包者利润。另外，还有一些人想方设法跟风挤进了这个市场。

完晓梅看到经营环境急剧恶化，再干下去不仅没钱可赚，而且跟自己心底揣着的那个梦想越来越远，所以完晓梅果断决定：不干了！

回到新华书店上班，完晓梅立马感觉轻松许多，而且这时候手头上有了十几万元存款。对一些人来说，她已经提前跨入了小康社会，后面可以舒舒服服混日子了。

但完晓梅不是那样的人，浑浑噩噩过一辈子可不是她的选项，她是要干事的人。“我们这个大家族，每年春节相聚时，无论男女，都要谈谈上一年干了点什么。求学的说说学业情况，当官的说说有无升职，经商的说说赚了多少钱。如果你啥名堂也没干出来，会感觉无脸见人，对国家、对社会、对家庭，你似乎就是一个无价值的人。”完晓梅说，完家这个传统一直延续至今，她不能做那个春节相聚时无甚可说的无价值之人。

完晓梅就是这种不服输、不断自我加压的性格。在谈起自己的性格时，完晓梅说，她们完氏是民族英雄完颜阿骨打的嫡后，她的性格中有鲜明的祖先印记。

女真人崛起于“白山黑水”之间，完颜，是女真最古老的姓氏之一。完颜阿骨打（1068—1123年）是杰出的政治家、军事家，金朝开国皇帝，大金国创造了淮河以北地区前所未有的辉煌。史料记载，完颜阿骨打武功高强，性格刚烈，英勇无比，志存高远。

女真人因阿骨打而成为名声显赫的皇族，也因是皇族而遭受一般民族无法想象的灭顶之灾。当南宋和蒙古联合进攻金朝，金朝灭亡时，女真族人口从高峰时的700万，被杀的只剩下10万人。

完姓人就是这幸存10万人的一个支派。完晓梅说，她的祖上隐姓埋名，流落到安徽，目前这支总共有2000多人。

完颜阿骨打那种饶勇、刚强、豪放的性格基因，女真族失去皇族待遇之后，因为被追杀、被灭族而形成的隐忍、低调、谨慎的性格，这两种性格很是不同，在完晓梅身上得到了矛盾统一，成为她创业路上的支撑，甚至可以说决定了她创业的成败。

第一次创业，完晓梅感受了苦头，也尝到了甜头，尤其是对做生意有了感觉，积累了一些难得的经验。自此以后，创业的梦想越发强烈。在新华书店按部就班上了一段时间班后，她就开始感到无聊、厌倦。这时候，她像一只在草原上空盘旋的猎鹰，始终以锐利的目光扫视地面，一旦发现目标，就会俯身而下，直冲过去。

这个“猎物”在哪里呢?

2. 摄影店里最勤快的女员工

“猎物”出现了，不过暂时还只是一个朦朦胧胧的影子。

一位在广东汕头开出租车公司的亲戚，向完晓梅夫妇伸出了橄榄枝，邀请他们来汕头发展。完晓梅丈夫是公交车司机，专业对口，自然可以到亲戚公司当教练，但她去了做什么呢?

“去了再说！”完晓梅和丈夫果断在单位办好停薪留职手续，拎着行李就来到了汕头。那是1994年。

1992年邓小平南巡讲话之后，东方风来满眼春，中国大地再次掀起改革开放的热潮。汕头历史上是中国沿海最早对外开放的港口城市之一，20世纪80年代初又成为中国最早的四个经济特区之一。完晓梅相信，这里的机会一定比淮南多。

汕头城市不大，单位不多，全国各地来找工作的人却不少。除了年轻、肯干，不怕吃苦，完晓梅并没有掌握什么过硬的技术。满大街跑了几天，发现找一份工并不是想象的那么容易。

在找工作的过程中，完晓梅敏锐地发现汕头的影楼行业比内地城市先进多了。当年淮南照相馆拍婚纱摄影，基本上还是排排坐，这里则有一整套精心的设计，要给新娘新郎化妆，在多个布景前摆拍各种造型，后期制作也十分考究。

“如果能进影楼打工，就能学技术、长本领。人有了本领，无论是打工还是创业，就有了立身之本。”完晓梅主意已定，目标已明，唯一担心的是，人家影楼会不会要自己。

做梦也想不到，进影楼居然是那么的顺利。完晓梅至今仍然记得那天应聘的场景，那是汕头一家中等规模的影楼，私人老板见了她之后，简单问了一下情况就干脆地说：“明天来上班吧！”

几分钟时间，完晓梅就与影楼行业结缘，找到了一份工作。而且从此之后，她就从不了解到渐渐地爱上了这个行业，并在这个行业里创业打拼，再也没有离开。进入之顺利，以及后来在这个行业创业经历之艰辛，她都没有想到。

完晓梅在影楼主要的岗位是销售，这方面她过去有做新华书店营业员和小巴车售货员的经验，做起来得心应手。但她的目标是要学会影楼各个环节的技术，怎样才能达到自己的目的？

完晓梅是个精明的女子，她不但知道自己要什么，而且知道怎么去争取，更关键的是，她会全力以赴去行动。

获得老板赏识、同事好感，这样才会有更多机会。自己一没技术，二没关系，怎么才能获得这些？只有放下身段，不矫情，努力干活，也就是做人低调，做事勤奋，舍得付出。

在完晓梅来之前，影楼为节省成本，没有请专门清洁人员，卫生轮流搞，大家都很烦。她来之后，上下两层楼大约三四百平方米的卫生她一个人全包了。等别人不在办公室时，她就拖地、洗厕所、收拾办公用品。刚开始一段时间搞完卫生，她浑身酸痛，觉得这是主动找罪受，是不是对自己太狠了，但一想到自己要达到的目标，就心里释然。因此，她搞卫生从未停过一天，始终保持影楼环境干净整洁。每天上下班，她总是早来晚走。

影楼有化妆、拍照、冲洗等多个岗位，完晓梅一有空就去帮他们打下手，顺便学一些技艺。帮人家干活，人家肯定喜欢你。这些人看到这位女同事这么勤快、和气，都非常乐意教她。就这样过了一两个月，她已经可以拿着摄影师几千元的专业相机学照相，进入暗房跟师傅学冲印胶片了。到了后来，她的技术日趋熟练，有些师傅干脆直接让她上岗干活，自己跑到一边休息去了。

“学化妆你不能用客人来做试验，我就从自己脸上开始化。褐色眼影、红色眼影怎么化，怎么搭配，两边眼要做对比，那一段时间我着了魔似的天天练习，可刻苦了。”完晓梅回忆当初学化妆时的经历说，“下班回去的时候，亲戚经常说，你这是干什么呢，脸上一半黑一半红的。”

功夫不负有心人，有舍必有得。仅仅过了半年，销售、化妆、摄影、后期制作等影楼业务，完晓梅统统学会了，当然还谈不上很专业。在影楼里，她渐渐从一个配角，变成了一个有了一定影响力的员工。这时候，一件大好事迎面而来，让她喜出望外。

老板要在深圳开一家影楼，选定完晓梅过去负责。

原来在影楼打工的半年时间里，天天待在店里的潮州老板对完晓梅的能力、为人、技术观察得一清二楚。潮州人务实，特别赏识能干事的完晓梅，认为把一家新店交给这样的女汉子，肯定能够打理好、有钱赚。

这家店开在深圳横岗一条热闹的街道，老板选好址之后，从购买摄影器材，到招聘员工，整个筹办事务完晓梅全程参与。店的规模和汕头的差不多，定位除了做婚纱摄影之外，重点是做艺术摄影。那时候深圳关外有大量“三来一补“工厂，满大街都是打工的年轻人。当时流行黑白艺术照，玛丽莲·梦露有几张经典黑白照风靡一时，很多年轻人都想模仿拍摄。完晓梅让摄影师仔细琢磨，认真模仿，拍出来的作品从姿势到神韵到非常像梦露，引来很多追逐潮流的年轻顾客，开张不久就开始盈利。

“好的时候一个月营业额差不多有8万元，租金不到3000元，我的工资是最高了，一般员工1000元，整个小店的成本算起来也就1万元左右，你说利润有多高，赚钱有多容易？”完晓梅说，作为店长，她的工资和提成水涨船高，多的时候每月有4000多元钱，让她自己都觉得天上掉下了大馅饼。

每天顾客盈门，钱“哗哗啦啦”流进来。有顾客，有钱赚，影楼日常管理对她来说，好似小菜一碟。这时候完晓梅感觉好极了。她有点飘飘然，内心开始膨胀，甚至变得狂妄。她有了更多想法。

当一个人忘乎所以，以为可以掌控一切时，往往犯错误、栽跟头的时候也就快到了。

3. 独自开店败得流落街头

放着这么好的生意不做，继续打工去替别人赚钱，简直有点傻。店长干了大约一年，完晓梅决定自己开店。

有了帮老板创店的经验，完晓梅筹备起自己的店来感觉得心应手。

住在城中村，附近巷子刚好有一个门店在招租，面积差不多200平方米，租金相对也很便宜。“我觉得真是老天助我，马上就租了下来！”完晓梅说，当时自己手头还有些积蓄，购买设备、器材的事情也很快搞定，又招了四五位员工，这样一个小影楼就开起来了。

开始两个月，虽然没有利润可言，但还算有些人气，主要是原来的熟客。但渐渐地人越来越少，以至于门庭冷落。开店一次性投入5万元，加上日常开支每月要好几千元，原来的积蓄很快花光，而且亏损越来越大，完晓梅只好向亲朋好友举债支撑。

就像买股票一样，理论上一旦发现买错出现亏损时，就要及时卖出“止损”。但实际中很难做到，心想也许明天会涨呢。完晓梅也是这样，总是期盼着明天会好转，不忍心关门，继续熬着。她几乎每天都亲自站在店门口，见到人就大声推销，但巷子里零零落落的行人基本上都没有反应。

熬了差不多一年，工资发不出，房租无钱付，实在撑不住了，完晓梅流着泪把门店关了。

第一次自己独立开店，为什么就以惨败告终？是技术不好？还是服务不周？是定价太高？还是管理有问题？无数个夜晚，她一个人待在房间时苦苦思考，希望找到答案。她明白，创业不可能一帆风顺，经历失败在所难免，但如果惨痛的失败不能换来人生的经验教训，那真的是失败了。

“正确答案直到几年后才在我的脑子里清晰地找到。”完晓梅说，不是说你会一点销售会一点技术就能开店，要有商业定位、企划，还要有市场运作，包括你的盈利模式、商业模式等，都要想清楚，不能出错。给别人打工虽然是当店长，但这些方面老板都考虑了，店长执行好了就行。“那时候我根本就没有这些概念，视野也就是那么点大，太嫩了。城中村所有人加起来也不多，消费水平又低，巷子里人流少，根本支撑不起我的店。现在回过头看得一清二楚，从选址开始就决定了必倒无疑。”

开店倒闭，债务缠身，痛苦没有用，生存问题迫在眉睫，必须擦干眼泪去找口饭吃。

独自一人在异地他乡，完晓梅想生存，只有打工一条路。深圳关外工厂很多，需要大量流水线上的工人，但那时候劳动力市场是“买方市场”，工厂要招20岁左右的小姑娘、小伙子。完晓梅虽然也年轻，但流水线上已经没有什么竞争力。

深圳关内有不少大影楼，罗湖区东门就有好几家。从在影楼打工到担任店长再到独立开店，自己各个环节的业务都熟悉，完晓梅自信到影楼应聘有竞争优势。当年进入深圳关内需要特区通行证，她花100元好不容易买了一张，早早起床从头到脚打扮一番，乘公交来到了罗湖东门。

东门是深圳最繁华的商业街区，商铺林立，人潮如涌，那时候最时尚的服饰用品往往都是从这里流行到全国各地，而且价钱不贵。因此，这里不仅是深圳本地人的购物天堂，外地游客也非常喜欢到这里逛逛。面对琳琅满目的商品和摩肩接踵的人流，完晓梅一边感叹关内关外的差别，一边寻找影楼。

很快看到一家装修现代的影楼，她满怀信心地走了进去。

“想应聘什么岗位？说说你的简历。”面试人员不紧不慢地问。

“我想应聘摄影师。”完晓梅一边介绍自己在影楼行业的经历，一边观察面试官反应，可能是经常面对太多求职者，面试官脸上没啥表情。

“目前韩国、港澳台地区婚纱摄影流行什么风格？深圳与这些地区有什么不同？”

“怎样通过摄影造型来突出一个人气质上的优点，避免其不足？”

面试官一连几个高大上的问题问得完晓梅有些发蒙，他还拿出一张照片，让完晓梅评价摄影技术上的缺憾。对这些问题，完晓梅平时有接触，但根本没有深入地了解和思考。几个问题问下来，她就明白自己没戏了。

接着找下一个影楼，这次应聘化妆师吧，但结果同样是被淘汰。

就这样从早到晚，完晓梅一整天应聘了四五家影楼，有的当场告诉她落选，有的说回家等消息吧。但她心里十分清楚，消息肯定是石沉大海。自己的水平与影楼的要求，就像深圳的关内与关外，一个是“欧洲”，一个是“非洲”。

深圳的夏天骄阳似火，空气潮湿闷热，整个城市好似一个大蒸笼。跑了一整天的完晓梅浑身黏黏糊糊，独自一人拖着沉重的脚步走在罗湖人民桥附近的大街上。夜幕降临，霓虹灯闪烁，打扮时尚的男男女女从身边匆匆而过，城市展现出奢华妖艳的一面。深南路上车水马龙，亚洲第一高楼地王大厦直插天穹，她眼神发呆，对眼前的一切丝毫没有兴趣。这座城市的繁华与富足与自己无关，在这里她无亲无友，像流浪汉一样街头流落，想打工都难于上青天。

肚子又开始“咕咕”叫了，她花几元钱买了一份最便宜的盒饭，吃起来居然那么喷香可口。吃完，她感觉浑身又有了一点力量。“明天还要继续找。”她想，不能灰心丧气。

特区通行证是一次性的，晚上如果回关外的出租屋住，第二天再来关内还要再办一张新证，这样又要花100元钱。这对完晓梅来说，是一笔不小的花费。可留在关内去哪里住呢？街对面就有一家大酒店，口袋里没有银子，那里住想也不敢想。如果能找一个桥洞睡也行，反正现在是夏天，但她马上意识到这样太不安全了。她往附近的城中村走去，果然看到了五元店的招牌。走进去一看，有一个房间里放了好几张高低床，刚好有个上铺没有人，她付完钱住了进去。

房间没有空调，充斥着各种奇怪的臭味，一个旧吊扇有气无力地转着。深夜“呼噜”声此起彼伏，完晓梅躺在床上，辗转反侧睡不着。创业失败竟然沦落到这种地步，一丝凄凉涌向心头，泪水从眼角流出。一整夜，她都似醒似睡，在迷迷糊糊中度过。

第二天一早，她又打了鸡血似的奔向了街头。但几天下来，用今天时髦的话说，她仍然没有拿到一张“*offer*”。

“那是我人生最惨的一段时间。”今天回忆当时的情景，完晓梅仍然有点黯然神伤。

4. 创业路上遇到“贵人”

工作找不到，如果再在深圳待着，真的要流落街头，连一口饭也吃不上了。完晓梅不得不很没面子地回到了安徽老家。

后面的路该怎么走？是回到原单位安安稳稳上班，还是继续寻找新机会？完晓梅在认真思考之后认为，回原单位工作已不可能，不仅是面子问题，那种按部就班，对未来没有任何想象空间，今天就能知道几十年后退休时是啥样子，这样的生活不是她想过的。

就在这时候，她在一本摄影杂志上看到北京一家机构的摄影培训广告，顿时感觉到方向更加明确了。

“还是要在摄影行业找机会，过去的积累和优势都在这方面，离开这个行业，更没有胜算！”她想，这次找工作屡受打击，主要是技不如人，原来自我感觉良好，那是井底之蛙。如果去北京接受专门培训，技术过硬了，机会一定会垂青她。

于是，她再次“厚着脸皮”向亲友借钱，交了两千元学费，满怀憧憬去北京接受培训。

北京的秋天是最美的季节，老舍在《住的梦》里曾赞美说“北平之秋便是天堂”。但再美的秋天，再多的文物古迹，完晓梅都无钱、无暇也无心去游玩，她废寝忘食地投入学习，授课老师从理论到实践系统地讲授，让她有茅塞顿开的感觉。不仅知道了“怎么做”，而且还了解到“为什么要这样做”背后的道理。无论是化妆还是摄影，原来从同事那儿“偷学”来的那些技术，显得有点“小儿科”了。

一个月的培训很快结束，技术大长、眼界大开的完晓梅不久果然遇到幸运之神。

一天，完晓梅意外接到一个电话，打电话的是一位潮汕老板，自我介绍是原来她在汕头打工时影楼老板的朋友，说希望和她合伙开影楼。

居然有这种好事？合伙做生意！此时正为找工作发愁的完晓梅有些不敢相信。他赶紧与原来老板联系，得知此事千真万确。原来这位老板在很多领域都有业务，最近发现开影楼能赚钱，但苦于无人去做，了解到完晓梅的情况之后，觉得她是一位有能力能干事的人，人品也很好，非常合适做合作伙伴。

人生路上，最需要的是雪中送炭，当你处于困境时，有人助你脱困。或给你一番醍醐灌顶的指引，让你拨云见日般走出思想的迷茫；或给你伸出一只援手，帮你脱离泥沼跨过沟坎；或给你一个事业的平台，让你的才华得以施展。这类人的出现一定会让你的命运或大或小发生改变，我们把他们称之为“贵人”。

贵人难得，创业时的贵人更加可贵。完晓梅的“贵人”出现了，她马上收拾行李来到深圳。见面后，她发现潮汕人真的是天生具有商业头脑，虽然这位老板没有做过影楼，但有非常敏锐的商业眼光，对市场和商业定位把捏很准。两人优势互补，合作谈得非常顺利，完晓梅拿出原有的一套照相设

备入股，其余费用由这位老板负责，在龙岗开一家影楼，完晓梅负责日常经营，利润五五分成。

这次店址选在龙岗热闹的商业街，人气很旺，店面规模中等，200平方米左右，主要做婚纱和艺术摄影。经过之前的波折和北京的培训，完晓梅无论是技术还是管理上都更上层楼，加上后面有人支持，她生意上如鱼得水，做得红红火火。但确实也异常辛苦，为了节约成本，从化妆、摄影到制作相册，作为小老板的完晓梅都亲自带着员工一起做。晚上客人走后，有时候甚至还要忙到两三点才能回家。第二天上午9点，又要赶到店里上班。吃饭就买盒饭，3元钱就解决一顿，有时候忙得一天只吃两餐。

拼命干活加上选址好，店里每月都有不少入账，一年之后，每月竟然能有近万元利润了。

不但有了工作，还做起了老板，虽然辛苦，但每月毕竟都有不断增长的利润分成。这幸福来得有点快。但上天总是公平的，福祸相依，得失相伴。在短短的一两年之内，她就经历了好几次被抢被盗，不仅损失不菲钱财，甚至差点丢了性命。

那是一个黄金周期间，完晓梅深夜下班走在街道上，一辆摩托车从后面快速开来，后座上的人趁其不备抓住她的包带，她一下子被带倒在地，包里装着当天几千元的营业收入，她下意识死死地抱着皮包不放，车上的人也不松手，她被拖了上百米远，这时候感到身体贴地的地方钻心疼痛，如果再不放手，她真的可能被活活拖死。

她放手了，用血汗换来的几千元钱眼睁睁被夺走了。

跑到附近的小诊所，她才发现身上多处皮开肉绽。

虽然是老板，但完晓梅一直舍不得花上万元买个手机，打电话经常要跑到街边电话亭。有一天晚上在电话亭给安徽亲人打电话时，突然后背被人用刀子顶了一下，同时响起一个低沉恐怖的声音："把钱掏出来！"她意识到，有人抢劫。

"我口袋没装钱。"这时候刚好附近有几位男青年走过，完晓梅同时大喊一声："有人抢劫！"她希望以此吓走歹徒。

没想到被吓走的是那几位男青年，没有办法，在利刃顶着身体的情况下，她只能选择掏钱。

这两次被抢，十分危险，但经济损失还不是最大。

为了拍外景的需要，完晓梅买了一台二手面包车，才用了一个月左右。一天她开着去商场买东西，买完东西回到停车场发现车子不见了。她顿时惊出一身冷汗，可是花了十多万元买的车啊！她找遍整个停车场，生怕漏过每一辆车，最后不得不接受丢车这个残酷事实。

“一连几天，安排好店里的事情之后，我就一个人满大街找车。有时候找得很晚，回到家里，躺在床上偷偷哭泣，眼泪都快流干了。”完晓梅说，当时也没有购买保险的意识，报案后也没有音信，丢了也就丢了。

“那时候深圳关外治安很差，现在社会治安好了，也不会发生那样的事了，即使发生，我也不会那么痛苦了。”完晓梅分析说，不同的人和同一个人在不同时期，对待同样灾祸的承受力和反应是不一样的。创业初期，挣钱特别艰辛不易，自己还债、发展事业和维持生活，都特别需要钱，钱就是命根子，因此，现在看起来微不足道的损失，在当时就像天塌下来一样。

幸亏这些意外灾祸并没有给影楼业务带来太大的影响，在第一家影楼创办3年多之后，他们又开了第二家分店，两家业务量加起来也增长到十几万一个月，每个月能分两万左右的利润了。

还完欠账之后，完晓梅用积攒的钱买了一套房子，流落街头的滋味苦不堪言，有了房子才会有安居乐业的感觉。

然而，就在合伙创业近5年的时候，两人之间在经营上的分歧越来越大。而且潮汕老板其他业务做得越来越大，对影楼业务的兴趣逐渐淡去。经过友好协商，潮汕老板完全退出了。

“分开是必然的，我们两个人的性格都是不愿意过多受别人控制。但至今我仍然对他心存感激，他是我终生难忘的贵人！”完晓梅说，合伙创业是她事业能够做出成绩的重要起点和基础，如今米兰新娘正在大力推进的合伙人制，也是源于这段经历。

“在创业的过程中，需要与一个有专业能力、丰富经验的人或公司成为合作伙伴，他们会协助你用最小的代价换得最大的利益，为事业正确的发展方向保驾护航。”这是她的切身感受。

5. 再次独立开店经历生死劫

对国家来说，发展才是硬道理，对企业也是如此，要紧紧抓住发展的一切机会。企业没有规模，市场上一点小小风浪，就能把你颠翻。

在影楼生意蒸蒸日上的时候，完晓梅就思考着如何扩张规模。当时因为受制于合伙人，她的想法无法立即兑现。现在她一个人说了算，可以撸起袖子大干一场。

原来的店铺面积太小，她要关了换一个更大的。

她在一条繁华的商业街找了一个独立的5层小楼，租了下面的两层，面积约400平方米。精心设计、装修，聘请更多优秀员工，这样与原来相比，新影楼无论是规模还是档次都明显上了一个台阶，从而进入龙岗区行业第一梯队。

意大利米兰是国际知名的时尚之都，完晓梅给影楼取了一个名字，叫“米兰新娘照相馆”。

开业后，果然生意不错。看着客流不断，收入日增，完晓梅非常高兴，经过不断磨炼，这次扩张的抉择做对了，她对自己的商业判断更有自信。

然而，没有高兴多久，麻烦就接踵而至，而且比被抢被偷更为严重。

开业大约一年的时候，一天突然来了几位穿制服的税务人员，随后短短几天之内，查账、罚款、封门，迅雷不及掩耳。完晓梅心想，这次完了！

税务部门给出的理由是偷税漏税，补税加罚款一共要交60万元，否则吊销营业执照。说实话，在那个市场建设不完善的年代，对于规模不大的经营者来说，完晓梅也不可能做到全部照章交税，接受处罚是应该的。但60万元也太高了，补税和罚款数额是按照开业后营业额最高的一天推算的，她就算倾家荡产也拿不出这么多钱。

“开这家影楼一共花了50多万元，有不少还是借的。如果罚60万元，我只能关门歇业了。”完晓梅做了最坏的打算。

但她骨子里不认输，绝对不能“坐以待毙”，她要为生存而博，竭尽全力挽回局面，向最好方向努力。

于是，在随后很长一段时间内，她几乎天天到附近的税务局“上班”，抓住一切机会向他们解释、示弱，恳求手下留情，减轻处罚，让她能够存活下来。

功夫不负有心人，努力总会有结果。经过一两个月“哀求式”攻关之后，税务部门终于松口，大幅降低了罚款数额，完晓梅终于躲过一劫，影楼又正常开门营业了。

但是好景不长，又一个事关影楼生死的大劫从天而降。

一天早晨，影楼刚刚开门，突然来了十多个身穿黑衣、剃着光头的人，有几位脸上有疤、身上有刺青，一看就是黑社会。一进门为首的老大阴阳怪气地说道：“听说你们影楼的老板是位大靓女，今天带着弟兄们来养养眼！”说完，黑老大一屁股坐在凳子上，十多个马仔齐刷刷地站在两边。

“这位大哥请坐，小妹快倒茶！”完晓梅从来没有见过这种架势，她赶紧迎上来，“您有什么吩咐？”。

“果然是大美女啊，咱们一起做个生意，您每月给弟兄们这个数，我保证以后在龙岗就没人敢欺负你们了，弟兄们都是你的马仔！”黑老大边说边用右手的大拇指和食指伸出一个“八”字。

“小本生意，哪敢麻烦你们这些弟兄！”完晓梅心里一惊，一个月要收8000元保护费，这帮狗东西人心太黑、胃口太大了。

“看来美女老板是不想做这笔生意啊！”黑老大把黑脸一沉，向身边马仔一努嘴。马仔们立即在影楼内外驱赶顾客，“今天影楼有特殊情况，停业了！”

黑社会人员刚进门，就有几位客户悄悄走了。这一驱赶，不仅剩下的客户全被吓跑，一位员工也吓得偷偷地溜了出去。

完晓梅强忍着内心的愤怒与恐惧，赔着笑脸，尽量显得温和平静，但也不卑不亢。她知道在光天化日之下，只要她沉得住气，不主动激怒他们，这些人也不敢对一位女子做什么太出格的事。下班关门时，黑老大狠狠地撂下两句话：“不给钱就关门，如果你敢报警，小心你的小命！”

这些黑社会是自己找上门来还是被人雇佣？是报警还是给钱消灾？当天晚上，完晓梅几乎一夜未合眼，她在脑海里把自己有可能得罪的人全过了一遍，得出结论，很可能是某位生意上的对手干的。在这种时候，不能报警也不能给钱。如果让警察把这帮人给抓了，他们出来后必然要伺机报复，你在明处他们在暗处，说不定真的有性命之忧；如果给了一个月保护费，后面就会没完没了，谁能受得了这样的敲诈？她决定，还是笑脸相迎，硬挺着，与对方打一场拖延战。

接连几天，黑老大都带着马仔按时上班，完晓梅端茶倒水，态度极好，但不管他们如何软硬兼施，就是不答应给钱。这期间，影楼当然没做成一笔生意。

到了第六天，完晓梅和往常一样来到影楼，里里外外收拾一番之后，发现那些黑社会成员居然还没有出现。到了中午，仍然没有露脸。此时，她心里反而更加不安，这帮人会不会使出更坏的招数？

庆幸的是，后面几天这帮人再也不见踪影。完晓梅四处打听才知道，那位生意上的对手雇这批人每天是要花钱的，将近一周都没有效果，偷鸡不成蚀把米，于是知趣地收手了。

“原来与合伙人做生意，我只管店里的事情，社会上方方面面的关系都由他搞定。一旦单干了，我这位没有背景没有经验的草根，肯定要栽跟头。”完晓梅说，经历两个大“劫”之后，她总结出一番经验教训：既要规范经营，依法纳税，也要搞好包括政府部门、同行等在内的各方面关系！

遇到这些事情都是坎，处理不好分分钟让你倒闭。完晓梅能顺利过关，与家族中的性格基因有关。金朝灭亡后，完颜氏家族被四处追杀，炼成了极强的危境求生的能力，受到再大的委屈，首先是隐忍下来，在忍中求变，忍中求解。如果当时与税务部门、黑社会针锋相对，结果肯定一败涂地，影楼早就关门了。

“草根创业，尤其要放低身段，抛弃所谓的面子，生存最重要，为了生存‘死缠烂打’也是必要的。”完晓梅感受很深。

青山遮不住，毕竟东流去。

历经挫折，完晓梅在经营上更加成熟，加上又是坐在深圳这趟高速发展的列车上，米兰新娘婚纱摄影驶入利润增长快车道。

2006年，完晓梅在工商部门注册成立深圳市米兰新娘婚纱摄影有限公司，主要从事婚纱摄影。经营更加正规化，场地也逐渐从租两层楼到三层，最后那栋五层小楼全部租下，面积超过1000平方米。业务规模直线上升，到2008年左右，在龙岗区婚纱摄影行业，名列前茅。

6. 从EMBA学到突破事业瓶颈的“真经”

万物千变万化，变化是大自然永恒的真理。企业在发展过程中，因受各种内外因素影响，不可能始终保持高速增长，有高潮必有低谷。进入2009年之后，米兰新娘利润虽然也在增加，但明显进入了一个平台期。

制约其发展的最大因素，是移动互联网的出现。2009年是我国3G元年，进入第三代移动通信时代，随着智能终端的大范围普及，移动互联网被迅速融入社会生活的每一个神经末梢。

企业发展进入平台期，如何才能突破瓶颈，做大做强，迈上新台阶？

完晓梅想到了学习。她是一位善于剖析自己的人，清醒地看到自身虽然有很多优点，但没有受过高等教育始终是人生最大的软肋和不足。草根创业可以凭闯劲和勤奋取得一些成绩，但要把事业真正做大做强，提升自身素质是关键。上次被迫去北京学习，时间很短，而且仅仅局限于技术层面。作为一名企业家，更加需要管理知识、眼光和境界。自己的经历和知识背景，眼光只能落到目前的地方，很难做到居高临下谋划未来。

但在哪儿才能给自己补齐“短板”，找到突破企业发展瓶颈的“点金之术”？成天忙于影楼事务的她，心里一所无知。

“一次出差，在飞机上的杂志里看到北京大学汇丰商学院EMBA招生广告，对你的商业如何发展，人生如何规划，广告词里写得都很精彩。我有一种感觉，在这里能得到我要学的东西。”完晓梅说，她记下了联系电话。“回到深圳，电话打过去一聊，谈话的方式就与我身边接触的人不同，内容更是高大上，在自己24小时的人脉圈里根本听不到，觉得他们是另外一个阶层的人。”

这是北京大学汇丰商学院EMBA首次招生，推广活动很多，比如组织沙龙，聘请著名的实践家教育集团董事长林伟贤讲授Money＆You课程，完晓梅听了两次之后，触动极大。

“这期间还有一个小插曲，差点让我与汇丰商学院失之交臂。跑去准备报名时，他们说学费是39万元，吓得我赶紧走了。我之前看到资料上写的学费是“39”，心里一直觉得是39000元，根本没有想到会要这么多钱。当时对我来说，这笔钱太多了，和心里想的落差很大。”完晓梅说，那次虽然临阵退却，但心里还是很想读，于是后来又去听了两次沙龙，有一次还是海闻教授讲的。“我最终认识到，这学必须上、值得上！现在回过头来看，这笔学费一点也不贵。”

进入汇丰商学院，完晓梅边工作边学习，快乐并累着。每月4个整天的课程，她从不敢缺席。因为基础较差，她课前课后比其他同学要花费更多时间预习和复习，这样才能领会课堂上的知识。白天工作，晚上挑灯夜读，颇有点“头悬梁锥刺股”的劲头。“一方面我对知识如饥似渴，另一方面，交了那么多钱，不‘学’回来，我心有不甘。”完晓梅谈到这些，笑称真正的商人是不会浪费一分钱的。

两年的学习生涯，给完晓梅推开了一扇门，打开了一个精彩纷呈的世界。

她至今仍然记得第一次课是海闻教授上的，内容是宏观经济学，接下来孔英教授讲了微观经济，魏炜讲了商业模式，都是国内外知名教授。“不仅让我系统地学到了很多理论知识，了解了大量案例，更重要的是掌握了思考问题的方法，包括世界观、价值观层面都发生了变化。”完晓梅说，原来只知道盯着自己影楼那一亩三分地，不关心国家的政策和形势，觉得与自己无关。在影楼的经营上，根本不知道啥叫商业模式，什么才是现代企业管理。因此，从经营理念、境界到方式方法都非常落后。学完那些课程，她豁然开朗。

“来到商学院，这位是什么名人，那位是什么大企业老总，这么多原来可望而不可即的人，就在身边，近在咫尺。他们谈吐不凡、才华横溢，又真诚朴素、和善包容，当你遇到什么问题，就能从他们那儿得到帮助。”完晓梅说，读书不仅快速提高了自身的商业能力，还与很多老师、同学结下深厚的友谊，拓展人脉。“原来在我的王国里面觉得自己很了不起，但是来到这里，方知天下之大，自己原来是坐井观天，目光如豆。”

因为是带着目的、问题来上学，完晓梅时时都在思考如何学以致用，运用学到的知识来谋划米兰新娘的发展大局。

“比如，当时我就在想，既然企业是社会大系统中的一个子系统，那么米兰新娘的发展就必须放在社会大视野中来思考，社会日新月异，米兰新娘也必须因时而变。”完晓梅说，当时有两个重要变化引起了她的高度关注，一个是移动互联网迅速兴起，让信息传播更加快捷、透明和没有边界；二是地铁、高铁越建越多，海陆空交通越来越便利。米兰新娘是面向大众的服务性企业，当“信息流”和“人流”都发生改变，变得更加通畅时，营销方式当然不能墨守成规，过去全靠在店内外搞点活动促销的方式必须改变。尤其是客户绝大多数是年轻群体，年轻人对新生事物更易接受和追逐。于是，他们率先把营销重点逐渐放到了网上，在龙岗区影楼行业成为“吃螃蟹的人”。

2011年，米兰新娘第一次成立了网销部，他们称之为网络1.0时代；此后，一年一个台阶，一年迎来一个“网络时代”。比如，2013年，建设了微信、微博、百度等网络渠道，进入网络3.0时代；2016年，公司网络部业务涵盖所有主力线上推广渠道，完成全公司营销业绩的一半以上，成为业绩增长的绝对主力，网络5.0时代宣告到来；2016下半年，着手发展手机端网络推广，如今大部分业务通过移动端完成营销，开启了网络6.0移动端的新时代……

过去是开个门店就做生意，搞点降价促销就能吸引顾客，现在做现代企业必须进行定位，要有自己的特色和商业模式。完晓梅对米兰新娘的内部管理进行了大胆改革，她说：“麦当劳和肯德基都是快消品，我们在研究他们的赢利模式时，发现‘标准化’是他们制胜的一个重要法宝，所有店的食品品质和服务都是一样的，不会有不同。不像国内街头的一些小店，炸个油条今天黄一点，明天黑一点，而且大小不一。我们米兰新娘借鉴其做法，在内部管理和产品生产上制订了一套标准化的制度。”

在上北京大学汇丰商学院之前，如果说完晓梅还是一位深圳街头随处可见的商人，那么读完书之后，她已经逐渐成长为一位有现代经营理念和方法的企业家。随着个人素质和能力的跃升，她的企业正迎来一次现代化的改革和创新，在深圳同行中位居前列，引领行业风向。

“这是一段受益匪浅的深造之旅。”完晓梅如此总结这段求学经历，“在创业的旅途中，要重视对自身的教育投入，这项投入某种程度上来说，比对公司的资本投入更加重要”。

7. 服务创新“升级”米兰新娘

在形形色色的360行里，传统影楼行业属于门槛较低的一类。甚至一名摄影师在家开个工作室也能给人拍照，拍出来的照片好看，顾客满意了就有钱收。正因为如此，进入容易，倒闭也快，这是一片红彤彤的大海。眼看他开影楼，眼看他“楼”塌了，大家习以为常。

米兰新娘主营婚纱摄影。婚纱摄影20世纪90年代初在大陆出现。随后便如星火燎原，遍布全国。过了十几年，大陆婚纱摄影无论是规模还是技术，渐渐超过境外地区，成为整个行业领导者。而国内婚纱摄影又以深圳为龙头。没有两刷子，要在深圳这种婚纱摄影的高地上生存发展，几乎是不可能的。

汉代桓宽在其著作《盐铁论》中说：“明者因时而变，知者随事而制。”上了EMBA的完晓梅深刻地认识到，要成为婚纱摄影行业的常青藤，首先必须抓住创新不放松，促进服务和产品升级，形成自己的核心竞争力。

对影楼来说，“服务”两字重若千金。创新当然要从服务方面寻找突破口，革旧推新。从2011年开始，米兰新娘就先后推出了“底片全送”“产品终身保修”“杜绝一切隐形消费”等做法，有的打破了“行规”，消费者叫好，业界却瞪出白眼。

其中力度最大、对婚纱摄影行业影响深刻的改革，是2015年陆续在业内率先推出的6大服务：30%定金拍摄、免费专车接送、CEO全程监督服务、产品快递到家、5次到店改为1次、感动式服务体验。

第一招30%定金拍摄。先收钱，后拍照，这是婚纱摄影行业的惯例。虽然消费者感觉不爽，但这样却能保证影楼的现金流水，也就是会形成“资金池”。米兰新娘打破陈规，顾客下单只需交付30%费用作为定金即可拍照。照片出来，满意再交余款，不满意可以拒付，抬腿走人。

婚纱摄影每笔生意大多有五六千元，流水是个不小的数字。改革一开始是减少了“流水”，但长期却增加了顾客好感，尤其是通过网上下单的顾客顾虑少了，下单快了、多了。这一减一增之间，米兰新娘正收益不菲。

第二招免费专车接送。拍婚纱照给婚姻留下最美一笔，是件浪漫的事，但也是辛苦的体力活。从化妆到户外拍摄，要走很多路，摆无数POSE，马不停蹄。尤其是深圳的夏天，烈日炎炎，酷热难熬。一对新人无论是乘公交还是自己开车到拍摄现场，都是一种体力和精神负担。

解决客户“痛点”，就能给商家带来更多“卖点”。2015年，滴滴打车等互联网约车服务出现后，一位员工发现北京有企业利用网约车开展客户接送服务，于是向公司建议借鉴他们的做法。完晓梅非常兴奋，她早有类似想法，之前是苦于自己养车成本太高，现在有了化解成本问题的解决办法，太好了。她马上组织人到北京这家企业考察取经，回来后立即全面实施，米兰新娘成为深圳婚纱照市场上第一家向顾客提供免费接送服务的影楼。

第三招CEO全程监督。这也是米兰新娘在业内率先推出的服务。顾客下单后，加公司CEO微信，在拍摄等整个后续服务中，碰到跟单员解决不了的问题，可以随时跟CEO沟通。刚刚实施时，完晓梅就是这个CEO，她自己亲自处理顾客问题。虽然忙得不可开交，但化解了很多可能导致更大纠纷的问题。

这项服务实施之后，完晓梅逐渐体会出至少有三大好处：一是及时解决问题，提升顾客消费体验。因为权限及素质不同，员工解决问题的能力无法与CEO相提并论。层层汇报，链条又太长，顾客容易窝火。如果在拍摄过程中的问题得不到及时解决，后面补拍又要跑来跑去，平添许多麻烦。现在利用科技手段建立起顾客与CEO之间沟通的渠道，极大地方便了顾客投诉。二是监督员工服务，增强企业管控力度。公司接单后全过程都在CEO监控之下，员工不敢懈怠。三是老板掌握经营最前线的一手情况，有利于科学决策。作为企业一把手，要时刻把握市场脉搏的跳动，直接接触客户，感受更加真切。通过这个渠道，顾客除了投诉之外，还有不少是对员工的表扬和对公司的建议，这些信息都很有价值。

第四招是送货上门，帮助安装。相册制作好了，公司免费送货上门。当然这也是利用社会化快递服务完成的。

第五招5次到店改为1次。传统影楼顾客下订单来一次，拍照来一次，选样来一次，看效果来一次，然后取件再来一次，顾客要跑5次才能完成整个流程。现在借助互联网和滴滴打车等社会化资源，顾客仅拍照那天来一次就行了，省时、省力、省心。

第六招是感动式服务体验。从下单到整个服务完成，顾客随时能感受到温情周到的服务。比如顾客在化妆的时候给按按摩呀；女孩子化妆时间比较长，男士等候时间放一些影视节目；拍照结束，有奶茶、点心给客人补充体力，女孩子皮肤干燥，会免费给她们做个面膜；原来影楼用的都是国内二线品牌的小化妆品，现在全部改用国际一线品牌，让顾客更放心。完晓梅举例说，这些看似很小服务，却带给顾客无限温暖。

六项改革，紧扣婚纱摄影整个链条的各个关键环节，从下单、拍摄，到送货上门，通过创新，改善服务，为顾客提供更好体验，提高满意度。而满意度，是互联网时代形成企业美誉度和品牌影响力的关键因素。

米兰新娘在服务上大胆改革，在婚纱摄影产品上，不断加大研发力度，紧跟潮流，推陈出新。

在公司内部，专门设立了多个“创意总监”岗位，由摄影技术高超、富有创造力的摄影师担任。他们的主要职责不是给顾客拍照，而是研究国内外婚纱摄影的最新技术和趋势，结合米兰新娘客户群的实际，定期开发出新产品，拍成样片供顾客选择。顾客一旦选中某款产品，专门负责拍照的摄影师就会根据创意总监的培训，按照标准化的程序给顾客拍照，确保质量统一，产品不走样。

通过长期研发，米兰新娘形成了多个备受顾客喜爱的产品系列。如把更多的90后开放元素融入中国风之中的“新派中国风”系列；恰到好处的光线运用和韩式婚纱相结合，凸显新人优雅、唯美气质的“经典韩式风”系列；画面轻松随意、充满故事性，凸显现代新人不拘束、不盲从个性特点的“现代纪实风”系列等等。他们甚至耗时1年研发出“法式故事篇”产品，将静止的照片拍出有故事的电影，将法式的浪漫气息融汇到浓厚的爱意之中，更忠实地记录新人之间的爱情，从而更诗意地珍藏时光。这个产品一经推出，就引起了小小的轰动，独占市场鳌头，被同行争相模仿。

“做企业，持续创新才有生命力，婚纱摄影尤其如此。”完晓梅说，这个行业的顾客基本上都是年轻人，他们是最超前的，始终引领时尚潮流，必须跟着他们的思维走。“我们的员工非常年轻，绝大多数是30岁以下的，在业务前段的员工更年轻，基本上是20岁左右。我自己虽然年纪比他们大，但始终保持对时代敏感的嗅觉，市场上有什么新东西，就要看一看，用一用，体验一下，并且想办法做进婚纱摄影之中，带动企业的发展，这已经成为生活习惯。”

创新有成功，也难免会失败。比如婚纱摄影原来都是平面的，前几年市场上出现3D摄影，完晓梅就尝试引进来，安排创意人员开发了3D婚纱摄影产品。但结果顾客不太认可，这个产品很快下架了。“尝试新生事物不一定成功，但你不尝试就一定会被淘汰。”完晓梅说，市场就是这么残酷。她经常提醒公司管理人员，必须时时保持对新事物的敏感性，决不能麻木不仁，熟视无睹。为了鼓励员工创新，对提出有价值的创新建议的员工，公司给予重奖。

在传统影楼业务不断走低，不少影楼甚至亏损倒闭的背景下，米兰新娘反而实现了“逆生长”，改革刚推出的那两年，甚至出现了30%的增长，这一切都由于顺势而变，创新迭代。

8. 抢夺“全球旅拍”市场蛋糕

米兰新娘被业内誉为最互联网化的影楼，完晓梅是最有互联网思维的婚纱摄影老板。

这不仅仅因为他们较早就敏锐地看到了互联网尤其是移动互联网对传统影楼行业会带来巨大冲击，更因为他们主动出击，及时应对，在“互联网+婚纱摄影”方面推出许多大动作，变危为机，成功借力，实现了业务的腾飞。

技术进步和年轻人消费观念的变化，给传统影楼行业带来革命性变革。年轻人找影楼、看样片、下单，全在网上完成，拍照片也从过去单纯的室内变成室内外兼有，前些年还悄然出现了“旅拍”，边旅游边拍摄。拍个婚纱照已经不是在本地就能完成的了，有的甚至要“拍”到全球。

2013年，完晓梅就注意到影楼偶然会来一两对从内地来深圳旅游的顾客，他们要求在有深圳特色的地方拍摄婚纱照。后来她发现上海团我电子商务有限公司在开展“全球旅拍”业务，这是摄影产业的O2O创新平台，为婚纱摄影、亲子摄影、旅游摄影等领域的消费者提供垂直的、一站式的增值服务。通过合作，他们在全世界很多国家和城市拥有专属的拍摄基地，消费者在平台上直接向摄影基地购买与摄影相关的产品。

“这是一个新市场，潜力巨大。”完晓梅敏锐地觉察到，“全球旅拍”是典型的“互联网+”模式，是影楼行业的共享经济。深圳又是改革开放的窗口，一个具有全球影响力的城市，到处充满青春活力，对即将进入婚姻殿堂的年轻人来说，这座城市的魅力无限。如果让深圳与全球旅拍结合在一起，将产生巨大的爆发力。

广东人讲究喝“头啖汤”，生意场上要抢占先机。她赶紧与这家公司联系，双方一拍即合，2015年联合成立了全球旅拍深圳分公司。

米兰新娘能够成为“全球旅拍”深圳市场的唯一合作伙伴，在抢夺这片新市场蛋糕中博得头筹，分得一大杯羹，与完晓梅几年前的一项重大抉择有关。

当越来越多新人不满足在室内造景前摆拍，而寻求户外自然场景拍摄婚纱照片时，完晓梅就在琢磨该建设户外拍摄基地了。深圳是滨海城市，最好的山海资源在大鹏新区，这里被称为深圳的后花园。从整个城市规划来看，这里以“保护为先”，重点发展滨海旅游，婚纱摄影属于政府大力支持的“绿色产业”。她经过较长时间考察、洽谈，2013年，终于与当地政府签署协议，租用大鹏官湖村长达1公里多的海滨区域。

官湖村是藏在深圳郊区的小渔村，原住民虽然早已不靠打鱼为生，但还保持着许多渔民古朴的生活习惯。村落有“面朝大海、春暖花开”的绝佳美景，还有现代城市所不见的古老风俗。完晓梅第一次来到这里，就深深地爱上了这片宝地。她租用的区域位于两山之间，常年碧海蓝天，湾里有柔软细白的沙滩，礁石上有蜿蜒的栈道。稍做规划，这里就是天堂般的婚纱摄影基地，而“互联网+基地”正是“全球旅拍”追求的商业模式。

签约改造之后，完晓梅给这里取了一个令人神往的名字“幸福岛”。

为了进一步做强“基地”部分，2016年，在距离官湖村不远的大鹏宝资源园区，米兰新娘又租下1000多平方米的楼层，打造了国内首个LOFT风格多功能开放式综合拍摄空间。这是一个前卫新潮的基地，功能齐全，里面有接待空间、休息空间、化妆空间、拍摄空间、选片空间等，婚纱摄影需要的所有室内服务在这里都能一条龙完成。化妆空间可以同时容纳几十人化妆，化妆结束，有数百套各类婚纱可供顾客选择。拍摄空间里装修设计了多个“景点”，背景有的是玫瑰花墙，有的是弯弯的月牙儿，有的是鲜花绽放的大树，浪漫温馨，见证爱情的甜蜜时刻。

每天清晨五六点，一对对来自全国各地的新人齐聚米兰新娘宝资源基地，由专业人员安排化妆、试妆。一切准备就绪之后，再和摄影师一起乘车来到官湖海滨基地进行拍摄。周而复始，紧张而有序。

有了这两大基地，米兰新娘如虎添翼，旅拍成为重要的业务增长点。

“全球旅拍”品牌知名，客户遍布海内外，在上海、杭州、普吉岛、巴厘岛、威尼斯等世界各地拥有200多个拍摄基地，号称“全世界都是你的影棚”。加入了这个大平台，就拥有了更大的舞台，更多的资源。米兰新娘在这个平台上宣传推广产品，顾客看到之后，觉得满意，就可直接下单，然后预约拍摄时间。除了这种散客之外，全球旅拍所有加盟的影楼都在相互推荐客户。聚沙成塔，这样一来，米兰新娘的客户数量大大增加。

“原来主要集中在深圳，甚至龙岗，现在北到哈尔滨、东到上海、西到新疆、西藏，都有客户到我们基地拍婚纱照。”完晓梅说，目前一个月大概会有300~400对是旅拍客户，已经占到总客源的一半以上。

相对于全国旅拍人数和这座城市的影响力，完晓梅对目前旅拍的情况还很不满意。“空间很大，要做的工作很多。”她介绍说，在全球旅拍平台上，他们做过两次业务发布会，也邀请过B端客户来深圳参观。今后这种推广的力度还要加大，包括技术团队对新片子的研发要更快、更多、更好。“三亚一年去旅拍的新人大约600多万对，我们争取在半年内每月实现旅拍新人1000对的目标。”她对此信心十足。

2015年，马化腾曾经说过，互联网就像电一样，过去因为有了电，很多行业发生了翻天覆地的变化，现在有了移动互联网，每个行业都可以拿来用，去改造自己的行业。所有行业都需要基于互联网重新思考，因为这是大势所趋。

这几年我们看到，零售、金融、通信、媒体等几乎所有的传统行业，都在被互联网+改造。在这种大趋势面前，企业家的表现形形色色，有的主动迎接，有的被动接受，有的熟视无睹，有点拒绝排斥，表现不同，结果迥然。

在这个大潮之中，完晓梅站在了潮头，在米兰新娘率先实现了婚纱摄影的互联网化。这种因势而为，化茧为蝶的能力，正是米兰新娘成为行业常青树的内在原因。

9. 推出合伙人制新模式

在深圳华侨城LOFT创意园并不热闹的东北角，有一栋普通的工业厂房，改造后变成了创意公司集聚地。二层有一家米兰新娘的门店，大约30多平方米。与一般影楼不同的是，这里的位置可谓“藏在深山人未知”，看了楼下的招牌需要仔细一点才能找到。进入门店，墙上挂满各种婚纱照的样片，看不到室内造景，除了介绍业务的员工之外，没有一位摄影师。

“严格来说，我们这里只是配合线上营销的接单门店。”热情端庄的女店长白群介绍，现在米兰新娘绝大多数订单都来自网上，但婚纱摄影毕竟是一笔不小的消费，一个订单多数在5000~7000元，仅仅看网上的资料多数客户还不太放心，希望到线下实体店看看样片、相册，多了解一些情况，因此，线下门店的作用也很大。但这些门店不用像传统影楼那样，开在繁华的商业区，那样成本太高。

这家门店的特殊性更重要的还不在门店的位置，而在于它背后的体制机制，这是米兰新娘2016年底推出的首家合伙人制门店。

白群就是这家门店的合伙人，持有门店50%的股份，另外一方是米兰新娘。

7年前，白群从重庆来到米兰打工，从前台做起，后来做销售，业务过硬。但作为一名普通打工者，想多挣点钱的理想一直难于实现。出去创业吧，一没资金实力，二没特殊专长，三没非同一般的人脉圈子，很难迈出这一步。

2016年下半年，机会来了，完晓梅在公司提出实行“合伙人制”。白群抓住机遇，她交了一定数量的保证金，由公司出资装修了这家门店。白群担任店长，她另外雇了4位员工，负责线下接待客户。

一年过去了，白群收获满满，平均每月分红是过去工资的三倍。而且门店效益每月还在增长，分红逐月增加。

“和当初打工的心态完全不一样了，原来感觉是帮公司干，现在是给自己干。”白群说，对她们来说，合伙人制实际上是借助公司平台实现自己的创业梦想，风险更小，收益更大。

合伙人制对白群她们来说，有点像天上掉下的大馅饼。对公司来说，这是一场涉及产权和经营模式的变革，是继“旅拍”之后，完晓梅下的又一盘大棋，背后有她深层次的考虑。

这盘大棋的目标就是一个：做大做强米兰新娘，实现途径有三个关键词：轻资产、可复制、共享。

传统婚纱影楼不仅要开在繁华闹市，而且越大越全越好，动辄几百平方米，从接单到拍摄最好店里都能搞定。随着房租越来越高，人工越来越贵，加上竞争越来越激烈，完晓梅痛苦地感到，这种经营方式越来越不堪重负，更不可能实现规模上的快速扩张。在互联网+的新背景下，“轻资产”经营成为必须，也成为可能。

经过缜密思考和内部讨论，在大力发展线上营销之外，完晓梅形成了米兰新娘线下的发展思路：基地+门店。如果把这个线下联合体比喻为航母战斗群，基地就是航母，门店就是一架架依托航母的舰载机，可以灵活机动地四处出击。

明确了思路，完晓梅开始大刀阔斧地改造米兰新娘。原有七八个影楼大幅瘦身，摄影师、化妆师等全部集中到基地，只留下接单员。大影楼变成小门店，职责是配合线上接单，让更多顾客放心、开心地到基地拍摄。“经营面积也同时大幅缩减，有一个影楼租了一到三层，缩减后只剩下二楼，减掉了三分之二。”谈起这场改革，在米兰新娘工作了多年的硕哥非常敬佩完晓梅的魄力。

门店变小，功能单一，每家投入变少了，这样更容易扩张复制。米兰新娘原来的影楼主要集中在龙岗，现在正在向深圳全市扩张。计划每个区至少开设一家门店，大的区可能开到街道，这样就能更好地服务网上约客。

如何经营和管理好越来越多的门店？完晓梅在考虑时马上想到了合伙人制，这是她开始创业时曾受惠的一种模式。公司负责门店选址装修，制订管理制度，合伙人缴纳定金，负责聘用员工和日常经营，利润按照约定分成。“你只要懂得这个行业运作，行业流程，会做销售，就可以做合伙人。”白群深有感触地说，合伙人制让公司不少业务娴熟的资深员工，有机会一下子从打工者变身为小老板。

这项改革推出后，完晓梅在一次公司大会上专门公开给合伙员工发放分红，大大的红包激发出更多员工的参与热情，现在是“排队参与”。

合伙人制让员工有机会更多地分享公司发展成果，工作积极性更高了。同时，公司也实现了轻装上阵，管的更少，投入更少，因为蛋糕做大了，效益却更好。这是一个双赢的模式！

“做小”门店的同时，米兰新娘倾注了更多人力物力做大做强基地。前面提到，他们在大鹏精心打造了两大基地：一个是海边的幸福岛，一个在宝资源园区；一个在室外，一个是室内。这两个基地是公司的生产中心，产品研发、生产都在这里，属于整个业务链条中的核心部分。这里集中了20多位摄影师，其中五六位技术最好的摄影师被安排在创意总监岗位，他们不需要每天跟随客户后面拍照，而是查阅资料，讨论创意，推陈出新，不断设计出新产品供顾客选择，并且培训其他摄影师按标准拍出这些产品。

“对一家婚纱摄影公司来说，研发新产品的能力很大程度决定了公司的竞争力。”硕哥介绍，他们公司每月都会拿出十套左右的样片用于推广营销，不少片子多年经久不衰，成为经典产品，甚至被业内其他同行模仿。

“几年前推出的专车接送等六大服务，如今很多做法已成行业标配，我们要继续保持领先，就要在‘互联网+基地+门店’的模式上深耕细作，创新迭代。”完晓梅说，未来几年公司的重点是推行合伙人制，让更多志同道合的人一起参与，把米兰新娘的门店开到珠三角甚至全国各地。公司负责标准制订，产品研发，品牌打造，网络推广，门店则放手给合伙人去经营。

在这个瞬息万变的时代，婚纱摄影行业经常有倒闭关门的，大小皆有。在这行业混的人，必须始终保持奔跑的姿态，不断创新，才可能不被淘汰。完晓梅是马背上民族的后代，她不但始终在奔跑，而且是骑着一匹矫健的战马。

10. 创业者永远别想着轻松

在创业的过程中，当公司实力和自身能力强起来之后，完晓梅开始努力奉献社会，尽到一个企业家的社会责任。

她多次与龙岗区有关部门合作，践行“和谐、绿色、低碳、环保”的理念，连续7届协办大型集体婚礼公益活动，宣传低碳、环保的结婚新理念。她还多次组织所在企业、协会发起公益慈善活动，主动为社会慈善事业募集捐款数十万元，为帮助弱智儿童达成心愿捐资出力。2016年她成为龙岗区政协委员，独立及联合提案数宗，为龙岗区经济社会发展积极建言献策。

如今，米兰新娘员工200人左右，产值数千万。在深圳婚纱摄影行业虽然规模不是最大，但品牌知名，很多做法领先同行，江湖地位颇高。

回顾创业的日日夜夜，完晓梅感悟很多。作为没有任何背景的草根创业，能取得今天的成绩，得益于她始终盯住一个行业，无论遇到多少艰难险阻，都决不妥协放弃，勇往直前，一路走到今天。

“婚纱摄影行业虽然无法和地产、金融行业相比，但伴随着深圳城市的发展和人们生活水平的提高，整个行业从无到有、从小到大，增长也是惊人的。身处其中，只要努力，就能分享不错的增长红利。”完晓梅说，这就是执著的好处，像华为那样“只瞄准一个城墙口冲锋”，成功是早晚的事。

但坚守何其难也！

创业初期，完晓梅与员工同吃同住，比员工上班早，下班更迟。员工不用考虑公司战略，甚至也可以不考虑公司效益，不考虑每天来多少顾客，但老板不仅要考虑，只要有一点考虑不周，就会出纰漏，甚至给公司和本人带来灭顶之灾。

老板责任无限，因为公司是你的。公司兴与衰，就是你命运的起与伏。

在20多年的创业历程中，有很多记忆刻骨铭心。

有一次，公司好不容易在龙岗中心区租了一家大商场的场地做外展推销，模特请了，现场布置了，数万元的费用花出去了，一切准备就绪，只等第二天开“秀”。

完晓梅这天晚上回家本想好好休息，可是，接连两个电话让她措手不及。两位管理人员突然提出辞职，第二天就不来了，态度坚决。而且一位是店长，一位负责市场销售。

那时候公司起步不久，本来人手就少，一下子少了两位骨干，这场活动还怎么做？那天晚上，完晓梅一夜不眠，但第二天一早，只能又打起十二分精神来到现场。

“员工不高兴可以撂挑子，老板不但不能撂，还要把别人撂下的挑子担起来。”完晓梅说，这就是老板和员工的区别。

创业初期，创业者不仅自己要尝尽苦头，甚至亲属朋友也要被卷进来一起吃苦。

完晓梅的女儿现在已大学毕业走上社会，工作各方面都很不错。谈起心爱的女儿，她总觉得有些愧疚。当年为了创业，孩子从小放在合肥姥爷姥娘家，成了中国第一批“留守儿童”，直到初中才来到深圳。

1994年的一天，完晓梅从汕头回合肥，一下公交车，发现2岁多的女儿居然待在站台。原来她知道妈妈当天回去，竟然一个人偷偷地跑出来接妈妈。完晓梅一把抱起女儿，泪如雨下，泣不成声。

“还有一次，女儿刚上小学二年级。我已经打车到车站准备走了，这时候看到女儿来了，她舍不得我离开，打车追过来想和妈妈多待一会。”每当回忆起这些往事，完晓梅心情就十分难过。那时候对女儿的思念，甚至比生意上遇到的挫折还折磨自己。“但这是迫不得已的事，不舍就不得，在当时那种条件下，孩子在身边还怎么创业啊？！”

企业有了发展，效益好了，进入成熟期，老板同样也不可能轻松。

完晓梅大约在40岁的时候，米兰新娘基本上走上良性发展的轨道，每年利润也足够她基本实现财务自由了。作为女人，十几年连续高强度的打拼，让她有些筋疲力尽，她想离开公司休息，开始另外一种生活。当她把这种想法告诉父亲时，父亲问了她两个问题：一个是谁能代替你管好米兰新娘？另一个是你难道这么年轻就啥也不做了？她过后一想，是呀，没人能代替自己在公司的位置。即使有人代替，自己也不可能一直闲着不做事，如果做别的事情，还不如做自己熟悉的婚纱摄影。从此，她彻底打消了这个念头。

“只要你踏上这条道，就不要想放手。如果当时我真的放手了，现在的米兰新娘还不知道是啥样子，一定不如现在！”完晓梅十分肯定地说，即使到了今天，公司规模更大，管理更规范，抗风险能力更强，有更多人在协助自己，也不可能放任歇下来。

“创业之路没有止境，老板必须永远坚守在商业战场上，每天24小时都不能懈怠。”完晓梅说，创业成功都是老板没日没夜带着团队干出来的，“别人坐着你站着，别人站着你跑着。有这种勤奋的劲头，你才能比别人多一点机会。人生每一步多一点点，最后就是一大步了”。

在“大众创业，万众创新”的大潮之下，很多年轻人纷纷加入创业大军，也有一些人还在创业和打工之间犹豫不决。对此，完晓梅以自己的切身经历，谈了自己的看法。

“创业和打工是两种不同的生活方式和人生选择，各有得失。创业成功，得到更多财富、荣耀，成就感自然会更大。打工的好处是只要把公司交代的任务做好就可以了，不需要像老板那样承担更多压力，按时上下班，按月拿工资，可以舒服地过个小日子。”完晓梅说，创业就等于压力，就等于持续不懈地奋斗，甚至一辈子不能轻松。企业初创时，你为生存拼搏、挣扎；企业做起来了，你要带领企业继续往前冲、向前闯；企业发展壮大了，你对员工、对行业、对社会的责任随之加大，更加不能停滞不前了。“总之，创业之路不但布满荆棘，而且一踏上就不能回头。如果没有做好思想准备，还是不要走这条路。如果做好了这种准备，那我要告诉你，你已经成功了一半，义无反顾地去创业吧！”

抓住互联网大潮下的机遇白手起家

深圳市网旭科技有限公司董事长吴欢

立业者名片：

吴欢，男，1984年出生。从2010年开始创业，如今是深圳市网旭科技有限公司董事长兼总经理。

立业者座右铭：

为听得见炮声的人服务。

1. 从大山里走出来的创业者

吴欢出生在湖北宜昌长阳县的大山里，那里的土家族人超过了一半。“水色清明十丈”的清江流经于此。每逢节日，妇女头上缠上圈形的墨青丝巾，男子头戴土布帕子，男女相携，翩跹进退，载歌载舞。欢乐的人们围在一起，笑啊，闹啊。从县城里回来的人经常带来一些新消息，“县城里盖了座百货大楼，有几十米高呢”，“有人在大街上卖一个叫呼啦圈东西，在腰上一圈圈地转，不会掉下来”，这些消息令人遐想，搅得人心里痒痒的。

吴欢和小伙伴们有时躺在山上，每当有飞机飞过，大家就“嗖”地爬起来，仰起头，用手指着天空叫着“飞机、飞机”，直到飞机消失在天际。这时候，吴欢总是在想：飞机要飞到哪里呢？山外面的县城什么样呢？县城以外的地方又是什么样的呢？

当时的吴欢不会知道，外面的世界不仅仅是林立的高楼，新奇的物件，更重要的是，一场深刻影响人类生活的互联网技术革命正在发生。

1994年4月20日，一条64K的国际专线，将中国接入国际互联网，开启中国互联网时代。从此，互联网从点滴开始逐渐融入并改变了中国人的生活。

这场席卷全球的互联网浪潮，逐渐填补了信息鸿沟，降低了人们获取信息、知识、教育和资源的成本，让整个地球变成了“鸡犬之声相闻”的一个“村庄”。

走出大山的吴欢，靠着天生的敏锐和超凡的判断力，迅速投身于这场互联网浪潮之中，抓住机遇，他和他带领的团队，缔造了互联网企业“网旭”，并一路披荆斩棘、高歌猛进。

2. 大学校园里的创业狂人

有人把中国接入互联网之后的20多年分成三个发展阶段，每个阶段显现出不同的特点。

1994—2000年是第一次互联网大浪潮，那时电脑普及方兴未艾，从门户网站到搜索引擎，再到聊天工具，每一种都在当时风靡全国，第一次浪潮奠定了今日互联网巨头们的基础。

2001—2008年是第二次互联网浪潮，博客、淘宝、网游都是那个时代最热门的话题，个人电脑也越来越普及，各种计算机软件的开发和服务充斥在你能碰到的各个角落。

而第三次互联网大浪潮，从2009年到现在依然在持续发展中，它使互联网从PC时代迈入移动互联网时代，琳琅满目的APP活跃在每一个人的手掌间。

2000年，在第一次互联网大浪潮走向尾声时，吴欢考上了县里重点高中。那是他第一次走出大山，当年QQ的注册用户数突破了500万。

2003年，在中国经历着第二次互联网大潮时，吴欢被天水师范学院录取，他终于拿到了打开外部世界的钥匙。同一年，32岁的网易创始人丁磊成了中国“首富”。

在过去的很多年里，吴欢与互联网有着深深的鸿沟。第一代互联网新贵崛起的时候，他甚至还没接触过计算机。然而，这没有阻挡吴欢追赶互联网浪潮的步伐。

也许正是因为经历过大山的闭塞，当互联网新世界展现在吴欢面前时，他表现出比别人更多的激动和兴奋：“这个东西太神奇了，以后一定会改变世界！我希望未来我可以从事计算机相关的行业。”

有了目标，也便有了奋斗的动力。

对于大部分人来说，确定目标容易，但落实起来往往很困难。因为这需要坚定的信念、明确的计划与具体的行动，难在坚持，贵在坚持。正因为此，最终实现目标获得成功的人凤毛麟角。但吴欢不一样，他有着与常人不一样的学习热情和坚持精神，像大山一样坚定，目标一旦定下来，就没有打算半途而废。

吴欢大学学的是市场营销专业，但他从一进入大学就开始花很长时间研究计算机。他自学各种计算机知识，很早就拿到了全国计算机二级证书，他学会了编程，能自己摸索着开发小程序，还会做一些入门级的网页设计。

随着掌握的计算机技能越来越多，吴欢一直在琢磨着自己可以做点什么。

在他读大学时，校园BBS正大行其道。大学生通过BBS结交新朋友，寻找有共同兴趣的人交流讨论。通过网络社区，BBS给大家提供了一个虚拟的空间释放压力。

吴欢发现校园BBS的技术门槛不高，而且天水师范当时还没有自己的校园BBS。“不如我们一起来做学校的BBS吧。”当吴欢把自己的想法分享给他的大学同学、擅长做网页的刘海林时，二人一拍即合。

2004年，吴欢和刘海林合作创建了“战狼365”校园网，网址wolf365.cn。吴欢做策划，刘海林做网站。后来，吴欢创业时，又和这位老搭档并肩奋斗了7年，共同创造了网旭科技的今天。这是后话。

战狼365校园网相当于一个分类信息交易网站，主要有两个功能：一是校园跳蚤交易市场，主要用于学生二手用品交易；二是校园BBS，学生可以在上面聊天、交友、吐槽等。

跟普通的校园BBS相比，战狼365校园网超前了一步，为大家提供了分类信息交易平台。事实证明，吴欢当时看准了互联网发展趋势，并找到了机会点。在战狼网成立1年和2年后，中国规模最大的分类信息网站58同城和赶集网相继出现，它们的风靡所引起的规模效应，让网络变得更贴近、更方便老百姓生活，因此也更加普及。

但当时的战狼网囿于资金、技术等各种问题，后来无疾而终。

如今再回头看战狼网，吴欢认为其失败是必然的。

当时刚进入大学校园的吴欢，还没有形成很清晰的商业意识，做战狼网更多是出于好玩，缺少了一定要把这个事情做成的“偏执”。而互联网创业想要在激烈的竞争中杀出一条血路来，需要借助资金的力量来发展壮大。在获得投资前，需要依靠创始人或者创始团队投入资金，以此来维持项目的正常运转。另外，分类信息网创业除了需要资金，也有很多的技术问题需要解决，如何搭建框架、如何提高服务器的承载量等。而除此之外，还有很多其他的要素，比如团队建设、发展战略、商业模式。

“如果那时候我们坚信它能成功，拼命地不断验证，不断地往前推进，发展到今天也有可能发展成58同城、赶集网。”吴欢说。

虽然战狼网失败了，但这次尝试展示出了吴欢身上所具有的创业者特质。第一，他有很强的好奇心，喜欢去尝试，去创造新事物。第二，他有着常人所没有的敏锐观察力和对未来的准确预判力。这些与生俱来的创业者天赋和特质引领他不断走向成功。

如果说互联网是吴欢认为的发展趋势，是他创业的主战场的话，那么营销能力，是他认为自己以后能走向成功的基础。

大二暑假，留在学校勤工俭学的吴欢组建了6人的战狼销售团队，销售《英语周报》和《长喜欢乐英语》。

其实早在高中时，吴欢就认定要着重培养自己的营销能力。在他高中思想启蒙阶段，对他影响最深的两本书是卡耐基的《人性的弱点》和奥格·曼狄诺的《世界上最伟大的推销员》。吴欢深信世界级管理大师汤姆·彼得士对销售的评价：领导等于销售。任何成功，都是销售的成功，无论政治，文化、教育、科技、著作、财富、艺术、发明，这个世界上各行各业所有成功的人，他们的成就都是来自销售的基本功。

因为高考成绩不理想，吴欢进入大学后就憋着一股劲。他给自己定的第一个目标是把英语学好。和大部分一上大学就完全松懈下来的大学生不同，吴欢在大学依然保持着高中时的节奏，每天早上五六点就起来背单词，读疯狂英语。一有时间就去英语俱乐部练口语，并担任学校英语俱乐部的理事。

后来，吴欢成了学院第一个在大一就考过英语四级和六级的人。这在同学中引起了不小的轰动，不少同学来找吴欢取经。

当时，吴欢为了学习英语，订阅了《英语周报》，这对吴欢日常英语能力的提高起到了很好的作用。当同学们来取经时，吴欢热心地跟大家分享自己的学习心得。不少同学听从了吴欢的建议，纷纷订阅。

看到自己的推荐卓有成效后，吴欢开始想：为什么不自己代理《英语周报》呢？就这样，吴欢成了《英语周报》的校园代理。

代理《英语周报》让吴欢发现了自己身上的营销潜能，他不仅解决了自己的生活费，还带动了一大批同学学习英语的积极性。尝到了甜头后，他开始主动出击，寻求更多的代理机会。

当时，《长喜欢乐英语》在高校里很受追捧，不少同学都在订购。了解到这个情况后，吴欢主动联系了《长喜欢乐英语》在北京的销售经理，请求得到代理权。可对方觉得天水高校少、市场太小，没必要为此专门设置代理。

第一次联系被拒绝后，吴欢没有轻易放弃。他连续发了好几封E-mail，向对方分析自己所具有的优势，告诉对方自己制订的销售目标和具体规划，以及代理《长喜欢乐英语》的诚意。对方终于被吴欢锲而不舍的精神打动，给吴欢开通了绿色通道。拿到天水地区代理权后，吴欢马上组建了一个六人的销售团队，起名“战狼”。作为团队的领导者，吴欢为团队制订了清晰的目标，激励团队每个成员分享销售的体验、心得，并总结销售话术、沟通策略等。

在吴欢的带动下，团队每个人都像打了鸡血一样。每个周末，“战狼团队”就把这些英语杂志带到各个大中专院校扫楼，一个宿舍挨着一个宿舍地推销。天水地方小，大学生不多，他们就开辟新的战场，把《长喜欢乐英语》推广到周边的职业高中。在他们的不懈努力下，《长喜欢乐英语》在天水的职高也得到了很好的推广。

因为业绩突出，吴欢成为《长喜欢乐英语》全国十佳销售代表之一。

通过大学期间的创业，吴欢赚到了人生中的第一桶金，虽然数额不大，足以让他解决自己的生活问题。更重要的是，大学创业积累的经验，为他此后的创业打下了很好的基础。

在21世纪的新经济时代，全球经济格局、经济增长模式、人才标准，领导者角色和工作内容都发生根本性的改变，企业正从生产驱动型成长、创新驱动型成长发展到领导力驱动型成长。

在大学带团队时，吴欢坚定了自己身上的“领导力”特质。这也是不少成功的商人所具有的共性。他有理想和使命，深知人生价值的重要性；他具有极强的责任心，愿意身先士卒，事必躬亲；他擅长激励团队，让有愿景的人团结在他的周围。

同时，创业的经历也让他掌握了带领好团队的“方法论”。如何打造高绩效的团队，怎么增强团队凝聚力，如何激发团队，围绕着共同的愿景、使命和价值观而奋斗。

3. 选择深圳安放激情和梦想

吴欢在事业上有着不同于其他人的激情和坚持，这一点在他早期的读书生涯已经显山显水，为拿下《长喜欢乐英语》代理权所写的几十封邮件，显然已经超越了大多数人的极限。为继续追求他的“神奇”世界，2007年，大学一毕业，吴欢就将目光投向中国互联网科技最发达的城市——深圳。

深圳是中国改革开放建立的第一个经济特区，是中国改革开放的窗口。这里与生俱来的敢闯敢干、敢为人先的城市气质，点燃了一代又一代人的创新、创业热情。

2007年4月24日，《深圳特区报》上刊登的一篇文章这样解读深圳：在深圳这个城市，能让即使身处社会底层的人有实现自己人生梦想的机会。当人们心怀梦想、豪情万丈、欲一展宏图的时候，他会首选深圳。

这也正是吴欢来到深圳的原因。初入社会的他，充满了创业的激情，他太需要像深圳这样的地方，来安放自己的激情和梦想。

当年轻的吴欢第一次踏入深圳这个城市的时候，一下就被深圳街头的繁华景象震撼了。繁华的商业街，一栋栋拔地而起的高楼，“时间就是金钱，效率就是生命”的标语，无一不深深触动着吴欢。

“深圳是个神奇的城市，你的梦想都可以在这里找到配套和动力。”吴欢不止一次用类似的语言描述这座城市。但对于一个大学毕业，刚踏入这块热土的他，面对的显然不是一个浪漫开始。

深圳的城中村是很多人梦开始的地方。早年来深圳打拼的人，大部分都深藏着一段住在城中村的经历。有人甚至说，没有在城中村住过，不算来过深圳。

和很多带着激情和梦想来深圳奋斗的人一样，吴欢来深圳的第一个落脚地是福田岗厦的城中村。

这里房屋密集，楼间距很窄，甚至伸手就可以摸到另外一栋楼，俗称

"握手楼"。高密度的建筑群带来的是阴暗潮湿的环境、狭窄逼仄的空间。但福田岗厦位于城市中心区，交通便利，房租便宜。更重要的是，这里能分享到这座城市优秀的公共资源，包括公共商业空间、文化交流场所等，这对于初来乍到、还未站稳脚跟的吴欢无疑是最重要的。

吴欢住的是一个一房，连地上都住满了人。房间里的人来自天南海北，有跟吴欢一样刚毕业的大学生，也有刚从工厂里出来重新找工作的青工，还有从外地来深圳找机会的创业者。大家每次回到房间，简单地把东西往地上一丢，便各忙各的。

在这样的房间里，吴欢白天不停地投简历和面试，晚上倒头就睡，此起彼伏的呼噜声、磨牙声丝毫不会对吴欢产生什么影响。

由于自己学的是市场营销专业，再加上具有丰富的营销经历，吴欢想要找一个营销类的岗位并不难。不少营销类岗位都给吴欢抛出了橄榄枝，一个展会营销公司甚至给出了超出他预期的薪资待遇。

但当他拿到这家公司offer时，吴欢还是犹豫了。他的脑海中回放着自己第一次接触计算机时的画面：敲击键盘，连接到不一样的世界。

顶着钱包告急的压力，吴欢坚定了自己的目标：必须找到跟互联网有关的工作。吴欢坚信，未来是互联网的世界，它将不断与各行各业相融合，并重构人们的生活。

再次坚定了自己的目标后，吴欢便只找跟互联网相关的工作。经历了数天的求职后，他终于被一家软件公司录用，做软件产品的运营和销售。

这是吴欢非常珍惜的工作。当他拿到录用通知时，他已暗暗下定决心，要付出比别人更多的努力，更快速地完成相关知识的积累。

吴欢的本职工作是对目标客户的日常运营和维护，除此之外，他努力学习与此相关的各类知识，从产品运行的原理、逻辑，到互联网行业发展现状和趋势，再到对客户群体需求的分析和挖掘，他均有涉足。

付出总有收获，试用期过后，吴欢做起工作来就已经得心应手。在他负责的几个产品线，凭借他对产品的深刻理解、对客户的深度挖掘，加上求学时已锻炼出来的出众营销能力，产品销售的业绩蒸蒸日上。

吴欢对公司业务的推动，让同事们刮目相看。他身上所展示出的素质，让人很难相信这是一个刚毕业的大学生。吴欢也因此更加充满斗志，希望通过不懈的努力再上新台阶。

如果没有后面发生的事，吴欢可能不会那么早开始创业，也许今日的网旭就不可能诞生。

这是一件“上位失败”的故事，发生在吴欢入职后第10个月。当时，吴欢的直接领导离职，这个团队里除了吴欢外，已经没有谁能够比他更懂这部分业务。

吴欢觉得自己已经做好了准备，自己的组织领导能力和专业技术能力也得到过公司认可，公司应该会直接将他升任部门负责人。

然而，公司的决策层并没考虑吴欢，最终没有给这个年轻人晋升机会，而是调另外部门的负责人来担任吴欢团队的领导。

这个挫折让吴欢陷入迷惘。他用了10个月的时间遭遇了别人可能工作几年后才会遇到的瓶颈。因为自己的快速成长，在现有岗位上的发展空间已经非常有限，如果不能上一个台阶，就意味着不能继续快速进步。这与吴欢为自己设定的职业路线不符。他背井离乡来到深圳，是希望能以“深圳速度”完成自己早期积累。

自己的路究竟应该如何走？还能走到哪里去？恰好在这个时候，吴欢一个正在创业做农产品交易网的同学，邀请吴欢加入。农产品交易网通过线上线下结合，将内陆优质农产品卖到沿海发达城市，吴欢认为这个事情前景广阔，于是决定加入。

在他离开公司的时候，公司为挽留他，将他调到另外一个事业部，做运营部门的负责人。但吴欢决心已下，就毫不犹豫离开了。

4. 在痛苦和挫折中成长的团队

创业是一个不断试错的过程。虽然“失败”从来不是一个光荣的词汇，可对于创业来说，投资人往往更喜欢“连续创业者”，因其背后印证的是丰富的经验和超常的心智。

吴欢加盟的农产品交易网，受制于团队、成本、物流、采购，等等，最终也没有取得成功。但这并没有阻挡吴欢继续创业的步伐。他甚至没有在这次失败的创业上停留，就开启了下一次的创业。

这次，吴欢瞄准的是互联网海外市场。在互联网上浸淫多年后，吴欢发现了一个商机。互联网上，音视频的格式是各种各样的，用户在使用过程中，需要将它转化成一个特定的格式，比如将MP4转换为MP3格式，这就需要格式转换软件来帮忙。

这个软件的技术含量并不高，但它的需求很旺盛，大部分网民都会遇到这个问题。但在国内，这样的格式转换软件都是免费的。因为当时国内知识产权保护力度小，免费或盗版一搜一大把。国内基本上没有市场的。

擅长网络营销并熟悉海外市场的吴欢，将目光投向了欧美、日本等国家，这些国家的版权意识较强，针对这样一个价格低廉的软件，只要能切实解决他们的问题，他们会毫不犹豫地付费购买。

2010年，和吴欢一起创办战狼网的老搭档刘海林，从迅雷辞职，再次和吴欢并肩作战。他们通过商务秘书公司成立了自己的公司，取名为“网旭”，寓意互联网事业如旭日东升般欣欣向荣。

作为公司的两名联合创始人，吴欢擅长营销，刘海林擅长技术。公司开发的第一款产品就是付费型的音视频转换软件。开发完成后，吴欢开始把这款产品放到海外的网站上进行售卖。

这款软件在海外市场的投放，很快就获得了回报，投入的第一个月，收入竟超过了5万元，这让吴欢兴奋不已，一款这么简单的产品就能取得这样好的效果，如果以后把营销推广做得更好，再继续能够研发出10款、20款呢?

一切生意的本质都是“流量”。互联网时代，你能连接多少人，决定了你值多少钱。

首款产品试水成功，让吴欢对未来充满了憧憬，他加速了产品的研发和推广。为了提高流量，吴欢建立了自己的网站，通过网站把产品内容推出去，同时进行内容的不断更新，吸引用户对网站的关注度。除此之外，他们还研究搜索引擎技术，做搜索引擎的优化排名。一般来说，在搜索引擎上的排名越靠前，流量增加的就越快，用户的购买机会也就越大。

通过这样简单的运营模式，吴欢解决了创业初期的生存问题。

在这段时间里，只有他和老搭档刘海林两个人一起并肩作战。吴欢和刘海林在性格上有很大的不同。吴欢外向有激情，头脑灵活，对新事物反应快。刘海林大学学的是中文，却擅长编程，是一个很内秀的复合型人才。二人内外结合、优势互补的搭档组合，成为他们在艰难初创期彼此鼓励、彼此支持的强大底盘。

对于他们孕育的第一款产品，吴欢并没觉得特别好。当时的当务之急，是考虑如何让企业活下去。在产品设计及营销中，吴欢更多采取的是跟随策略，别人做什么，他们就做什么；竞争对手怎么做，他们就怎么做。

但要做出更好的产品，只靠他们俩是远远不够的。随着企业的内生性增长，必然要通过组建团队，来推动企业的发展。

2010年的11月，吴欢正式将组建团队提上日程。而这个决定让他第一次体会到深圳的冬天也会很寒冷。

当时满怀憧憬的吴欢觉得未来一切可期，正是组建团队大干一场的好时机。于是，在考察了深圳多处的写字楼后，他最后选中了一个6平方米，四个人位置的开放办公室，当即签订了一年的合同。

接下来，就是不停地在网上找简历和约人面试。时至今日，吴欢仍清晰地记得他第一次面试别人的情景。那是一个技术研发人员，当时双方聊得很开心，对彼此间的合作都充满了期待。聊完后，吴欢带他去看办公室，面试者当时没什么表情，只是口头上连说好好，但是第二天却没有来。

接下来，吴欢又接二连三地面试了十几个人，给其中几个感觉不错的都发出了邀请，然而最终却没有一个人过来。

吴欢像被狠狠地泼了一盆冷水，刚刚燃起的组建团队的小火苗被彻底扑灭。他意识到，以企业现有状况，吸引不了自己需要的人。于是决定放弃租用的办公室，他和刘海林回到城中村的农民房，一边沉淀经验，一边继续寻找合适的人才加入他们。

机缘巧合下，一位家在南昌的同事要回老家发展，吴欢索性就让其在南昌组建营销团队，这样一来解决了员工思乡之情（积极回应员工的情感需求并给予帮助和解决成了吴欢进行公司治理，构建企业文化的重要基因），二来也可充分利用南昌运营成本低的优势。

功夫不负有心人。通过不懈的努力，吴欢终于搭建了一个8人团队。虽然团队人不多，却“麻雀虽小，五脏俱全”。看着团队逐渐成形，吴欢满怀憧憬，他渴望着团队能发挥整体作战的实力，让网旭的事业蒸蒸日上。

然而，2011年的春节过后，这一切都被打回了原型。

这一年春节，吴欢甚至没给自己留什么时间休息。他满脑子都是网旭的未来，网旭下一步的发展。利用春节，他完善了网旭的规章制度，制订了网旭新一年的发展规划，勾勒了网旭未来的发展蓝图。

春节一过，吴欢满怀信心地回到工作岗位上，准备大干一场。让他诧异的是，上班第一天，除了他和刘海林，南昌三位同事来上班外，其他人都没有来。

吴欢怎么都没有想到，好不容易招来的几个新人，好不容易组建起来的团队，说没就没了。

吴欢感到了前所未有的沮丧，他感觉自己像突然掉进了冰窖。“这个很痛苦，你刚刚看到希望，用心地去培养去带，就没有了。”

在组建团队上反复碰壁后，吴欢开始反思自己的问题。

在管理学范畴里，“组织”这个词有着特殊的定义，组织就是在一定的环境中，为实现某种共同的目标，按照一定的结构形式、活动规律结合起来的，具有特定功能的开放系统。而公司就是组织里很典型的一个代表。

这次“团队出走事件”，不光是因为网旭处于初创期，业务量小，员工对未来充满了不确定。更重要的是，网旭没有形成良性的企业文化，也没有打造有效的管理机制。这是中国初创企业存在的共性问题。

吴欢在回顾成立初期的情况时，坦言并没有意识到这些的重要性，员工入职后，没有告诉过他们网旭的未来会怎么样，也不会告诉他们这个组织的愿景、使命、价值观、制度等是什么。“员工一进来就是天天做推广，写文章发帖，就是来搬砖的，给人感觉没有希望”。吴欢说。

这些看起来很虚无的愿景、使命、价值观等，其实都深刻影响着企业的结构形式和活动规律。长于营销的吴欢，忽视了公司内部治理的难度，眼睛盯着市场，缺少了对员工的关心和内心力量的激发。日积月累，员工内部滋生的微小负面情绪都会影响到员工的发展与去留。

这其实是一堂生动的管理课，从那以后，在吴欢的内心里就埋下一颗种子：管理非常重要，如何搭建组织的人才梯队并能长期稳定，都是需要不断学习提升的。

用人之道在乎心，吴欢加大了对团队成员的沟通和培育，南昌团队起初只有2个人。吴欢开始把工作精力进行调整，除了关注市场的运营外，还将很大的精力用在员工的培育上。

在长时间的磨炼中，吴欢已经掌握一套行之有效的营销技巧，他把它应用到软件的销售中，并不断优化，从而形成自己的一套营销方法。譬如怎么样向客户讲解产品，该怎样打动客户等。他成了网旭科技的第一任培训师，从现场讲解到远程讲授，从倾囊相授到深度沟通。

在吴欢的潜心栽培下，南昌团队不断壮大，2年多后，这个团队已经壮大到十几个人了，而这个团队当时招来的第一个男生现在也已经成长为网旭科技优秀的产品经理，南昌最早的运营人员有人成为总监，有人成为经理，他们一起成功推动了网旭科技几款产品，取得了不错的效果。

整个南昌团队积极地将公司产品和服务推广到海外市场，尤其是美国的消费者，公司业绩大幅增长，实现了网旭科技第一次的原始积累，也为后面三年的发展奠定了基础。

5. 找到解决问题的破局点

生存还是毁灭？这是个问题。网上有一组调查数据显示，中国的民营企业平均寿命只有3.7年，互联网公司的平均寿命更短，只有2.7年，创业公司2年内死掉的概率是50%。有人说，创业者最重要的不是资源，也不是能力，而是一定要有一颗“泰山崩于前而不形于色”的大心脏，因为这条路上跌宕起伏的事情太多，没有一颗坚强的心脏根本无法承受。

在创业的头几年里，吴欢一直如临深渊，如履薄冰。“我每天都在担心企业会死掉！”吴欢说。

2012年，吴欢遭遇了企业发展过程中的一个滑铁卢。在2012年以前，互联网的内容生产商少，信息量依然偏少，通过大量创造内容，既能吸引用户的浏览，也能给网站增加知名度，从而能够带来大量的流量，增进自己的业务。

但时间一久信息就泛滥了，用户搜索有用信息所耗费的时间成本也越来越高昂。这时各大搜索巨头都在做出调整，其中谷歌开始调整算法，变成注重品牌，注重信息对用户的真正价值。

2012年谷歌发布多项新型算法，如页面布局算法、企鹅算法等，重创整个互联网做SEO搜索引擎营销的人员，成为互联网历史上搜索领域的分界线。

以往通过新增大量内容提升排名的做法，已经走向末路。谷歌算法的调整在当时直接导致了很多企业的死亡，网旭科技的网站流量也掉下去了，业务量急剧下降。吴欢在微博上吐露心声：最艰难的时刻谁跟我们一起度过？

当时的心境可见一斑。

如何在企业的生死线上找到破局点?

那时谷歌并没公布自己的算法，经过深入研究和大胆假设，吴欢认定谷歌一定会很大比重参考用户在网站的停留时间。如果用户在自己的网站上没有找到解决方案，就会放弃去寻找别的网站，用户在自己网站上的停留时间就会越来越短，排名就会越来越靠后，流量也会越来越小。如此的恶性循环下，最终企业将难逃失败厄运。

如何让用户能够长时间停留在自己的网站上呢?从那时起，吴欢坚定一个企业信念：以用户为出发点，为用户创造价值。

道理简单，但落实起来并不容易，背后涉及运营模式需要全面调整。在吴欢大刀阔斧的改革下，网旭科技开启了新的运营模式：启动全新网站，提供在线解决方案，从而提高用户在网站的停留时间，获取流量。

就这样，用户不需要通过烦琐的过程，直接在网站上解决问题，通过这样的模式创新，用户停留在网站上的时间越来越长，网旭科技的海外网站得以存活并获得了充足的流量，主营业务逐渐进入行业三甲行列。

熬过了这关，吴欢开始慎重考虑网旭的可持续发展问题。在他看来，仅仅改变运营的模式，并不能给网旭带来持续性的发展。

在网旭科技发展前期，一个产品就是一条业务线，以产品的关键词代替品牌进行推广，这样做固然可以获得精准客户的青睐，但却没有建立起自己的品牌，用户忠诚度很低，一旦市场发生较大变动，企业往往陷入被动。

从那时起，网旭开始建立起自己的产品品牌，产品线逐渐以品牌为主进行推广，建立起大品牌下涵盖小品牌的多品牌体系。如在国内的爱莫系列，就包含爱莫助手、爱莫快传等。还有在海外市场遥遥领先的Apowersoft Unlimited系列，为全世界的用户提供智能多媒体解决方案，囊括解决用户在日常生活及工作中遇到的录屏、音视频处理、多媒体转换等多种需求。

截至目前，网旭科技已经在香港建立品牌中心，且在全球注册了多个自主研发的软件品牌，同时面向全球多达100多个国家运营网旭的产品与服务。

企业在经营过程中，市场环境是不断变化的。在面对新的挑战时，适时调整企业的战略目标，抓住市场机遇，是企业经营的长久之道。

如今回过头来看，吴欢认为当时企业在关键节点上，能适时在运营模式和品牌建设等方面做出调整和转变，主要缘于“破局思维”。即对未来做出预判后，找到破局点，也就是那个一举撬动全局的关键点。

而破局点，在吴欢看来取决于自己的自我认知、学习能力和对行业的深度观察力。“当你拼命地去学、去思考、并带着思考跟任何人交流，这些过程综合起来，破局的思路就已经形成，破局点也就一个接着一个来了，也许你自己都不知道它怎么会来，但它就是一定会来。”

6. 成立研发中心，招揽人才

在2014年，吴欢不止一次公开说道：“在过去4年，虽然我们赚了钱，但是我们过去4年做的任何一个产品，没有一款我能看得上的，没有一个真正的爆款，我们已经错过了PC互联网，错过了移动互联网，那未来我们能不能打造出真正的好的产品，依靠的就是网旭有没有自己高质量的核心团队。”

网旭科技虽然一直是做互联网领域的软件产品，但非常有意思的是，在2014年以前，他们都只有一个研发人员，也就是初创期的另外一位创始人刘海林。

网旭科技在最初几年的发展中，非常注重运营和销售。它们打造单一的几个产品，就能获得可观的利润。在这种情况下，他们五年内维持一个10人团队，就可以稳稳赚上不菲的收益。当然，如果遇上新的技术迭代，网旭也可能会很自然地就被淘汰。

吴欢显然考虑得更加长远。

2014年后，吴欢开始考虑将网旭从运营推动型转变为用户需求推动型。这意味着网旭除了要有运营销售团队外，还必须组建一个属于自己的产品研发团队。

2014年10月的一个晚上，吴欢、刘海林和吴欢的高中同学史俊明，在武汉光谷进行着桃园三结义式的饭局。

吴欢举杯说出了自己心中的想法：“把网旭做好，研发是重中之重，可以说是决定了网旭未来10年能不能成为一家真正优秀的互联网企业，如果光靠运营、销售是绝对不行，虽然这个是我们的强项，但我们需要有研发人员，有自己的东西出来。这个东西未来能做成什么样我不知道，但是首先要把这个团队建设起来”。

于是，网旭科技在南昌成立运营中心后，又在武汉成立了研发中心，而吴欢的高中同学，一个在高科技公司经受过历练，也主导过软件开发的高才生顺理成章地成为武汉研发中心的负责人，紧接着又招了三个研发人员，网旭科技的研发团队初见雏形。

组建研发队伍，高端人才的作用不言而喻。吴欢也一直极力寻求这样的人才，为了挖一位北京理工大学的密码学硕士，吴欢使用起他在大学时代理《长喜欢乐英语》的方法：写信。

那是一封言语恳切，充满期待的长信。

吴欢在信里这样写道："我知道网旭的实力无法与您现在就职的企业相比，但网旭从不止于现状，我们在为全球众多用户提供产品和服务的过程中，深刻提炼出了我们的愿景：成为全球领先的自主软件品牌服务供应商。这不是一句空言，因为我们的产品还远远没有做到极限，网旭的核心竞争力就是人，就是优秀的人才，我们渴求您这样优秀的人才加入网旭，来实现自己的抱负并打造更好的网旭。"

网旭的核心竞争力是人，这是吴欢的肺腑之言。这位密码学硕士在加入网旭后谈道："真正让我下定决心加入网旭的就是吴欢这封信，因为我感受到了网旭对人才的渴求和尊重。"

网旭在创立初期，因为产品业务的特性，就十分重视公司国际化人才的孵化。为拓宽英语市场，当时通过国外外包平台挖掘到菲律宾的人才，加上菲律宾同事的英语水平不错，网旭逐渐在菲律宾设立办公室，专攻英语市场，菲律宾办公室到现在已经建立到10个人的团队，对网旭公司业务的提升产生了很大的帮助。

一位哲人说，愚者错失机会，智者抓住机会，成功者创造机会。吴欢无疑是睿智的，他能在不经意间抓住机遇，并顺水推舟，达到目的。

当时，在南昌营销团队中，有个法语团队的运营负责人，因为要回马达加斯加成家，向公司申请能否回到马达加斯加后远程为公司工作。

吴欢立即意识到这是很好的机会，在世界范围内，有3.68亿人使用法语，法语市场有很大的开拓空间。而马达加斯加的母语是法语，何不让这位同事在马达加斯加建立法语运营团队？况且这位同事懂中文、英语和法语，在市场开拓以及团队合作方面，具有巨大的优势。就这样，这位同事把公司业务带回了马达加斯加，并进行拓展。

而成立马达加斯加办公室同样充满了奇幻色彩。这位马达加斯加的同事因为要成家，需要建房子。但因为经济上比较困难，便向吴欢申请借钱。吴欢当即拍板，不仅要借，还要多借点。他让这位同事建一个大一点的房子，在满足家庭基本需求的同时，还能够安排出办公的地方。就这样，这位员工的生活和工作都兼顾上了，马达加斯加的办公室也就这样建立起来了。

这些汇聚起来的人才，使网旭的业务规模持续增长，并且在未来的日子里，为网旭科技提供着源源不断的动力。

现在我们去浏览网旭在海外市场的产品网站，已经非常具有国际范儿了，很难想象这些产品都是来自中国，正是这些多元化的国际人才，为网旭征战海外构筑了坚实的基础。

2015年，网旭成立五周年。这一年，网旭终于在深圳设立了办公室，统筹管理各地分支机构。同年5月，网旭在南昌举行了第一次的全体会议。来自深圳、武汉、南昌三地的人员聚在一起，共商网旭未来。

在过去的五年里，吴欢带领着网旭筚路蓝缕、栉风沐雨，终于取得了不错的成绩。产品体系愈来愈贴合市场，运营方式愈来愈趋成熟。显然，网旭已经渡过最艰难的阶段，开始了大踏步地前进了。公司的一些重要业务呈现出突飞猛进的势头。到2016年，网旭的业务规模已经同比增长60%以上。

7. 专心做一名懂产品的CEO

周鸿祎说，“优秀的CEO往往都是一流的产品经理”；马化腾说，“我是腾讯最大的产品经理”；丁磊说，“我是个90分以上的产品经理”；雷军在小米的定位是首席产品经理。

产品究竟多重要，引无数互联网大佬竞折腰？业界人士曾有过这样的论断，互联网创业者一般要过“三关”：产品关、市场关、管理关。通常来说，产品是“一”，市场和管理是零。“一”如果立得住，可以把它变成一百万、一千万，但“一”如果立不住，所有事情都等于零。

不懂产品的CEO，不是好的CEO。在很大程度上，吴欢在网旭的另外一个重要角色就是产品经理。

吴欢在网旭创建7周年庆祝会上这样讲道：“真正影响企业成功的重心不是公司的策略目标，也不是发展策略的流程，而是专注、集中、聚焦于为顾客服务和创造价值的能力，这个能力最直接的体现就是企业的产品。”

产品，在互联网创业中起决定性作用，是“命根子”，它决定了很多创业企业的生存和发展。产品经理能否很好地把控产品的质量，很大程度上取决于产品经理的思维方式能否跟得上互联网发展的节奏，解决用户需求。从这个角度来说，产品思维决定了创业的前景和未来。

网旭成立之初选定了PC市场作为自己的主战场。实际上，当时移动互联网浪潮已经崭露锋芒，很多公司开始转移到移动互联网领域。

但是吴欢认为大家都去赶移动互联网的浪潮，那厮杀会更激烈，最终能成功的始终是少数，反而是PC端的需求是固定存在的，而且PC的工作效率可能更高一点，起码在未来五年、十年时间用户还是会用PC的，那么在PC端提高生产效率的工具就必定有需求。

吴欢的逆向思维充分利用了“长尾效应”，构建了网旭一开始的产品和市场。

长尾效应是一个统计学中的名词。在统计学的正态曲线中，突起部分叫“头”；两边相对平缓的部分叫“尾”。从人们需求的角度来看，大多数的需求会集中在头部，而这部分我们可以称之为流行，而分布在尾部的需求是个性化的，零散的小量的需求。

这部分差异化的、少量的需求会在需求曲线上面形成一条长长的“尾巴”，而所谓长尾效应就在于它的数量上，将所有非流行的市场累加起来就会形成一个比流行市场还大的市场。

网旭发展的初期，通过长尾效应对非流行市场不断耕耘，提供工具软件满足了客户的需求。在这个过程中，网旭以网站为载体，通过内容建设来获取用户关注。在获得流量的基础上，网旭实现了销量的持续增长，维持了团队的发展和壮大。

但随着企业的不断发展，工具类软件的弱点也逐渐暴露。工具软件虽然能够切中用户需求，但却不能沉淀用户，留住用户。大家使用软件的目的是为了解决问题，用完即走。等用户需求得到满足后，用户也基本上就流失了。

网旭在工具软件上有多年的积累，能快速有效地解决用户的问题，但受制于工具软件的特点，没有形成客户黏性，流量转化率较低。

基于此，吴欢决定构建一套客户终身价值体系。

这套体系的核心是跟客户建立联系，沉淀用户，形成用户黏性。围绕这个核心，软件的设计、购买、销售上都要做一系列的改变。

2016年，吴欢提出网旭科技的SaaS化。

SaaS是Software-as-a-Service（软件即服务）的简称，这是在21世纪，随着互联网技术的发展和应用软件的成熟，开始兴起的一种完全创新的软件应用模式。

它是一种通过互联网提供软件的模式。厂商将应用软件统一部署在自己的服务器上，客户可以根据自己实际需求，通过互联网向厂商定购所需的应用软件服务，按定购的服务多少和时间长短向厂商支付费用，并通过互联网获得厂商提供的服务。

在这种模式下，用户不用再购买软件，而改用向提供商租用基于Web的软件，且无须对软件进行维护，对硬件也没有特别的要求，服务提供商会全权管理和维护软件，让用户随时随地都可以使用其定购的软件和服务。

在这个整体战略下，网旭改变了以前用户买个软件输一个注册码激活，然后就宣告服务结束的做法，极大地延长了用户使用产品的周期。但SaaS化是个艰辛漫长的过程。首先要做的，是要搭建起自己的账户体系。

网旭改变以往售卖软件的做法。在软件售卖时，帮助用户在平台中注册账号，这时用户可以免费试用一段时间，试用满意后再购买软件，用户既可以购买终身使用权，也可以买限时的，如果觉得不满意可以不用。

通过这些改变，首先把用户留存在账户体系里。这样针对用户开展的持续激活计划就有了天然的蓄水池，比如网旭在推出产品限时优惠活动时，就可以与用户再次发生联系，提醒用户需求，从而解决用户的需求。

在跟千千万万用户建立联系之后，网旭下一步要解决的问题就是用户活跃度和黏性的问题。工具软件用户黏度很低，用完即走，如何增加用户活跃度和黏性是网旭构建客户终身价值体系的关键。

一般来言，用户的需求首要是获取内容，比如每天看新闻、看微信就是去获取内容，另外在看内容的过程中，就会产生分享内容和创作内容的冲动。

网旭就区分出消费内容的用户、创作内容的用户和分享内容的用户，然后通过社区实现用户数据的互通，把用户聚集到社区上。

接下来，社区提供配套内容，让用户创造、分享这个内容。比如网旭的视频工具，用户可以录视频，录完视频后可以把视频上传到网旭的视频平台，也可以分享到不同的平台，比如拿微信一扫，就发到微信、朋友圈里面。

在这个基础上，吴欢也适时提出建立“三平一云”的战略，三平就是三个平台：pc平台、MAC平台、移动智能终端，通过一个云端贯穿起来成为一个体系。

三个平台作为网旭提供服务的入口，而云是载体和连接器。云一方面指网旭已经建立的各种在线网站，担任内容载体的功能，另一方面直接通过云连接，整合网旭在各个平台的工具软件，为用户提供解决方案。

吴欢和他的网旭科技，在2016年还打造出了一款叫ApowerMirror的同屏软件，这一款软件既可以将用户的手机内容投影到电脑屏幕，也可以实现手机直接互投，包括安卓和苹果之间的互投，还可以在电脑上直接控制手机。

这款软件经过网旭研发人员半年多的打磨，在技术先进性上排在世界前列。一经投入市场，就获得不少粉丝的追捧，在国内外都很有竞争优势，并且实现了盈利。

对于公司未来的发展，吴欢坚定认为软件的处理将逐渐从桌面端转移出来，因为个人用户所使用的终端设备，所具备的运算能力是有限的。未来各种终端设备的端口可能只是一个软件处理需求的入口，只用来传输资料数据，最终的处理解决都应该交给云端，使用云端的云计算能力来实现。

“所以网旭未来的软件解决方案，就是用户提供问题和需求，网旭通过云端处理好返还，通过云把我们各个平台的工具软件进行连接，为客户提供整体解决方案，同时也将自己的核心能力不断释放到云端，为C端甚至B端客户提供持续性的服务，这就是我们在向前进化的一个方向”。

8. 站在巨人肩膀上谋划公司管理

每个企业都有生命周期。美国人伊查克·爱迪斯曾用20多年的时间研究企业如何发展、老化和衰亡。他写了《企业生命周期》，把企业生命周期分为十个阶段，即：孕育期、婴儿期、学步期、青春期、壮年期、稳定期、贵族期、官僚化早期、官僚期、死亡。

而一家企业处在什么时期，与这家企业创始人密切相关。从懵懂学子到职场达人，再从职场转型成为创客，再到主导企业的孵化、生长，伴随着角色的转化，吴欢一步步走向成熟。

如果2010年、2011年算是网旭科技的孕育期和婴儿期的话，“团队出走事件”之后的网旭应该已经进入了蹒跚走路的学步期。

从这一时期开始，吴欢除了继续学习业务技术知识外，更加疯狂地去恶补管理知识。

管理大师菲尔德说：管理是思维，管理是一门科学，管理是要将所有的资源整合为一套稳健有效能为自己所用的东西。

那时，中国顶尖企业的管理模式已臻于成熟，总部在深圳的华为和腾讯，还有杭州的阿里巴巴，都以各具特色的先进管理模式著称于世。在这些一流的企业里，吴欢尤其看重华为的管理模式。

“先僵化、后优化、再固化”是华为行之有效的管理基本方针之一。华为虽然是一家中国企业，但本质上却是一个西方管理式的公司，华为通过“僵化、优化、固化”的思想，在管理上虚心向西方学习先进经验，才使自己成长为可以使用市场法则，硬碰硬地与西方高科技企业竞争的企业。

吴欢将这一套管理逻辑植入公司的日常运营中。站在巨人肩膀上，学习优秀企业的管理模式，先僵化、教条式地引入先进管理体系；在公司成熟稳定之后，打破照搬的公司体系，进行优化、创新；优化之后是固化，通过例行化（制度化、程序化）、规范化（模板化、标准化），固化创新和改进成果。

为使员工在网旭有更好的成长空间，也为了让员工有更加清晰的职业发展规划。吴欢在职级制度上进行改进，当时他研究了华为、腾讯、阿里的整个职级体系，分析他们设计的原理。经过团队的反复探讨和修改，最后形成了一个适合网旭科技的14级职级体系。

在整个职级体系里，最核心的是专业岗和管理岗这两条路线。专业和管理都分14个级别，但在第1~3级是不设管理岗的，只有到4级以上才能称为主管，到M7就是经理，M10就是总监级别。专业岗，比如工程师涵盖T1–T14职级，每个层级对应相应的能力要求，当员工符合该层级的能力要求和任职条件后，就可以晋升到该层级。

除了逐级的晋升外，网旭还为员工提供岗位转换的路线。比如工程师到一定级别也可以晋升转为管理级。但到了管理岗的时候，就对员工的领导力有一定要求，比如，需要在规定时间内培养出接班人，如果没有达成，那么证明这个员工不适合管理岗，需要退出管理岗，回到原先的专业岗。

职级制度的完善，让网旭科技的员工吃了一颗定心丸，大家的晋升空间得到了保障，工作的积极性也被极大地调动起来。

为了留住员工并激发员工的积极性，网旭设置了薪资保障机制，新入职员工首先保证其薪资不低于原来，等工作一年后，根据其成长情况，给予分红，工作满三年根据职级和企业文化，绩效等情况授予期权和股份。

2015—2017年，网旭的合伙人团队进一步扩大，从2个人发展到7个人，除了不断分享股权给最优秀的人才，网旭还在内部打造火车头团队，让火车头团队带领公司成长，分享公司成长，同时更重要的是对公司文化和价值观的捍卫，在技术和管理上起到模范带头作用。

在网旭制订分红机制里，非常强调公司销售利润与个人收入挂钩。其核心是让每个员工都能够获得与能力、付出相匹配的合理回报。比如每个季度设有优秀团队奖、飞跃奖、技术攻关奖、特殊贡献奖等。

网旭每个季度就会开一次表彰会议，总结上季度的经营业绩，同时给做得好的同事颁奖，颁奖的过程会特别说明获奖的原因，激励更多同事向这个方向努力。

年终奖则与公司利润、活跃用户量增长挂钩。对于在网旭工作到一定年限，并且对组织文化特别认可的，到一定职级后，不管是研发人员、管理人员，还是销售人员，他都有机会拿到自己所负责产品的一个销售分红。

财务风险就是悬在初创企业上方的达摩克利斯之剑。据不完全统计，在中国90%倒闭的初创企业是死于资金链断裂。在这方面，吴欢未雨绸缪，在公司资金充裕的情况下，就已经开始重视财务风险控制的管理。

他多次引入外部财务专业公司对公司进行改造，在公司建立全面预算管理制度，逐步建立和完善公司财务指标，优化财务结构，使自己能够正确预测现金流量情况，从而防范财务风险。截至目前，网旭的财务管理已经非常完备和规范，这在创业企业中是非常少见难得的。

9. 公司里员工不准叫他“吴总”

Facebook前高管Molly Graham认为，80%的公司文化是根据创始人定义的。企业文化的形成跟创始人的思想、性格、状态等是息息相关的，有一个什么样的老板，就会形成什么样的文化。

换句话说，创始人的个人特质，在很大程度上决定了企业的文化基因，也决定了企业未来的成长空间，竞争力，甚至能否基业长青。

网旭一路走来，磕磕碰碰却大跨步向前。吴欢之于网旭，就像是大脑之于人体，舵手之于轮船。他的个人特质，决定了企业的孕育和发展。

和其他人相比，吴欢从小就有很强的方向感，对自己的未来有强烈的愿景和坚定的信念。

当山里其他孩子还懵懵懂懂的时候，他就开始发奋学习，决心走出大山，看看外面的世界。当他第一次接触到互联网时，他便确定这代表着未来，并将此作为自己安身立命的事业。

吴欢好像天生有一种清醒的自觉。这种自觉让他知道自己的位置，能够根据自己的实际情况，按照预先设定的目标，一步一个脚印地去努力。不畏惧困难，不妄自菲薄，不好高骛远。

在网旭7周年纪念会上，吴欢重申了企业目标："2016年开工会议提出30万元日活目标，到现在才实现！为什么？是否我们就定位失败了，就不敢定目标了？我们的心态一定要好，我们可以慢一点，但我们不可以没有目标和为目标努力的精神！我们是一家立志于长远发展的企业，我们也有100年的梦想，只有发展才是硬道理，只要我们稳步前行，我们就有机会，就有希望！所以，阶段性的目标我们是一定要有的。"

一千三百多年前，玄奘法师在甘肃和新疆交界的莫贺延碛戈壁，经历了追杀、背弃、迷路、彷徨、生死……最终立下铮铮誓言："宁可就西而死，岂能归东而生"、"不至天竺终不东归一步"，尽管五天四夜滴水未进几将殒绝，但依然心无所惧一往无前，最终实现了从坚持到超越的伟大升华。

2016年，吴欢给自己定下目标，2017年体验玄奘曾经走过的八百里流沙。为了实现这个目标，吴欢提前一年开始长跑，从一开始不定量随便跑，坚持跑，去日本出差也不忘记跑，到后来加大力度，定量一月200公里以上，并且去跑了人生的第一场马拉松。终于，吴欢冲入了A队。

2017年5月，吴欢成为北京大学汇丰商学院参赛的10个A队成员之一，参加了第十二届玄奘之路戈壁挑战赛，并且凭借着顽强的毅力，遇到困难永不退缩的精神，出色地完成挑战。

这个赛程的艰辛远远超出马拉松的难度，《时代周刊》也把这次活动列为世界上最具耐力的挑战榜的第二名。

吴欢走在这条取经戈壁路上，想起了初创网旭的情景。和走戈壁一样，创业也是一场考验耐性的苦行之旅。就像开启一段没有退路的冒险，遇到困难的时候，只能紧握刀锋，死磕前行。

吴欢的这种孜孜以求的进取精神和坚定的信念，使他能够全身心投入。这种特质引领着他走出大山，创造出属于自己的人生。而他身上展现出的自信和达观，以及正向思考力，让他带领网旭取得了如今的成就。

“面向太阳，阴影就会落在身后；用乐观的镜子看世界，就会拥有从容豁达的人生。”创业是一个不断面对问题，解决问题的过程。在这个过程中，吴欢始终保持正向思考，努力做好自己，不抱怨，不埋怨，遇到问题从自己身上找原因，找到解决问题的方法。

“比如团队有员工离开，有人会说这个员工不行，但如果是正向思考的话，他会想是不是组织出了问题，如果这个员工真的很差，那要思考当时为什么能招他进来，如果员工工作做得挺好，那就是组织内部出现了问题，让人才流失。”正是吴欢保持这种正向思考，才能带着网旭从成功走向更加成功。

随着经验、阅历的增加，吴欢的心境也在不断发生变化。如果说之前的

吴欢更多表现出的是坚毅果敢的一面，有了宝宝后的吴欢，开始变得温柔，变得柔软。2012年，成为爸爸后的吴欢，也在网旭完成了从一个管理者到大家长的角色转换。他开始更多地倾听员工的心声，解决员工的需求。

马云说，创始人建设文化要做到的是：说的和想的一样，做的和说的一样。你可以修改你说的和想的，因为你的思想会有进步，但内外言行一致是最关键的。员工不是看你如何说的，而是看你如何做的。

在网旭发展的早期，一项制度或者战略方向的发布，都是由吴欢和创始团队直接拟订发布，大家只需遵守这个制度，向这个方向努力就行。

逐渐，模式发生了转变，开始变成自下而上的讨论，公司员工一起畅想未来，共谋大计，表达各自的观点，然后再把这些观点收集起来，进行规划。

就这样一个听起来简单但却鲜有公司采用的方式，在网旭落地生根了。

吴欢提出："为听得见炮声的人服务，从管理思维转变为服务思维。"他不想在公司内部形成阶级关系，更不想因为形成了阶级关系，而让他无法倾听心声，无法理解炮声。因此，他在网旭内部推行"去总化"，员工不再称他为吴总，而是叫他英文名Aaron。

他认为老板和员工是合作关系，是平等关系，要消除以老板为主的观念，老板转变成服务员，他负责给员工提供资源，让员工有施展抱负、把事情做好的机会，只有这样网旭才能更大更优更强。

10. 运用企业文化这只"无形的手"

企业文化被视为企业的灵魂，是推动企业发展的不竭动力。它包含着非常丰富的内容，其核心是企业的精神和价值观。

马云曾就企业文化发表过很多看法："成立任何企业的第一要素是要明白自己的企业为何而存在，也就是你的使命是什么。使命是高、大、伟，还是低、俗、凡并不重要，重要的是你和你创始的团队要真正地相信。因为是真信还是口号决定你这公司的精气神。"

吴欢的个人特质构成了网旭企业文化的因子，网旭的企业文化在这个基础上生根、发芽、长大。

首先我们不妨看下网旭科技给自己的企业文化做出的提炼：

核心价值观：客户第一，敬业合作，诚信激情

企业愿景：成为全球领先的自主软件品牌服务供应商

企业使命：用产品和服务提高客户效率，创造更美好的数字生活

企业理念：拥抱变化，创造价值，追求卓越

企业精神：快乐工作，认真生活

网旭的企业文化，第一个是核心价值观。在早期，网旭的核心价值观是这样表述的：客户第一、员工第二、股东第三。但后来吴欢认为，客户不仅仅只是指外部的客户，内部的同事也是属于客户的范畴。满足了客户的需求，才能将事情做好。于是，企业的核心价值观就升级为：客户第一，敬业合作，诚信激情。

客户第一就要求把客户服务好，对于内外客户提供统一的高质量的服务。网旭自身的发展轨迹也充分印证了将客户放在第一位的鲜明特质。敬业合作则是推崇对工作的专业执着、精益求精，重视团队的作用和价值，强调团队合作，共享共担。诚信激情则反映了网旭明快的企业氛围，网旭人诚信正直，言行坦荡，并且干事创业、永不言弃的激情。

网旭的企业使命是用产品和服务提高客户效率，创造更美好的数字生活。

从2011年视频转换王2.0的发布，到2012年Screen Recording Suite的全新上市，再到Apowersoft品牌系列的横空出世、ApowerMirror的爆款热销，网旭的生存发展依赖的就是对用户需求的满足和打磨。

而通过使用者的反馈，网旭的产品界面清爽，功能高效不冗余，能直击用户最根本的需求，正是对用户有价值的互联网产品和服务。

网旭的企业精神是快乐工作，认真生活。

员工要热爱自己的工作，也要对得起自己的身体。每天下午四点，在网旭的办公室，会有这样一道独特的景观，工作人员们全体起来，在动感的音乐节奏里，伸伸腿、扭扭腰，做做平板支撑，跳跳操。为了鼓励大家快乐工作，认真生活，网旭把“每天下午4点做操20分钟”通过制度规范下来，让员工在紧张的工作之余，得到身心的放松。

IT从业人员长期伏案工作，身体容易出现各种隐患，为提倡运动锻炼，网旭推出了相应配套的团建活动。每隔一周，网旭就会选择一个工作日，为大家举办集体活动，包括跑步、爬山等，员工必须参加。深圳、南昌、武汉

三地分别组织活动，并把活动照片发到工作群里，相互鼓励加油。

2017年，随着企业规模的扩大，网旭的办公室要进行搬迁。吴欢要求一定要找离核心技术员工家近的地方。“如果花1个小时多的时间在上下班的路上，员工就没更多时间与家人团聚，更别说让员工快乐工作，认真生活。”吴欢说。

这样一件件看似微小的事，构成了网旭的企业精神，也为员工提供了快乐工作、认真生活的氛围。经过长时间的浸润，员工对公司越来越有归属感，团队凝聚力越来越强，从而形成一加一大于二的团队合力。

为了使企业文化落地，吴欢绞尽脑汁。在网旭，有一个特有的员工评估表，叫员工落实企业文化情况评估表。评估标准会通过具体细分项目的分数进行量化，从高到低分为SABC这样的4个等级，每个季度考评一次，先自评再上级评，一般以自评为主。

之所以这样做，并非要将这个作为奖惩型的制度，而是让员工在书写企业文化评估表时，能够首先自查自身的行为是否符合企业价值观，并且反思自己的行为，从而使企业文化逐渐潜移默化，并具体落到网旭人的行为举止中。

网旭科技在创立过程中，由于各种机缘，国内的员工主要分布在深圳、武汉和南昌三个地方，异地协同办公，虽然可以使用各类远程系统作为支撑，但彼此间人员不流动的话，人与人之间的隔阂就容易产生，团队协作的效率就会降低。

为增进各地同事的交流，并且使公司企业文化保持一致。吴欢在2015年决定实施这样一个计划：“深斗士计划”。

“深斗士计划”就是网旭科技每隔一段时间将三地的员工有选择性地派到深圳出差办公。但它不仅仅只是一个现场集中办公，更为重要的是公司多个团队间的融合和企业文化精神的洗礼。

深斗士计划的第一站，三地员工齐聚深圳。在这块创新创业的热土上，大家感受深圳的创新氛围和拼搏精神。在齐聚的时间里，三地同事一起工作、吃饭、加班，一起讨论各种工作难题。以前没有解决的问题现在一起拿出来讨论，通过群策群力寻求解决之道。在深斗士计划里，他们真真切切感受到网旭敬业合作的文化氛围。

推出这个“深斗士计划”时，网旭还制作了深斗士纪念功夫小人，把网旭的企业文化用一个具象的东西表达出来，并让参加的同事，把这种精神传播给其他同事。

虽然大家生活习惯、地理位置、工作时间有一定的差别，但通过深斗士计划促进了三地文化理念的趋同。“客户第一、敬业合作、诚信激情”的企业核心价值观深入人心。

网旭通过企业文化“这只无形的手”，持续性地对员工的思想和行为产生一种深层次的潜移默化，并产生有效的引导和激励，这是任何外在规章制度的强力约束或物质上的利益驱动所无法取代的。

这几年，网旭科技的核心团队流失几乎为零，这是网旭企业文化的魅力所在。

11. 向着“隐形冠军”的目标迈进

2017年11月18日，在网旭科技成立7周年晚会上，吴欢特意给每一桌都准备了红酒。

网旭并不流行酒文化，同事间聚会很少喝酒。但那天，吴欢破天荒的表示要以酒论英雄，员工当晚的KPI就是喝酒。不仅要喝，还要多喝。

对于吴欢来说，那天太特别了。

一家企业从诞生到成长起来，创始人在其中的付出和心酸是无法言说的。当在7周年的晚会上，吴欢看到大家灿烂的笑脸，彼此之间的默契和融入，以及对公司从内而外的归属感后，吴欢瞬间觉得，一切都是最好的安排。

吴欢用酒来致敬他和网旭人一起奋斗的7年。

在过去的两年里，网旭不断进行企业管理水平的升级，不断推动企业文化的建设。打铁还需自身硬，这些构建起来的底盘，是网旭宝贵的财富，这些让网旭从散兵游勇式的游击队，转变成为拥有大炮飞机的正规军。重视公司治理是吴欢留给网旭和其他创业公司的宝贵经验。

复盘网旭，其实就是复盘吴欢的心路历程。吴欢，一个大山里走出的农家小子，只有他的自信与激情，是他安身立命的本钱。当他21岁那年，在宿舍楼里售卖出他的第一份英语杂志时，就点燃了他干事创业的雄心壮志。

奋斗是他人生历程的主旋律。网旭从0到1的起步背后，也隐藏着吴欢无数个无法入睡的夜晚。这当中有组建团队的困境，有市场竞争的残酷，也有对未来发展的彷徨。没有一个坚忍的心境怕是越不过这些山峰与河谷。

网旭并不特殊，它只是度过学步期，成千上万创业公司中的一员。2010年到现在，数不清的创业公司依靠概念、资本从萌芽变成巨兽，但也同样有数不清的公司，从热点变成冰点。

网旭科技现在已经实现了业务的持续性增长，但吴欢一心做一事，努力将网旭科技向一家极致公司引领，在如今资本大行其道的年代，吴欢并未引入外部资本进行大肆扩张，因为他对网旭的定位是：成为软件行业的隐形冠军！

隐形冠军的概念起源于德国中小制造企业，他们有着鬼之艺、匠之气的工匠精神，他们踏实，稳健而又富有创新，他们代表着世界制造的尖端质量。

这些特质正与网旭的企业文化、业务特点、发展思路相契合，网旭本身就是一家慢慢扩张但发展稳健，讲究价值驱动而非盲目扩张的公司。

7年来，吴欢将精力全部倾注在网旭科技，带领着网旭人完成了各种蜕变。截至2018年8月，网旭团队已经增加到80多人，2017公司销售比2016年实现了22%的增长，2018年预计可以实现80%以上的增长，用户量也正在向1500万迈进！这其中改变的是数字，不变的是为用户创造价值的使命。相信网旭科技在未来的发展中一定能成为一家走向全球的软件行业的隐形冠军！

后 记

不负创业时代

社会变革和技术革命最易创造巨大的创业机会，甚至催生一个伟大的创业时代。

中国改革开放的40年，正好赶上了以互联网为代表的信息技术革命，两大划时代变革的完美叠加，给我们这个时代造就了一片前所未有的创业沃土。在这个创业的历史性大机遇中，有人先知先觉，拥抱“天时”；有人麻木不仁，无所作为；有人另有志向，做出创业之外的选择。

本书所写的薛景霞、梁兵、白宝鲲、林武雄、完晓梅、曾胜强、张译丹、吴欢8位企业家，虽然涉足行业不同，成就大小有异，但在这个伟大的创业时代中无疑都是先知者、勇敢者、佼佼者，是创业模范。他们以自己的聪敏智慧和坚韧不拔，成就事业，实现理想，同时对家庭和社会做出贡献。

作为媒体人，我非常幸运的是比别人有更多机会接触、研究那些创业者，尤其是成功的创业者。为了写作此书，我与8位采访对象每位至少都面对面聊过差不多一整天的时间，听他们讲自己波澜曲折的创业史。在娓娓道来的讲述中，我能感受到他们内心情绪的波动，我自己也被他们的故事一次次感动。创业之路铺满鲜花，也长满荆棘、暗藏陷阱，既令人神往，又让人心怀恐惧。

在采写这些企业家创业史的过程中，我始终在思考一个问题：他们为何能够取得今天的成功？起点不同，涉足领域不同，走过的路不同，今天取得的成绩也不一样，成就他们走到今天的因素很多，但如果抽丝剥茧就会发现，成功背后有“共性”。当然，对这些共性每个人都有自己的总结和理解，下面是我的几点感受。

有梦，才有梦想成真的机会

20年前，笔者从北京师范大学硕士毕业来到深圳，在前后三年内和我一样南飞的好友共有八九位。我们年龄相仿，经历类似，起点基本一样。但现在有一位张维已经是国内知名的投资大咖，他十几年前创立了基石资本投资公司，发展迅速，如今个人拥有不菲的财富，前两年上了胡润中国富豪排行榜。有时候我们一起聊天时就分析，为何差距就那么大呢？原因当然很多，其中有一条非常关键，张维当初来深圳时就有挣五百万的理想，在那个年代，这简直是一个可望而不可即的天文数字。而我和其余几位，来深圳基本上就是为了找一个好单位，然后在好单位里好好工作，获得发展。

如今，有创业梦想的人梦想成真，干出了一番属于自己的投资事业。其余几位在各自的单位虽然发展都非常好，但从个人创业的角度来说，你连创业的梦想都没有，当然也就无从谈起收获创业之果了。

有一个创业的梦想，对创业者来说是最关键的“起点”。

薛景霞当年高考以3分之差与高校失之交臂之后，“坚决不回家种地”，“一定要出人头地”，这就是她的梦想。这个梦想支撑她克服常人无法想象的困难，走上了创业之路。

完晓梅读初中时看到商店有幅画，画面上有一栋小洋房，洋房前面有一辆小汽车，于是她不但买下了这幅画，而且公开告诉他人，她将来要拥有画上的东西。心中有了这颗种子，她后来才能毅然承包了淮南市第一批公交小巴，再后来干脆离开旱涝保收的新华书店南下汕头、深圳，从打工开始，最后开出属于自己的摄影店。

吴欢从大学读书时就开始创业，他尝到了创业的甜头，也抱定了创业的梦想。他毕业时毫不犹豫地选择了中国最具创业氛围的深圳，来了之后经历短暂的打工生活，就辞职创立了自己的公司。他的人生梦想很清晰，道路选择也很果断。

对任何一个人来说，创不创业只是一种选择，这种选择没有高下贵贱之分。但不同的选择结果肯定不同，这正是“栽什么树苗结什么果，撒什么种子开什么花”。

曾经的中国首富王健林不到30岁时就做到团级职务，转业到大连市西岗区人民政府，很快做到办公室主任岗位，年轻有为，前途一片看好。但在当时很多人辞职下海的热潮中，他萌发了“当万元户”改善生活的想法，于是在1988年断然辞官经商。如果没有那时抉择创业，王健林与“中国首富”就不可能发生半毛钱关系，如今的他很可能是一位成功的官员，但不会是万达总裁。

选择不同，道路不同，沿途经历的风景和最后的收获都不一样。

创业是为梦想而战。书中写的几位企业家，都是有创业梦想的人，是强烈的创业欲望支撑他们走过艰辛的创业之路。想创业者，你还是先做一个美美的创业之梦吧，而且这个梦越大越好，说不定哪天就实现了！

想要收成大，就选择在肥地上耕耘

笔者出生在安徽省霍山县，家在大别山腹地，那里“七山一水一分田，一份道路和庄园”。地少人多，田地显得尤其珍贵，当年包产到户“分”田地时，生产队不是按照田地的面积来分，而是按照每块田地一年收获粮食的多少来分。每天跟土地打交道的农民，他们最了解田有肥廋，地有好坏，在同样面积的地块上投入同样的劳力，收成上的差别不是一般的大。

大道至简、至一，创业和种地道理一样，你必须选择一块“肥地”作为自己的“创业场”。

比如最近二三十年，在中国市场上房地产以及以信息技术为支撑的“互联网+”行业，对创业者来说就是非常大的两块“肥地”。水大好养鱼，地肥长庄稼。这里成长了一批创业巨人，如马化腾、马云、许家印、王健林、杨惠妍、李彦宏、刘强东等，他们在短短十几年之内，就做出了巨无霸企业，有的身家数千亿。在这两个领域，除这些创业巨人之外，还有无数成功的普通创业者。创业路上，你在一个容量大的市场占个小份额，比在一个容量小的市场占一个大份额要简单容易得多。比如完晓梅做婚纱摄影，在深圳已经是知名的品牌公司了，但从规模效益来说，肯定无法与地产公司相比；薛景霞在装饰行业积累了自己的第一桶金，而且在河南省装饰行业做到了龙头地位，但公司规模的急剧扩大也是在进入地产行业之后，毕竟地产要比装饰的蛋糕大得多。

在选择创业的行业和方向的时候，除了“肥瘦”之外，还必须考虑自身因素。如果既是肥地，又与自己的特长、资源和志向相符，那是天作之合，要毫不犹豫地甩开膀子干。如果虽是肥地，但自己的特长、资源和志向都不在这个领域，则要慎重选择。

曾胜强在独立创办公司时，选择的是蓬勃发展的电子行业。当时证券、金融领域的电子化、信息化改造刚刚开始，方兴未艾，他自己读书学的就是计算机专业，创业时已在这个行业摸爬滚打了好几年，积累了大量人脉和经验，这样做起事来就顺利得多，他的证通电子后来做成了上市公司。

吴欢大学里学的是市场营销，在校园里就开始创业，做杂志销售。毕业后到深圳立志自己干，看到信息技术时代人们对各类应用软件的需求日渐增大，于是发挥自身的营销才能，利用互联网来销售软件。公司经营时间不算太长，已经展示了非常好的发展前景。

创业不能一蹴而就，成功不是一天两天的事情，因此选择行业时要有长远眼光，短视很可能掉进坑里。有些行业“其兴也勃焉，其亡也忽焉”，如果你一脚迈进，不死也残。比如20世纪末的BB机，十年前的山寨手机，这些行业鼎盛时旺得不得了，衰落起来摧枯拉朽，灰飞烟灭，连渣都不会留下。还有一些行业，原来是常青藤，但当新技术新商业模式出现之后，很快就会成为夕阳产业，比如相机胶卷、实体零售店等的衰落都是因为技术革命。创业者要善于判断行业趋势，寻找新兴产业，不能误入夕阳行业。如果这个行业还处于萌芽起步阶段就被你发现了，你先人一步进入，成功的概率更大，比如马云就是这样一位有眼光的杰出企业家。

如果再深入分析，在选对行业大方向的同时，还要选对行业里面的细分领域。因为各种原因，你不可能在一个大行业里什么都能做，要选择其中一个小领域作为扎根突破的地方，尤其是对实力和资源都不强的创业者，应当从大行业里的一小点开始着手，更容易成功。

“熬功”，创业者最需要的功夫

选定了做什么，接下来的事就是一个“做”字。去做，让改变发生，说起来容易，过程却是极其艰难困苦。创业这条路九死一生，而一切又只能靠自己。

王健林在创业之初，为了找一家银行的领导贷款，晚上跟一位哥们开车到他家楼下，想在这位领导进出家里时堵到他。结果两人在车里待到第二天早上七八点上班，还是没有见到那人进出。第二天晚上，王健林跟哥们说再去堵，那位哥们打死也不去了，说这不仅苦不堪言，而且太丢人。可王健林不管这些，他又去蹲了一个晚上，结果还是失望而归。

创业是个辛苦活，需要坚强的意志和一副好身体。王健林当兵出身，体质特棒。但那些年也常常受不了很多事情的煎熬，在1993年初的一段时间，他曾经九天九夜都没有睡着觉，打针吃安定也睡不着，到后期整个人都有点精神恍惚，第十天早上正开着会，“咣当”一下就昏倒在地了，马上被紧急送到了北京治疗。

有人把创业比作打仗，不同的是创业之战不会有休战的一天。你刚刚攻克了一座碉堡，下一座又冒出来向你开火了。因此创业者永远不可能停歇，这是一条没有尽头的奋斗之路。

薛景霞在创业起步时，虽然还是一位姑娘，但一切必须亲力亲为，在装修工地上，她要和工人们一起干活，一锅吃饭。为了有钱去开店、去接项目、去给工人们发工资，她一次次向亲朋好友开口借钱。对她来说，不仅是体力消耗，也是心力的磨炼。当公司开始赚钱，规模越来越大之后，她一点也没有变得轻松，反而来自公司的、社会的、政府的事情更多，每天都被“牵”着走。有人说创业者的时间表上没有生活时间，很有道理。

林武雄16岁就单枪匹马到距家1000千米之外地方进货，一周一趟，乘铁皮火车经常连座位都没有，只能躺在座位下面的地板上。后来和弟弟一起来深圳创业，和员工们吃住一起，干活比员工还积极，什么事情都要亲力亲为。既操老板的心，又干打工者的活，身心疲惫是常态。

创业成功是小概率事件，哈佛商学院一项研究发现，第一次创业的成功率只有23%。美团创始人王兴在2009年创立美团之前，曾连续创业6年，做过多个项目，结果都是屡创屡败。因此，创业路上吃苦受累还是小事，更考验人的是致命的“风险”，是一个个看得见和看不见的“坎”。企业能够渡过难关柳暗花明当然是好事，如果迈不过去创业失败了，这时创业者一定要有强大的心力，经受住打击，人一定不能倒下，否则永远都不可能再有翻身的机会。

完晓梅在深圳开设自己首个摄影店时，因为选址不当，没有什么顾客，最后只好赔钱关门，她也差点流落街头。首战告败，她虽然极度痛苦，但一颗创业的心没变，她很快总结教训，从失败的情绪中走了出来。后来果然再次赢得机会。如果当初她彻底灰心丧气，回到淮南的新华书店，就不可能有今日的米兰新娘。

梁兵20世纪80年代末创业做贸易生意时先是一帆风顺，没两年就赚了数百万元，在那个年代成了真正的富翁。但没过多长时间，1991年他就因为人民币汇率的急剧变化而亏损上千万。从富翁到背负巨债的“负翁”，这种落差真如天堂地狱般巨大，一般人无法承受。可梁兵挺过来了。他经过反思，不仅重新确立了地产行业的创业新方向，而且放下身段去一家地产公司打工，为将来创业做好经验和人脉关系等方面的准备。几年的卧薪尝胆，他东山再起，在地产行业果然开拓出了属于自己的一番天地。

创业和打工是两种角色、两种心态、两种生活，创业者享受创业成果、财富、荣耀，也要承受其中的煎熬，这是创业成功必须付出的代价。人们往往“只见贼吃肉，不见贼挨打”，不了解创业成功人士背后所经历过的艰辛。伟大是熬出来的，创业成功也是熬出来的，一个人如果要选择创业，就必须做好熬的准备，咬定青山不放松，做打不死的“小强”，这样才不至于半途而废，才可能走向成功的那一天。

苏轼说：“古之立大事者，不唯有超世之才，亦有坚忍不拔之志。”诚哉斯言，创业亦如是。

做成大事，就必须有大格局

著名管理学家王育琨曾经说过：“企业最大的问题，不是资金、不是市场、不是规模，而是经营者的观念和心智。有多少企业家能把人生当作一种提升心智的过程？有多少企业家能够突破人生格局的困境？”很多小企业做不大，都与企业家自身的格局不大有关。

做企业和做世界上其他事情一样，要做大，就必须有大志向、大胸怀、大视野、大境界。有句谚语叫“再大的饼，也大不过烙它的锅”，如果把饼比喻成一个人取得的“成就”，那口烙饼的“锅”就是格局。本书中写的8位企业家在创业中之所以都取得了比较大的成就，是因为他们都是有格局的人。

白宝鲲2003年创建坚朗五金，如今企业不仅成功上市，而且打造成了国内五金制造业的龙头，产品远销世界100多个国家和地区，员工人数超过9000人。企业能办到这样的规模和层次，与他十几年来心无旁骛的“定力”有关。创业以来他有很多从事更赚钱生意的机会，就在前段时间，还有人跟他谈，希望他把在东莞塘厦的工厂搬走，在原有地块上合作开发房地产，那块地毗邻深圳，上面有十几栋厂房，如果盖成商品房出售一次性就能赚好几十亿，而工厂最近几年每年的利润不超过3个亿。

面对一次次扑面而来的巨大利益诱惑，白宝鲲总是跟人说这辈子只干制造业。他的定力来自不凡的格局，他深刻认识到制造业对增强一个国家综合实力有多么重要，在他内心有一种舍我其谁的责任感、使命感，必须全心全意把坚朗五金做好。不仅要做成中国的行业老大，而且要比肩世界同类企业，为擦亮中国制造业的品牌尽一份力。因为有这样的宏大志向和非凡追求，即使企业上市更有钱了，如今他也丝毫不敢懈怠，无论晚上忙到多晚，第二天一早都会准时来到工厂上班，数年如一日。在赚钱与做事之间，他更偏重于做事，做一件对国家和民族有价值的事，这就是他的人生追求。如果只是一味为了赚钱，他可能比现在更富有，但坚朗五金绝对不可能做成现在的品牌。

薛景霞做事有大视野、大情怀，尤其是她的企业有点规模之后，她没有只盯住自己企业内部那一亩三分地，而是从更广阔的国家和社会的层面来看问题，善于把企业发展和国家战略、政府需要、社会需求结合起来做事。在尽社会责任的同时，企业寻找到了商机，获得了发展；企业实力更强了，她为政府和社会做的事情就更多、更大了，这是一个良性循环。

就说她的慈善事业吧，1997年她第一次向郑州一中捐赠8万元时自己并没有富裕的钱，但当她看到捐赠对发展教育事业的意义时，便一发而不可收，如今她已累计向社会捐赠2.8亿多元，其中绝大多数是捐向了教育领域。北京大学汇丰商学院在英国牛津创建校区，西湖大学成立，这两件事都将被浓墨重彩地写入中国教育史，而她在这两所学校都是创始校董。因为有格局，薛景霞把做企业和做大事完美地结合起来了，这样的人生比只为钱而奋斗的人生，要精彩和有价值得多。

企业无论大小，创业者的格局对企业发展都举足轻重。作为企业老板，对内要处理与合伙人、团队和员工的关系，对外要处理与合作企业、政府和社会的关系，这其中最关键的是如何对待“利益”和“责任”。有格局的人能够兼顾各方诉求，甚至牺牲一些自身利益满足他方。这样对内能服众，对外能和谐，就能聚集起企业内外的正能量，推动企业发展。另外，企业老板是企业的舵手，企业选择什么发展方向，实施什么战略，实际上都是由企业家的眼光、见识、志向、境界等决定的，胸无大志、目光短浅、唯利是图的人不可能带领一家企业做大走远。创业者在实现了财务自由之后，这时候引领他继续前行的内在动力一定来自他的格局和抱负，而不是财富表上的数字增加。除非他是一位视财如命的“葛朗台”，但这样的人财富再多，也无法赢得社会尊敬，他的人生价值是要打折的。

创业者的格局不是天生的，我们今天说书中写的薛景霞和白宝鲲等都有大格局，但在创业之初，相信他们的格局绝对没有现在宏大，一个人的格局是在学习、与人交往和日常工作生活中逐渐被“撑”大的。

一般来说，人的格局与他掌握的知识总量和结构成正相关，知识越多，知识结构越全面丰富，这个人的格局就会越大。因此，创业者必须具备终身学习的理念，不仅要有如饥似渴的求知欲，超强的学习能力，还要有甘于吃苦的精神，边工作边学习是件很苦的事。本书所写的8位企业家都是北京大学汇丰商学院EMBA校友，他们在紧张的工作中挤出时间来学习EMBA课程，都属于好学之人。

学习的方式很多，读EMBA、上培训班、听讲座、看书等都是学习新知识、增加新见识的有效途径。另外，与有格局的高层次人士交往，也是一种非常重要的学习方式。“近朱者赤，近墨者黑”，一个人进入什么样的人际圈子，就会有什么样的格局、境界，最后取得的成就往往也跟这个“圈子”有关。

影响创业者能否成功、事业能否做大的因素多不胜数，比如要会打造团队、勇于创新、善用资本市场等，这里不一一列举。上面四点是我采写本书时感受比较深刻的方面，希望对正在或即将准备创业的读者有点启发。

2014年我在中信出版社出版《商界军校》，该书被誉为“第一部全面反映中国商学院创业史的商业著作”。这本书和那本书共同的地方是聚焦“创业”，不同点在于本书聚焦的创业是个人在体制外创办公司、企业。在“大众创业，万众创新”的大背景下，有很多人选择告别“打工”生活，走上了创业之路。创业者要提高成功的概率就必须掌握创业知识、提升创业能力，这可以通过学习各种创业理论来获得，也可以通过阅读案例来得到。作为媒体人，我特别看重真实案例的价值，认为从真实的创业案例中获得的启示是任何理论都无法替代的，这也是我要采写这本书的一个重要原因。哈佛商学院特别重视案例教学，哈佛案例甚至成为很多创业者的“圣经”，这是很有道理的。希望读者在阅读本书一个个生动案例中获得创业知识，得到创业的启迪。

这本书从提出创意、采访写作，到如今付梓出版，时间比较长，期间得到了很多人的支持帮助。这里我要衷心感谢北京大学汇丰商学院海闻院长，他拨冗写序，为本书增色；衷心感谢北京大学汇丰商学院欧阳良宜教授和胡笑天老师，他们为本书的采写做了很多辛苦的工作；衷心感谢著名经济学家樊纲教授、巴曙松教授为本书题写推荐语；衷心感谢各位企业家，他们在百忙中抽出时间接受采访，向读者分享创业、立业中的经验、教训，这是功德无量的事；衷心感谢中国经济出版社的编辑，他们为本书的出版面世做了大量认真细致的工作。这里我还要感谢本书的另外一位作者盛佳婉，她是我报社同事，一位出色的记者。在本书采写工作启动半年之际，我发现自己因为时间关系，不能在大家期望的时间内独自完稿，于是考虑再三，邀请她参与帮忙。现在证明当初的决策非常正确，她的写作能力很强，在采写本书中发挥了特别重要的作用。

最后我还要衷心感谢打开本书的每位读者，没有你们聚集过来的目光，我们的写作就变得没有意义。

沈清华

2019年5月　于深圳